Denis Alcides Rezende

Planejamento estratégico
público ou privado com
inteligência organizacional:
guia para projetos em organizações
de governo ou de negócios

Rua Clara Vendramin, 58 . Mossunguê
Cep 81200-170 . Curitiba . PR . Brasil
Fone: (41) 2106-4170
www.intersaberes.com
editora@editoraintersaberes.com.br

Conselho editorial
Dr. Ivo José Both (presidente)
Drª Elena Godoy
Dr. Nelson Luís Dias
Dr. Neri dos Santos
Dr. Ulf Gregor Baranow

Editora-chefe
Lindsay Azambuja

Supervisora editorial
Ariadne Nunes Wenger

Analista editorial
Ariel Martins

Edição de texto
Viviane Fernanda Voltolini

Capa e projeto gráfico
Charles L. da Silva

Diagramação
Carolina Perazzoli

Equipe de *design*
Charles L. da Silva
Mayra Yoshizawa

Iconografia
Regina Claudia Cruz Prestes

Dados Internacionais de Catalogação na Publicação (CIP)
(Câmara Brasileira do Livro, SP, Brasil)

Rezende, Denis Alcides
  Planejamento estratégico público ou privado com inteligência organizacional:
guia para projetos em organizações de governo ou de negócios/Denis Alcides Rezende.
Curitiba: InterSaberes, 2018.

  Bibliografia.
  ISBN 978-85-5972-720-3

1. Administração estratégica 2. Inteligência organizacional 3. Organizações –
Administração 4. Organizações não governamentais 5. Organizações públicas –
Brasil Planejamento estratégico I. Título.

18-14770   CDD-658.4038011

Índices para catálogo sistemático:
1. Inteligência organizacional: Gestão: Organizações públicas e privadas:
Administração 658.4038011

Iolanda Rodrigues Biode – Bibliotecária – CRB-8/10014

1ª edição, 2018.

Foi feito o depósito legal.

Informamos que é de inteira responsabilidade do autor a emissão de conceitos.

Nenhuma parte desta publicação poderá ser reproduzida por qualquer meio ou
forma sem a prévia autorização da Editora InterSaberes.

A violação dos direitos autorais é crime estabelecida na Lei n. 9.610/1998 e punido
pelo art. 184 do Código Penal.

Sumário

Apresentação **7**

Capítulo 1
Premissas do planejamento estratégico **9**

1.1 Administração estratégica **10**
1.2 Pensamento estratégico **11**
1.3 Informação e conhecimento **12**
1.4 Funções organizacionais públicas ou privadas **14**
1.5 Alinhamento do planejamento estratégico com sistemas e tecnologia da informação **16**
1.6 Empreendedorismo **19**
1.7 Liderança **20**
1.8 Inovação **21**
1.9 Gestão de projetos **23**
1.10 Gestão pública ou privada **24**
1.11 Planejamento pessoal, familiar e profissional **27**

Capítulo 2
Inteligência organizacional **31**

2.1 Conceitos de inteligência organizacional **32**
2.2 Outras abordagens sobre inteligência organizacional **35**
2.3 Modelo de inteligência organizacional **37**
2.4 Metodologia e projeto de inteligência organizacional **44**

Capítulo 3
Conceito, organização e metodologia para o planejamento estratégico **47**

3.1 Conceito de planejamento estratégico **48**
3.2 Plano de negócio e planejamento estratégico **50**
3.3 Metodologia e projeto de planejamento estratégico **51**
3.4 Fase 0 (zero) – organização, divulgação e capacitação no projeto de planejamento estratégico **60**

Capítulo 4
Análises organizacionais 79

- 4.1 Análise das funções organizacionais 82
- 4.2 Análise dos ambientes da organização 86
- 4.3 Análise dos fatores críticos de sucesso da organização 96
- 4.4 Análise setorial da organização 98
- 4.5 Análise do modelo de gestão da organização 105
- 4.6 Análise da estrutura organizacional 109
- 4.7 Análise dos sistemas de informação e da tecnologia da informação da organização 114
- 4.8 Análise das influências na organização 121
- 4.9 Análises complementares 134

Capítulo 5
Diretrizes organizacionais 137

- 5.1 Atividade pública ou negócio privado 138
- 5.2 Missão da organização 150
- 5.3 Visão da organização 151
- 5.4 Valores da organização 153
- 5.5 Políticas da organização 155
- 5.6 Macro-objetivos organizacionais e objetivos da organização 157
- 5.7 Modelagem dos processos ou procedimentos operacionais da organização 163

Capítulo 6
Estratégias organizacionais 167

- 6.1 Cenários de posicionamentos estratégicos ou macroestratégias 168
- 6.2 Estratégias da organização 172
- 6.3 Planos de ações das estratégias da organização 182
- 6.4 Análise de custos, benefícios, riscos e viabilidades 185
- 6.5 Mapeamento financeiro da organização 191

Capítulo 7
Controles organizacionais e gestão do planejamento 195

7.1 Níveis de controles do planejamento e da organização **197**

7.2 Meios de controles do planejamento e da organização **201**

7.3 Periodicidades do projeto de planejamento estratégico **208**

7.4 Gestão do projeto de planejamento estratégico **210**

Capítulo 8
Planejamento estratégico público ou privado por meio do *Balanced Scorecard* (BSC) 217

8.1 Conceito de *Balanced Scorecard* (BSC) **218**

8.2 Perspectivas ou abordagens do *Balanced Scorecard* (BSC) **219**

8.3 Indicadores e *Balanced Scorecard* (BSC) **221**

8.4 Projeto de planejamento estratégico com *Balanced Scorecard* (BSC) **225**

8.5 Mapa estratégico e execução do projeto de planejamento estratégico com *Balanced Scorecard* (BSC) **228**

Capítulo 9
Implantação e execução ou gestão do planejamento estratégico público ou privado 231

9.1 Implantação do planejamento estratégico **233**

9.2 Execução ou gestão do planejamento estratégico **239**

Referências **249**

Sobre o autor **255**

A Deus.
À que amo e a quem amo.
A meus mestres, amigos, colegas,
orientandos, alunos e concorrentes.
A meus clientes.

Apresentação

Esta obra, intitulada *Planejamento estratégico público ou privado com inteligência organizacional*, é um guia para projetos em organizações de governo ou de negócios. Apresenta conceitos, exemplos e metodologia prática para elaboração do projeto de planejamento estratégico em organizações públicas, governos, empresas privadas, organizações não governamentais e outras instituições.

As premissas, o conceito e a metodologia ou roteiro para projeto estão direcionados para revitalizar as atividades e serviços públicos ou os negócios privados existentes e também para criar um novo empreendimento, serviço ou produto, utilizando conceitos de inteligência organizacional.

O planejamento estratégico é um projeto, posterior processo dinâmico, sistêmico, coletivo, participativo e contínuo para determinação dos objetivos, estratégias e ações da organização. Esse projeto está embasado essencialmente nos problemas, fraquezas ou desafios da organização. Também pode ser chamado de *plano de negócio*. É um relevante instrumento que auxilia a lidar com as mudanças do meio ambiente interno e externo e contribui para o sucesso e a inteligência das organizações.

A obra descreve fases, subfases e produtos, detalhando de forma objetiva a visão moderna e a aplicação prática de um guia para planejamento estratégico das organizações, com exemplos vivenciados para facilitar a elaboração do projeto.

A metodologia proposta especifica as fases: análises organizacionais; diretrizes organizacionais; estratégias organizacionais; e controles organizacionais e gestão do planejamento. Além dessas fases, também apresenta os conceitos e premissas de administração estratégica; pensamento estratégico; informação e conhecimento; funções organizacionais públicas ou privadas; alinhamento estratégico; empreendedorismo; liderança; inovação; gestão de projetos; gestão pública ou privada; planejamento pessoal, profissional e familiar. Destaca ainda, o conceito, o modelo e a metodologia de projeto de inteligência organizacional.

Além da fase 0 (zero) – organização, divulgação e capacitação – no projeto de planejamento estratégico, o livro contempla a fase de implantação e execução ou gestão do planejamento estratégico, pois essa atividade tem sido a mais desafiadora após a elaboração desse projeto, que se transforma em um processo organizacional contínuo. Para tanto, fornece as opções nas técnicas das funções organizacionais ou do *Balanced Scorecard* (BSC) com suas abordagens adaptadas à realidade das organizações públicas ou privadas.

É transcrita nesta obra grande parte da experiência do autor em projetos de planejamento estratégico adquirida em pesquisas acadêmicas, em sala de aula e em trabalhos de assessorias em cidades e organizações de diferentes segmentos públicos e privados.

Capítulo 1

Premissas do planejamento estratégico

ANTES de a organização elaborar o projeto de planejamento estratégico para organizações públicas ou privadas, algumas premissas e determinados conceitos devem ser pesquisados, entendidos, discutidos e disseminados.

Para as organizações públicas, essas premissas e conceitos devem levar em conta sua atividade e o êxito de seus serviços, considerando as legislações pertinentes, os serviços públicos ofertados, as questões sociais e a qualidade de vida dos cidadãos. Para as organizações privadas, por sua vez, essas premissas e conceitos devem levar em conta o negócio e o sucesso de seus produtos ou serviços.

As premissas do planejamento estratégico estão relacionadas com a discussão dos temas que introduzem a elaboração, a gestão e a implementação desse projeto desafiador e necessário nas organizações (Rezende, 2008; 2015b).

A inteligência organizacional também se constitui em uma relevante premissa que deve ser considerada no projeto de planejamento estratégico (Rezende, 2015a).

1.1 Administração estratégica

Não só as funções da administração (planejamento, organização, direção e controle) devem ser consideradas num planejamento estratégico, mas também a administração estratégica deve ser entendida e vivenciada na sua elaboração. Em algumas literaturas e organizações, a palavra *direção* também tem sido substituída por *liderança* e por *gestão*.

Administração estratégica é um termo mais amplo e que abrange, além da gestão de suas partes ou estágios, os detalhes e as discussões que antecedem a elaboração do planejamento estratégico (Wright; Kroll; Parnell, 2000). A administração estratégica é um processo contínuo e iterativo que visa manter uma organização como um conjunto apropriadamente integrado a seu ambiente. Acentua que os gestores se dediquem a uma série de etapas ou a um processo contínuo. O termo *iterativo* indica que as etapas são repetidas ciclicamente. Os ambientes organizacionais mudam constantemente, e as organizações devem se transformar de forma adequada para assegurar que as metas organizacionais possam ser alcançadas (Certo; Peter, 1993).

Além da abordagem estratégica, a ciência da administração contempla a abordagem operacional, com seus planos de ações, e a abordagem tática ou gerencial, com os respectivos planos táticos.

São cinco as etapas desse processo com relação ao sistema de administração estratégica: (1) analisar o ambiente (monitorar o meio ambiente interno e externo da organização para identificar seus riscos ou ameaças, oportunidades, fraquezas e forças); (2) estabelecer a diretriz organizacional (determinar a meta da organização, a missão e os objetivos); (3) formular estratégias (definir como as ações organizacionais alcançarão seus objetivos); (4) implementar estratégias (colocar em ação as estratégias desenvolvidas); (5) elaborar o controle estratégico (monitorar e avaliar todo o processo para melhorá-lo e assegurar um funcionamento adequado, inclusive com sistemas de informações) (Certo; Peter, 1993; Mintzberg; Ahlstrand; Lampel, 2000).

Atualmente, podem ser destacados os seguintes instrumentos estratégicos para as organizações: planejamento estratégico organizacional;

planejamento estratégico de informações (antigo plano diretor de informática, atual planejamento estratégico de sistemas de informação e da tecnologia da informação); modelo de informações organizacionais e mapas de conhecimentos; metodologia para desenvolvimento de projetos; instrumento ou técnica de gestão de projetos; normas e padrões técnico-operacionais; manuais e documentações.

1.2 Pensamento estratégico

O pensamento estratégico é a arte de criar estratégias com efetividade. Pensar estrategicamente e agir operacionalmente significam dominar o presente e conquistar o futuro. Visa superar os adversários, sabendo que eles estão tentando fazer o mesmo a que a organização ou seus gestores se propõem.

O raciocínio estratégico inteligente em diferentes contextos continua sendo uma arte. O pensamento estratégico está fundamentado nas premissas da estratégia e na ciência da administração. Está relacionado com intenções empreendedoras e criativas sobre uma organização e seu ambiente, por meio de atitudes de pensar nas atuações futuras das organizações (Mintzberg; Ahlstrand; Lampel, 2000).

A ciência do pensamento estratégico chama-se *teoria dos jogos*. Nessa abordagem são considerados jogos desde xadrez até criar filhos, de tênis à transferência de controle acionário de uma organização, de propaganda a controle de armas. Todos os gestores precisam pensar estrategicamente tanto no trabalho como em casa. Gestores de organizações precisam usar boas estratégias de competição para vencer. Políticos precisam criar estratégias de campanha para serem eleitos e, mais tarde, estratégias legislativas para implantar suas ideias. Técnicos de futebol planejam estratégias para seus jogadores executarem em campo. Pais que tentam estimular o bom comportamento dos filhos precisam tornar-se estrategistas amadores (Dixit; Nalebuff, 1994).

Nenhum planejamento estratégico ou administração estratégica terá sustentação se os gestores responsáveis pela macrodecisão da organização não tiverem um pensamento estratégico. Quando os gestores estiverem pensando estrategicamente, será necessário que tenham raciocínio inclusive do geral para o particular e depois vice-versa. O raciocínio estratégico pressupõe todo um "sexto sentido" para se diferenciar dos gestores com pensamento estratégico comum (Oliveira, 1999).

É comum ouvir dizer que pensar estrategicamente é uma necessidade das grandes organizações, porque as pequenas, mais empreendedoras, poderiam buscar outras rotas de crescimento. Isso na prática não é verdade; os pequenos negócios não podem contar com a inércia do mercado para sobreviver porque, ao contrário dos grandes, não chegam ao sucesso pela força bruta, com investimentos pesados e uma inesgotável fonte de recursos. As pequenas organizações têm de se valer do ambiente competitivo e, por isso, precisam atuar de maneira clara, com objetivos bem definidos e balizadas em posições que possam ser defendidas. Isso é estratégia. Pensar estrategicamente implica analisar, primeiro, o próprio negócio (Porter, 1990) e principalmente os produtos e serviços da organização.

Com a prática do xadrez, a estratégia é constituída por aspectos posicionais e comportamentais (psicológicos, sociológicos e antropológicos). Muitos enxadristas denominam o estilo de jogo em que predominam as estratégias como *jogo posicional*. Há uma orientação para se pensar estrategicamente enquanto se aguarda o lance do adversário e para se pensar tática e operacionalmente quando é a vez de fazer o lance (Moura, 1998).

1.3 Informação e conhecimento

A informação é um recurso essencial e necessário para o planejamento estratégico, pois sem informação não é possível elaborar, gerir e implementar esse projeto.

Toda informação tem sua origem nos dados. O dado é um conjunto de letras, números ou dígitos que, tomado isoladamente, não transmite nenhum conhecimento, ou seja, não contém um significado claro. Pode ser entendido como um elemento da informação. Pode ser definido como algo depositado ou armazenado. Como exemplos, podem ser citados: *5*; *maio*; *valor*; *xyz*.

Para conceituação inicial, informação é todo dado trabalhado ou tratado. Pode ser entendida como um dado com valor significativo atribuído ou agregado a ele e com um sentido natural e lógico para quem usa a informação. É definida como algo útil para as decisões. Como exemplos, podem ser citados: nome do cliente; tipo de cliente (AL123, BB123; XYZ123); cor do automóvel; número de equipamentos; data de nascimento; valor do saldo bancário. Pode-se observar que as informações contêm as seguintes características: têm conteúdo único; exigem mais de duas palavras; não aceitam generalizações; não são abstratas; não são compostas de verbos; e, ainda, são diferentes de documentos e de *softwares*.

Quando a informação é trabalhada por pessoas e pelos recursos computacionais, possibilitando a geração de cenários, simulações e oportunidades, pode ser chamada de *conhecimento*. O conceito de conhecimento complementa o de informação com valor relevante e propósito definido. É tácito e pode ser definido como percepções humanas. Para alguns pesquisadores, o conhecimento também é aceito como inferências computacionais. Como exemplos podem ser citados: percepção da dificuldade de reversão de prejuízo futuro de uma atividade da organização ou de um serviço ou produto; práticas que podem ser utilizadas em virtude do cenário atual, com base em experiências semelhantes anteriores; concepção de quais equipamentos, materiais e pessoas são vitais para um serviço; entendimentos de quais contratos podem ser negociados, visando a adequação à realidade de uma atividade.

Os dados, as informações e os conhecimentos não podem ser confundidos com decisões (atos mentais, pensamentos), com ações (atos físicos, execuções), ou com processos ou procedimentos ou documentos. Como exemplos, podem ser citadas: ir ao banco; somar os valores; calcular os juros; pagar a conta. Observa-se que sempre um verbo no infinitivo é necessário para caracterizar uma decisão ou ação ou processo.

A informação e seus respectivos sistemas desempenham funções fundamentais e estratégicas nas organizações. Nesse sentido, as informações personalizadas e oportunas devem ser discutidas e utilizadas no projeto de planejamento estratégico. Toda e qualquer informação peculiar ou específica pode ser chamada de *informação personalizada*, seja da *persona* física ou jurídica, de uma organização, de um cliente, consumidor ou *prospect* ou potencial, de um serviço ou produto diferenciado. Também pode estar relacionada com uma característica ímpar de uma pessoa e até mesmo de um serviço ou produto. À medida que se pretende compartilhar informações, a personalização merece atenção especial. As informações não personalizadas e de uso geral também são importantes, porém frequentemente de menor valor agregado. A personalização da informação leva em conta os detalhes das informações do meio ambiente interno e externo relacionado com a organização. As tecnologias emergentes têm auxiliado a personalização das informações.

Toda e qualquer informação de qualidade inquestionável, porém antecipada, pode ser chamada de *informação oportuna*. A informação oportuna é a antítese da informação do passado e da que não gera um cenário futuro e indiscutível. Esse tipo de informação não pode ser confundido com previsão ou palpite. A informação sempre deve ser baseada em dados e em cálculos, fórmulas ou algoritmos.

As informações oportunas juntamente às personalizadas podem ser chamadas de *informações inteligentes* ou informações que efetivamente contribuem para a inteligência das organizações. Também são chamadas de *informações não triviais* ou *executivas*.

As informações podem ser organizadas por meio dos sistemas de informação. Os conhecimentos também podem ser organizados por meio dos sistemas de conhecimentos. A gestão do conhecimento está relacionada com o compartilhamento das melhores práticas da organização (Rezende, 2013).

1.4 Funções organizacionais públicas ou privadas

As macroatividades presentes em todas as organizações para seu funcionamento integrado e efetivo são chamadas de *funções organizacionais*. Nas organizações públicas, também são chamadas de *funções públicas;* nas organizações privadas, são conhecidas também como *funções empresariais*.

São seis as funções organizacionais: (1) produção ou serviços; (2) comercial ou *marketing*; (3) materiais ou logística; (4) financeira; (5) recursos humanos; e (6) jurídico-legal. Estas funções devem ser integradas na organização, tanto para seu funcionamento como para o planejamento. As funções organizacionais produção ou serviços e comercial ou *marketing* são consideradas *primárias* ou *essenciais*; as demais são as *secundárias*, porém, não são menos importantes.

Nas organizações públicas, a função produção ou serviços pode ser chamada de *serviços públicos*, sejam serviços específicos ou de governos (federal, estadual e municipal), e pode ser subdividida em: educação; saúde; segurança; transporte; abastecimento; agricultura; esporte; social; cultura; habitação; meio ambiente; mobilidade; obras; rural; turismo; urbano entre outros. E a função comercial ou *marketing* pode ser chamada de *divulgação* ou *comunicação pública* e pode ser subdividida em: divulgação ou comunicação de informações públicas; sistema de imagem institucional; planejamento e gestão de *marketing* público; gestão de cidadãos; projetos de *marketing* social; gestão de contratos públicos ou de parcerias público-privadas; pesquisas e estatísticas. No governo federal, estadual e municipal, podem ser chamadas de *funções públicas* ou *temáticas governamentais*.

Não são unidades departamentais ou setores da organização. Cada uma dessas funções é desmembrada em módulos ou subsistemas. Por exemplo, o módulo de contas a pagar faz parte da função organizacional financeira; o módulo de estoque, da função de materiais ou logística; o módulo de folha de pagamento, da função de recursos humanos (ver Seção 4.1).

Todos os projetos organizacionais, incluindo o planejamento estratégico, devem ser elaborados com foco nas funções organizacionais e nunca com base no organograma, independentemente do tipo ou tamanho da organização e do número de departamentos, de cargos ou de pessoas. Um componente do organograma da organização pode contemplar uma ou mais funções organizacionais ou, ainda, determinados módulos das funções organizacionais podem não ser contemplados por um organograma.

No projeto de planejamento estratégico, os problemas, objetivos, estratégias e ações podem ser separados pelas funções organizacionais.

1.5 Alinhamento do planejamento estratégico com sistemas e tecnologia da informação

O alinhamento ou a integração do planejamento estratégico da organização com sistemas de informação e com tecnologia da informação por meio do planejamento estratégico da tecnologia da informação constitui-se a partir das satisfatórias relações verticais, horizontais, transversais, dinâmicas e sinérgicas das funções das organizações públicas e privadas.

Promove o ajuste ou a adequação estratégica das tecnologias disponíveis em toda a organização, como um instrumento de gestão organizacional. O alinhamento estratégico contempla os conceitos de inteligência organizacional. O referido alinhamento pode ser sustentado por quatro grandes grupos de fatores ou construtos: (1) tecnologia da informação; (2) sistemas de informação e sistemas de conhecimentos; (3) pessoas ou recursos humanos; e (3) contexto ou infraestrutura organizacional (Rezende, 2002). A Figura 1.1 mostra o modelo do alinhamento com suas dimensões, construtos e variáveis.

Figura 1.1 – Modelo de alinhamento do planejamento estratégico da tecnologia da informação com o planejamento estratégico da organização

O modelo está calcado em três dimensões: (1) planejamento estratégico de tecnologia da informação (incluindo os sistemas de informação) e de seus recursos e instrumentos; (2) planejamento estratégico da organização e de seus negócios privados ou atividades públicas; e (3) recursos sustentadores do alinhamento do planejamento estratégico de tecnologia da informação ao planejamento estratégico da organização.

As dimensões do modelo são desmembradas em construtos ou recursos sustentadores. O conjunto de construtos é dividido em cinco partes: (1) tecnologia da informação; (2) sistemas de informação e sistemas de conhecimentos; (3) pessoas ou recursos humanos; (4) contexto ou infraestrutura organizacional; (5) e alinhamento estratégico entre planejamento estratégico de tecnologia da informação e planejamento estratégico da organização. E cada construto é formado pelas respectivas variáveis do modelo, as quais de fato sustentam o alinhamento estratégico do planejamento estratégico de tecnologia da informação ao planejamento estratégico da organização.

A dimensão do planejamento estratégico de tecnologia da informação fornece a visão geral de conceitos, modelos, métodos e instrumentos de tecnologia da informação necessária para facilitar as estratégias organizacionais e suportar as decisões, as ações organizacionais e os respectivos processos da organização. Além de relatar as configurações da tecnologia da informação (*software*, *hardware*, sistemas de comunicação e recursos de gestão de dados e informação), descreve a estrutura estratégica, tática e operacional das informações organizacionais, os sistemas de informação e sistemas de conhecimentos, as pessoas envolvidas e a infraestrutura necessária.

A dimensão do planejamento estratégico da organização fornece uma visão geral de conceitos, modelos, métodos e instrumentos de como fazer acontecer às estratégias organizacionais. Ela possibilita uma clara e adequada compreensão da situação dos negócios privados ou atividades públicas, da atuação das funções organizacionais, contemplando o ambiente interno e externo à organização. Pode relatar também as ameaças, oportunidades, potenciais, fatores críticos de sucesso, atuação no mercado, satisfação dos clientes ou atores da comunidade, estrutura organizacional, competências essenciais, capacitação dos recursos humanos e outros fatores fundamentais para a atuação da organização.

A dimensão dos recursos sustentadores do alinhamento planejamento estratégico de tecnologia da informação ao planejamento estratégico da organização fornece uma visão geral das atividades, variáveis e fatores que facilitam o referido alinhamento. Essa dimensão é composta por quatro construtos: (1) tecnologia da informação; (2) sistemas de informação e sistemas de conhecimentos; (3) pessoas ou recursos humanos; e (4) contexto ou infraestrutura organizacional.

Os construtos estão organizados em suas respectivas variáveis. O construto alinhamento estratégico entre planejamento estratégico de tecnologia da informação e planejamento estratégico da organização contempla as variáveis: sinergia das funções organizacionais; adequação das tecnologias disponíveis; gestão dos planejamentos planejamento estratégico de tecnologia da informação e planejamento estratégico da organização; inteligência competitiva e inteligência organizacional. O construto tecnologia da informação envolve as variáveis: *hardware*; *software*; sistemas de telecomunicação; e gestão de dados e informação. O construto sistemas de informação e sistemas de conhecimentos envolve as variáveis: sistemas de informação operacionais; sistemas de informação gerenciais; sistemas de informação estratégicos; e sistemas de conhecimentos. O construto pessoas ou recursos humanos envolve as seguintes variáveis: valores e comportamentos; perfil profissional; competências e capacitação; plano de trabalho; planejamento informal participativo; comunicação e relação; multiequipe e parcerias; clima, ambiente e motivação; vontade e comprometimento; e consciência e participação efetiva. E, finalmente, o construto contexto ou infraestrutura organizacional envolve as variáveis: imagem institucional; domínio do negócio privado ou da atividade pública e preocupação com resultados; missão, objetivos e estratégias; modelos decisórios; processos e procedimentos; e metodologia ou processo formal de planejamento; cultura, filosofia e políticas organizacionais; estrutura organizacional departamental; investimento e custos; e infraestrutura organizacional.

1.6 Empreendedorismo

O empreendedorismo é objeto de estudo em muitas organizações e tem inquietado as pessoas e motivado alguns gestores a praticar esse conceito nas organizações. As organizações podem ser vistas como um empreendimento. E para um empreendimento conquistar seu êxito ou sucesso necessita de empreendedores.

O empreendedorismo pode ser entendido como realização. O empreendedor é quem realiza, ou seja, põe em prática o planejamento, executa atividades, efetua ações, efetiva fatos, faz acontecer, gera resultados positivos.

Não só nos empreendimentos e atividades privadas o empreendedorismo é aplicado. Pode ser aplicado também de forma efetiva nas atividades públicas, principalmente ações relacionadas com questões sociais. O empreendedor pode ser socialmente responsável e isso é demonstrado em inúmeras iniciativas em organizações públicas e em organizações não governamentais, onde as características da responsabilidade social são corporativas com indicadores não enfatizando somente os resultados financeiros (Mendes, 2009).

Os empreendedores são pessoas diferenciadas e que apresentam motivação singular. Apaixonados pelo que fazem, não se contentam em ser mais um na multidão, querem ser reconhecidos, admirados, referenciados e imitados. Uma vez que os empreendedores estão revolucionando o mundo, seu comportamento e o próprio processo empreendedor devem ser estudados e entendidos (Dornelas, 2001). Os empreendedores estão sempre buscando mudanças, reagem a elas e as exploram como oportunidades, nem sempre vistas pelos demais. São pessoas que criam algo novo, diferente, mudam ou transformam valores, não restringindo seu empreendimento a instituições exclusivamente econômicas. São essencialmente inovadores, com capacidade para conviver com riscos e incertezas envolvidas nas decisões (Drucker, 1987). Empreendedores Acima de tudo, são pessoas com atitudes e posicionamentos positivos embasados em conceitos sedimentados.

O espírito empreendedor pode ser entendido como a parte imaterial do ser humano, a alma (por oposição ao corpo), algo que vem de dentro das pessoas. Está associado com a caracterização pessoal dos gestores quando têm uma visão clara de propósitos na direção de atividades mais adaptadas aos seus objetivos estratégicos. Tem relação com a expressão *entrepreneurship* integrando-a com o termo *inovação* (Drucker, 1987). Esse espírito faz parte da chamada *escola empreendedora*, que é uma linha da formação estratégica de características visionárias e proativas nas soluções necessárias para as organizações (Mintzberg; Ahlstrand; Lampel, 2000).

O perfil empreendedor pode ser entendido como o conjunto de características, habilidades, competências dos empreendedores. Os empreendedores nas organizações podem atuar como gestores, técnicos ou auxiliares. O perfil pode contemplar resumidamente três grandes conjuntos de habilidades: técnica; de serviços ou negócios; e humana.

Um empreendimento para a organização envolve uma série de fatores, inúmeras atividades e muitas ações críticas. Também não ocorre do dia para noite, leva determinado tempo para sua realização. O processo empreendedor é constituído por quatro fases. Começa pela geração de ideias ou busca de oportunidades, segue com o desenvolvimento de um plano de negócio ou planejamento estratégico, da busca de recursos financeiros e não financeiros para sua viabilidade e termina com o controle ou a gestão do empreendimento.

1.7 Liderança

Liderança é a capacidade inteligente de influenciar outras pessoas ou organizações e de gerar seguidores para atingir objetivos determinados.

A literatura nacional e internacional é rica em conceitos de liderança, em abordagens humanas ou organizacionais. Ambas as abordagens levam em consideração as múltiplas definições, como fenômenos pessoais ou grupais, de influências, poder, comunicação, motivação e persuasão. A imposição passa a ceder espaço para a influência no alcance dos objetivos determinados a serem executados pela livre vontade dos seguidores do líder. A liderança é relevante na vida pessoal, profissional e familiar. É necessária em todos os grupos de pessoas e em todas as organizações.

As organizações têm constantemente passado por desafios comerciais, financeiros, sociais, ambientais, políticos e na sua forma de gestão. Para superarem esses desafios emergenciais, os gestores organizacionais e suas equipes devem atuar levando em consideração os conceitos e os preceitos da liderança. O emprego das funções da administração (planejamento, organização, direção e controle) não é suficiente para a motivação na elaboração dos produtos e na prestação de serviços adequados e com qualidade, produtividade, efetividade e economicidade. Assim, a direção ou gerência tradicional deve ser substituída pela liderança empreendedora e participativa.

Indubitavelmente pessoas com capacidade inteligente de influenciar outras pessoas, vivenciam de fato a liderança empreendedora e participativa nas organizações. O alcance dos objetivos, a realização das estratégias e a efetivação das ações organizacionais só são possíveis por meio do esforço dos líderes com espírito empreendedor e participativo.

É no dia a dia que os líderes desempenham a vontade, o envolvimento, o comprometimento, a determinação e o carisma nas atividades organizacionais. Tais características funcionam como uma obstinação pessoal ao sucesso das organizações e das pessoas do seu meio ambiente interno e externo, para inclusive aumentar a qualidade de vida dessas pessoas.

Em outras palavras, se não existirem pessoas na equipe multidisciplinar do projeto de planejamento estratégico com características de empreendedorismo, inovação e liderança, a elaboração, a gestão e a implementação desse projeto pode ficar muito prejudicada, sob pena de sua não conclusão.

As organizações inteligentes preferem chamar os líderes de *gestores*.

1.8 Inovação

A inovação pode ser entendida como fazer diferente com valor agregado, sem necessariamente ser novo. É diferente de invenção (coisa nova criada ou concebida), que envolve a formulação de uma proposta inédita. Nesse sentido, a organização inovadora é a que oferece produtos ou presta serviços com valores agregados.

A inovação nas organizações pode contemplar duas abordagens: tecnológica e humana. A abordagem tecnológica ou científica da inovação está voltada ao meio ambiente interno da organização. A abordagem humana ou de aceitação das pessoas está voltada ao meio ambiente externo da organização. A inovação pode se dar em um serviço ou produto, em um ou mais processos, em aspectos arquitetônicos ou estéticos da organização e até mesmo no modelo de gestão da organização.

A inovação sempre requer um processo como premissa. Um processo pode ser entendido como uma metodologia que requer procedimentos. Uma metodologia exige a definição de suas partes ou fases, subfases, produtos e pontos de avaliação.

O processo de desenvolvimento de inovação pode começar no reconhecimento de um problema ou na necessidade que estimula a pesquisa e as atividades de desenvolvimento inovador e também na exigência da solução de problemas. A inovação não acontece facilmente, ela encontra algumas barreiras, tais como: isolamento dos gestores organizacionais; falta de integração entre os gestores organizacionais e os seus subordinados; intolerância com pesquisadores locais; horizonte de curto prazo desprezando-se detalhes de planejamentos e necessidades de tempo; práticas conservadoras; racionalismo e burocracia excessivos; excesso de informalidade; e incentivos inadequados aos inovadores (Mañas, 1993). Além do desenvolvimento da inovação, nem sempre acontece facilmente a absorção da inovação por parte das pessoas da organização ou gestores locais ou até mesmo dos demais interessados na organização (meio ambiente externo). Para facilitar essas atividades, são fundamentais a elaboração e a implementação do planejamento estratégico de forma participativa, considerando os conceitos de aprendizagem organizacional e coletiva.

A inovação pode acontecer em estágios. Os estágios pela fonte inovadora podem ser: pesquisa básica; pesquisa aplicada; desenvolvimento; teste ou avaliação; fabricação ou acondicionamento; *marketing* ou disseminação. À medida que esses estágios se sucedem, a inovação se torna definida com maior especificidade e, ao final dos estágios, tem-se um novo serviço ou produto, que pode ser social ou não. Os estágios pelo consumidor podem ser: tomada de consciência; identificação, ajuste, combinação, ou seja, seleção; adoção ou comprometimento; implementação; e aceitação rotineira (Tornatzky; Fleischer, 1990).

Sob o prisma das realizações práticas, a inovação cobre diversas ações em diferentes setores da atividade humana e que podem ser vistas, de forma idealizada, como a seguinte sequência de eventos ou fases: pesquisa tecnológica, desenvolvimento tecnológico; engenharia; produção, construção e instalação; utilização e assistência técnica (Valeriano, 1998).

1.9 Gestão de projetos

O planejamento estratégico deve ser necessariamente entendido como um projeto. É um projeto dinâmico, complexo, desafiador, inovador, inteligente e necessário para organizações preocupadas com seu êxito ou sucesso. Para facilitar a sua elaboração, gestão e implementação, um instrumento ou técnica de gestão de projetos se faz necessário, uma vez que precisa lidar com os recursos humanos, materiais, financeiros e tecnológicos.

São inúmeras as teorias ou modelos e instrumentos ou técnicas de gestão de projetos disponibilizadas pela ciência da administração e da engenharia, dentre os quais se destacam o PODC (planejamento, organização, direção e controle), o PERT/CPM (*Program Evaluation Review Technique/Critical Path Method*) e o PMBOK (*Project Management Body of Knowledge*) do PMI (*Project Management Institute*).

O PODC tem forte relação com a administração e ciências correlatas, e o PERT/CPM, com as engenharias. Atualmente, vem sendo muito utilizado pelas organizações o PMBOK/PMI.

O PMBOK/PMI classifica os processos em cinco fases (iniciação; planejamento; execução; controle; e encerramento) organizadas por meio de dez áreas de conhecimento (integração; escopo; tempo; custos; qualidade; recursos humanos; comunicações; riscos; aquisições; e partes interessadas do projeto).

Um instrumento ou técnica de gestão de projetos deve ser adotado pela organização para elaboração do seu planejamento estratégico, desde seu início até sua conclusão (ver Seções 3.4 e 7.4).

1.10 Gestão pública ou privada

O termo *gestão* envolve três conceitos básicos: a **administração** é a ciência que estuda as organizações e seu meio ambiente e externo; a **gestão** é a aplicação da ciência da administração; e **planejamento** é um dos instrumentos para gerir as organizações. Para gerir uma organização pública ou privada, pode-se utilizar diferentes ou mesclados modelos de gestão (ver Seção 4.5).

A **gestão pública** requer os conceitos, preceitos e métodos da administração pública e da inteligência organizacional pública. É orientada para a prestação de serviços públicos, como administração direta ou indireta, sem a visão do lucro. A **gestão privada**, por sua vez, requer os conceitos, preceitos e métodos da administração clássica e convencional e da inteligência empresarial. É orientada para a produção e comercialização de produtos e para a prestação de serviços privados focada frequentemente no lucro da organização. Ambas as gestões estão relacionadas com os atos de gerir as organizações e suas respectivas funções organizacionais (ver Seção 1.4).

Alguns autores ainda diferenciam a gestão pública e gestão municipal da gestão urbana. A **gestão urbana** pode ser entendida como a gestão da cidade. Está relacionada com o conjunto de recursos e instrumentos da administração aplicados na cidade como um todo, visando à qualidade da infraestrutura e dos serviços municipais urbanos, propiciando as melhores condições de vida e aproximando os munícipes ou cidadãos das decisões e ações da gestão pública municipal. Outros autores contemplam as questões rurais na gestão urbana. No que diz respeito ao planejamento municipal, a gestão urbana enfatiza o plano diretor municipal.

A **gestão municipal** pode ser entendida como a gestão do município, da prefeitura e de seus órgãos, institutos, autarquias e secretarias. Está relacionada com o conjunto de recursos e instrumentos da administração aplicada na gestão local por meio de seus servidores municipais. No que diz respeito ao planejamento municipal, a gestão municipal enfatiza o planejamento estratégico do município, urbano e rural (Rezende, 2012).

Tanto a gestão urbana quanto a gestão municipal podem estar relacionadas com os conceitos das teorias *New Public Management* (NPM) e de inteligência pública.

Conforme a Constituição da República Federativa do Brasil, a organização político-administrativa brasileira compreende a União, os estados, o Distrito Federal e os municípios, todos autônomos, sendo que seus respectivos modelos de gestão têm um papel relevante. As funções do Estado estão relacionadas com a alocação de recursos oriundos da arrecadação tributária, a distribuição dos recursos com equidade e justiça e, finalmente, a estabilização econômica, social, política e institucional (Marini, 2003).

A **administração pública** congrega diferentes órgãos na gestão dos objetivos do governo e das funções necessárias ao desempenho efetivo dos serviços públicos perenes e sistemáticos, legais e técnicos em benefício dos cidadãos. Seja direta, seja indireta, a administração pública obedece aos princípios constitucionais de: legalidade; impessoalidade; moralidade; publicidade; e eficiência. Acrescentam-se ainda, os princípios de: ética e conformidade entre as relações horizontais e verticais da administração direta e indireta; continuidade dos serviços púbicos; igualdade no trato com os cidadãos; prestação responsável das contas públicas; divulgação de informações; compromisso e qualidade dos servidores públicos; e transparência nas ações de gestão (*accountability*).

Pode-se ainda entender administração pública como a parte da ciência da administração que se refere ao governo – diretamente ao Poder Executivo e indiretamente aos Poderes Legislativo e Judiciário. No sentido mais amplo, a administração pública é todo o sistema de governo, todo o conjunto de ideias, atitudes, normas, processos, instituições e outras formas de conduta humana que determinam como se distribui e se exerce a autoridade pública, bem como, de que modo se atendem aos interesses públicos. É essencialmente a estrutura do Poder Executivo, que tem a missão de coordenar e implementar as políticas públicas, como um conjunto de atividades diretamente destinadas à execução concreta das tarefas de interesse público ou comum numa coletividade ou numa organização estatal (Matias-Pereira, 2010).

A **gestão pública** é a mesma atividade administrativa vinculada à lei ou à norma técnica e à política, realizando funções administrativas em determinado período de tempo. Para tornar a administração pública mais adequada, é necessário analisar e praticar a gestão pública de forma dinâmica e entendê-la como um processo decisório também dinâmico, integrado, efetivo e planejado. A sociedade se modifica, as regras mudam e as práticas alteram-se no tempo e no espaço. Dessa forma, ao estabelecer objetivos e metas conformes aos mecanismos de gestão, o governo garante sua execução de forma planejada, voltada para sua forma de atuação e de intervenção (Santos, 2006).

Do ponto de vista institucional, **governo** é o conjunto de poderes e órgãos constitucionais; em sentido funcional; é o complexo de funções estatais básicas; e, sob a ótica operacional, é a condução política do negócio público. Assim, ora se identifica com os poderes e órgãos supremos do Estado, ora se apresenta nas funções originárias desses poderes e órgãos de manifestação da soberania. Sua expressão política de comando, de iniciativa, de fixação de objetivos do Estado e de manutenção da ordem jurídica vigente é a constante do governo (Meirelles, 2006). Enquanto a governabilidade diz respeito às condições do exercício da autoridade política, a governança qualifica o modo de uso dessa autoridade. A **governabilidade**, como capacidade política de governar, resulta da relação de legitimidade do Estado e do ser governo com a sociedade, e a **governança**, num sentido amplo, decorre da capacidade financeira e administrativa do governo de realizar políticas. Ainda, a governança contempla três aspectos: (1) pode ser uma forma para reconciliar o político, o econômico e o social, propondo novas formas de regulação; (2) acena para o deslocamento das responsabilidades que se opera o Estado para a sociedade civil e o mercado; (3) configura-se como alternativa quando os atores sociais não dispõem de conhecimentos e meios necessários para resolver problemas. O processo de gestão local faz aparecer na "arena urbana" a busca de uma politização do local e a procura de uma governança urbana (Matias-Pereira, 2010).

O conceito de gestão estratégica das organizações públicas ou privadas está direcionado para um processo sistemático, planejado, gerido, executado e acompanhado sob a gestão da alta administração, envolvendo e comprometendo todas as pessoas e respectivos níveis hierárquicos. A finalidade é assegurar o crescimento, a continuidade e a sobrevivência da organização, por meio da adaptação contínua de sua estratégia, de sua capacitação e de sua estrutura, possibilitando-lhe enfrentar as mudanças observadas ou previsíveis em seu ambiente externo ou interno, antecipando-se a elas (Costa, 2007).

1.11 Planejamento pessoal, familiar e profissional

Planejar é sinônimo de objetivar, pensar, sonhar, desejar, desenhar etc. Para tanto, essas questões também podem ser adaptadas para a vida pessoal, familiar e profissional e para o êxito ou sucesso nessas abordagens.

No **planejamento pessoal**, podem constar os objetivos individuais das pessoas, pensando no seu futuro e na sua felicidade como ser humano.

No **planejamento familiar**, podem constar os objetivos coletivos das pessoas, pensando no futuro e na felicidade da família como um todo. Evidentemente, cada pessoa tem seu conceito de família; para uns, até os netos devem ser contextualizados; para outros, os tios e até os avós fazem parte da família, além da esposa ou esposo (ou correlatos) e dos filhos ou filhas (e outras pessoas).

No **planejamento profissional**, podem constar os objetivos profissionais das pessoas, pensando no seu futuro e na sua felicidade como trabalhador, seja empregado, prestador de serviços ou empregador. Nesse planejamento, é projetado o que fazer ao longo de sua carreira.

Para facilitar a formalização desses planejamentos, os objetivos, pensamentos, sonhos, desejos ou desenhos devem ser qualificados e quantificados (incluindo o quê, quanto e quando).

Os fatores críticos de sucesso também devem ser descritos, pois sem eles não se teria resultados positivos ou adequados. São as capacidades e os recursos absolutamente necessários para atuar e se constituem em pontos fortes da pessoa, da família ou da profissão. Podem definir atividades de desempenho para a efetivamente alcançar objetivos, pensamentos, sonhos, desejos ou desenhos.

Pode-se também elaborar um **mapeamento ambiental** ou de competências pessoais, familiares e profissionais semelhante às abordagens clássicas da análise dos ambientes da organização, por meio da técnica das forças e fraquezas, ameaças e oportunidades (Andrews, 1980). Nas forças ou pontos fortes, podem ser descritas as qualidades pessoais, familiares e profissionais, reiterando as suas características positivas, boas e relevantes. Nas fraquezas ou pontos fracos, podem ser descritas as dificuldades pessoais, familiares e profissionais, reiterando as suas características negativas, ruins e irrelevantes. Nas oportunidades, podem ser descritas as possibilidades pessoais, familiares e profissionais vislumbradas para o seu presente e futuro e que podem influenciar positivamente o seu desempenho ou que podem criar condições favoráveis ao seu sucesso. Nas ameaças ou riscos, podem ser descritas as dificuldades pessoais, familiares e profissionais observadas para o seu presente e futuro e que podem influenciar negativamente o seu desempenho ou que podem criar condições desfavoráveis ao seu sucesso. Tais ameaças devem ser inexoravelmente enfrentadas.

Em seguida, pode-se elaborar um **mapeamento setorial** para entender, verificar e conhecer o contexto em que estarão inseridas a pessoa, a família e a profissão, percebendo como se posicionar nesse contexto, principalmente econômico. Para tanto, a análise clássica de setor pode ser adaptada observando as suas cinco forças ou abordagens: clientes; fornecedores; competidores ou concorrentes existentes; novos concorrentes ou novos entrantes; serviços ou produtos substitutos (Porter, 1990).

Nos clientes, podem ser descritos quem comprará as competências, os serviços ou produtos da pessoa, da família e da profissão. Nos fornecedores, podem ser descritos quem poderá ajudar ou subsidiar conhecimentos para o futuro e para os diferenciais da pessoa, da família e da profissão. Nos competidores ou concorrentes, atuais ou que potencialmente surjam no futuro, podem ser descritos para quem a pessoa, a família e a profissão poderão perder espaços e oportunidades. Nos serviços ou produtos substitutos, podem ser descritos por quem a pessoa, a família e a profissão poderão ser trocadas ou substituídas.

Cada planejamento pessoal, familiar e profissional se constitui em um projeto. Os conceitos de poupança financeira e de aposentadoria privada devem ser considerados nesses planejamentos. Deve-se, ainda, considerar o conceito de qualidade total de vida, que contempla o equilíbrio de tempo entre: trabalho; diversão ou lazer; estudo permanente; fé ou espiritualidade; família; e outros temas, por exemplo, férias, união (casamento ou separação), demissão, saúde, inteligência. Finalizando esses planejamentos, as estratégias e seus respectivos planos de ações e viabilidades devem ser formalizados para o alcance dos objetivos, sonhos ou desejos.

Resumindo, pode-se elaborar cada projeto (planejamento pessoal, familiar e profissional) em quatro folhas: problemas; objetivos; estratégias; e planos de ações.

Capítulo 2
Inteligência organizacional

O CONCEITO adotado, a organização e a metodologia de inteligência organizacional são elementos que devem ser amplamente pesquisados, estudados, entendidos, discutidos e disseminados antes de se iniciar qualquer projeto nas organizações. Um projeto de inteligência organizacional se constitui em um relevante e necessário empreendimento das organizações e das pessoas nela inseridas. Quando a organização investe tempo nessas atividades antecessoras, são evitados muitos problemas organizacionais, desgastes pessoais e perda de tempo (Rezende, 2015a).

Com pequenas adaptações, o conceito, a organização e a metodologia propostas para o projeto de inteligência organizacional podem ser empregadas tanto nas organizações privadas como nas organizações ou instituições públicas, organizações não governamentais ou mistas. Evidentemente, as organizações privadas estão mais direcionadas para as questões da sobrevivência, da produção, da venda e da lucratividade. Já as organizações públicas estão mais direcionadas para as questões sociais, a sustentabilidade orçamentária e a qualidade de vida dos cidadãos.

2.1 Conceitos de inteligência organizacional

Nas organizações privadas e públicas, a inteligência organizacional é um projeto, posterior processo dinâmico, sistêmico, coletivo, participativo e contínuo para determinação de um modelo de gestão organizacional diferente do comum, do convencional, do trivial, do simples e do básico. Também pode ser entendida como um modelo provocativo de gestão organizacional, além do "simples" (Rezende, 2015a).

Definitivamente, não é um *software* e supera o conceito de inteligência competitiva. Internacionalmente, a inteligência organizacional está relacionada com o termo *Organizational Business Intelligence* (OBI).

Para Rezende (2002), inteligência organizacional é o somatório dos conceitos de inovação, criatividade, qualidade, produtividade, efetividade, perenidade, rentabilidade, modernidade, inteligência competitiva e gestão do conhecimento. Assim, as organizações são inteligentes quando aplicam esses conceitos de forma participativa, efetiva e integrada, adicionados de respectivos planejamentos de estratégias, informações, conhecimentos, sistemas de informações, tecnologia da informação, recursos humanos e processos organizacionais. Pode-se adaptar esse conceito quando da elaboração do projeto nas organizações.

De forma reducionista, cada conceito tem seu direcionamento, ou seja: a inovação relaciona-se ao fazer diferente com valor agregado; a criatividade, à capacidade de gerar soluções com os recursos disponíveis; a qualidade, à adequação ou à satisfação; a produtividade, aos resultados adequados; a efetividade, ao somatório de eficiência (desempenho), eficácia (resultado) e economicidade (ou valor adequado); a perenidade, à permanência no mercado ou à perpetuidade dos serviços; a rentabilidade, ao dinheiro disponível ou ao uso adequado do dinheiro; a modernidade, ao conceito abstrato de atualidade ou de não antiquado; a inteligência competitiva, ao diferencial inteligente em relação ao concorrente ou competidor, produto ou serviço substituto; por fim, a gestão do conhecimento, ao compartilhamento das melhores práticas e dos conhecimentos adequados. Assim, as organizações privadas ou públicas que entendem, aceitam e vivem esses conceitos buscam conquistar e manter sua inteligência organizacional.

Nas organizações públicas, a inteligência pública também está relacionada com os conceitos e preceitos da teoria *New Public Management* (NPM). Essa teoria pressupõe aplicar nas organizações públicas os modelos de gestão oriundos da iniciativa privada e dos conceitos de administração estratégica focada nos negócios empresariais e nos conceitos de empreendedorismo. Esse modelo para nova gestão pública apresenta como características: contextualizar o cidadão como um cliente em foco; dar o sentido claro da missão da organização pública; delegar autoridades; substituir normas por incentivos; elaborar orçamentos baseados em resultados; expor operações do governo à concorrência; procurar soluções de mercado, e não apenas administrativas; e medir o sucesso do governo pela avaliação do cidadão. Também tem como princípios: reestruturação; reengenharia; reinvenção; realinhamento; e reconceituação (Jones; Thompson, 2000).

A nova gestão é um largo campo de discussão sobre as intervenções políticas dentro do governo executivo. As características dos instrumentos das intervenções de políticas são regras institucionais e rotinas organizacionais que afetam o planejamento das despesas, a gestão das finanças, a administração pública, as relações civis de trabalho, as compras, a organização e os métodos, a auditoria e a avaliação (Barzelay, 2001). A NPM tem defendido que os gestores públicos devem se comportar como empresários e como empreendedores, mais dedicados e crescentes em posturas de privatização do governo, não emulando apenas as práticas, mas também os valores dos negócios. Os proponentes da NPM desenvolveram seus amplos argumentos por contrastes com a velha administração pública (*Old Public Administration*) em favor do novo serviço público, cujo papel primário é ajudar os cidadãos na articulação e no encontro de seus interesses compartilhados no lugar de tentar controlar ou guiar a sociedade (Denhardt; Denhardt, 2000). Como resultado, várias mudanças altamente positivas foram implementadas no setor público (Osborne; Gaebler, 1992). A evolução do movimento da NPM acrescentou mais pressão nas burocracias para tornar as organizações públicas mais responsivas para os cidadãos como clientes participativos. Sem dúvida, é um avanço importante na contemporânea administração pública (Vigoda, 2002).

A inteligência organizacional é favorecida pela sinergia das funções organizacionais, a adequação das tecnologias disponíveis, a elaboração de planejamentos organizacionais, a gestão da informação, a gestão do conhecimento e a prática da inteligência competitiva nas organizações.

Como exemplo provocativo, um posto de combustível inteligente *também* pode abastecer veículos, um hotel inteligente pode *inclusive* hospedar clientes, uma farmácia inteligente pode *até mesmo* vender remédios, uma organização pública inteligente *também* pode atender educadamente o cidadão, e assim por diante. Em contrapartida, se essas organizações decidem respectivamente, *apenas* abastecer combustíveis, hospedar pessoas, vender remédios e atender educadamente o cidadão, não utilizam efetivamente o conceito de inteligência organizacional. Por outro lado, ter uma loja de conveniências no posto de combustível, um restaurante no hotel, outros produtos na farmácia ou atender mais que educadamente o cidadão não significa que essas organizações são inteligentes. É necessário adotar e praticar um conceito de inteligência organizacional por meio de um projeto organizacional.

Nesse sentido, com base em informações e conhecimentos sistematizados, personalizados e oportunos, nas decisões e ações competentes e na aplicação dos preceitos da inteligência organizacional, a organização inteligente pode gerar novos negócios, produtos, serviços ou atividades além dos triviais e, como consequência, conquistar sucesso ou êxito. Ainda provocativamente, por exemplo, em uma organização inteligente, os recepcionistas, os atendentes, os executores e todas as demais pessoas prestam serviços ou vendem produtos. Nas organizações públicas, todas as pessoas (servidores públicos ou não) prestam serviços públicos aos cidadãos para contribuir com sua qualidade de vida. Em uma escola inteligente, os porteiros, os assistentes de secretarias e todas as demais pessoas ensinam. Em uma revenda de automóveis inteligente, a senhora da limpeza e todas as demais pessoas vendem automóveis.

Quando da definição ou revisão dos serviços ou produtos da organização, os conceitos, modelos e demais abordagens da inteligência organizacional devem ser pesquisados, entendidos, discutidos, adotados e disseminados na organização (ver Seção 5.1.2).

2.2 Outras abordagens sobre inteligência organizacional

O termo *inteligência organizacional* começou a ser usado na década de 1960, e é oriundo da expressão *inteligência empresarial*. No entendimento de Wilensky (1967), a inteligência organizacional poderia permitir a utilização das informações da organização de forma mais efetiva nas decisões, desde sua coleta, processamento e interpretação do ambiente interno e externo.

Para Matsuda (1992), a inteligência organizacional tem similaridades com a inteligência humana: cada indivíduo possui inteligência única e as organizações apresentam características singulares alcançadas por meio da coletividade.

Na visão de Sapiro (1993), a inteligência organizacional é um sistema de monitoramento de informações internas e externas direcionadas ao sucesso ou êxito das organizações que procura melhorar as decisões nas organizações e levar as informações para todas as pessoas nos diversos níveis das organizações.

Conforme Halal (1997), a inteligência organizacional é a capacidade de uma organização de criar conhecimento e usá-lo para se adaptar estrategicamente ao seu ambiente ou mercado. É semelhante ao QI, mas enquadrado em um nível organizacional, onde fatores estruturais, culturais, relações com *stakeholders*, ativos de conhecimento e processos estratégicos podem influenciar o desempenho da inteligência organizacional nas organizações.

Para Lemos (2002), a inteligência organizacional também leva em conta as teorias da cognição, humanista e social, integrando a capacidade das pessoas na solução de problemas, a convivência dos seres humanos e o saber fazer, considerando os vieses social e profissional. Pode-se, então, entender que a teoria da cognição pressupõe pessoas sem dificuldades cognitivas; a teoria humanista, pessoas educadas; e a teoria social, pessoas que trabalham em grupo.

Albrecht (2004) define a inteligência organizacional como a capacidade da empresa de mobilizar todo o seu potencial intelectual disponível e concentrar tal capacidade na realização de sua missão. Assim, o conceito de inteligência organizacional integra diversos níveis de inteligência – individual, de equipe e organizacional – em uma estrutura para criar empresas inteligentes com sete dimensões-chave: (1) visão estratégica; (2) destino compartilhado ("todos no mesmo barco com espírito de corpo"); (3) apetite por mudanças; (4) sentido coletivo de energia, entusiasmo, motivação e disposição de fazer um esforço extra para que a empresa tenha sucesso ("coração"); (5) alinhamento e congruência entre visão estratégica e prioridades cruciais para o sucesso; (6) uso do conhecimento e sabedoria coletivos para fomentar o desenvolvimento de novos conhecimentos; e (7) pressão por desempenho ("fazer o que tem de ser feito").

O modelo de inteligência organizacional de Albrecht é muito respeitado internacionalmente por se tratar de projeto que envolve pessoas com interesses, crenças, aspirações próprias. Nele, a inteligência organizacional deve ser promovida por um ambiente integrador das pessoas dispostas a participar dos processos organizacionais e deve ser criada uma cultura de compartilhamento de informações e conhecimentos.

A visão estratégica é um direcionamento capaz de implementar um conceito de finalidade ou destino para a organização e as pessoas que a compõem. O destino compartilhado busca promover um ambiente onde todas as pessoas sintam-se fazendo parte de algo maior, compreendendo as posições adotadas pela organização, apoiando o grupo e compartilhando, na medida do possível, as informações e experiências que têm. O apetite por mudanças é a capacidade da organização e de suas pessoas de se desapegar do passado e buscar novidades em seus processos e produtos ou serviços. O "coração" busca contemplar as atividades da organização com a finalidade de integrar as pessoas de forma que essas se sintam motivadas, interessadas e dispostas a contribuir para o alcance da missão organizacional. O alinhamento e a congruência estão direcionados para as atividades desenvolvidas pela organização em concordância com a visão estratégica e com as prioridades formalizadas. Tudo deve caminhar para o mesmo lado e de forma ordenada. O uso do conhecimento é a capacidade da organização de criar conhecimentos, captá-los e aplicá-los em suas atividades, além de promover o compartilhamento desses conhecimentos e das melhores práticas entre as pessoas. Já a pressão por desempenho tem relação com a predisposição das pessoas para contribuir com os objetivos, estratégias e ações da organização.

Organizações inteligentes não utilizam mais o termo *colaboradores*, mas *empregados*; nelas, as pessoas são respeitadas, valorizadas, admiradas, bem remuneradas e entendidas como profissionais, e não como colegas ou amigos. E também não utilizam mais o termo *líderes*, mas *gestores*. Algumas retiraram de suas paredes os quadros de missão e visão, substituindo-os por objetivos e estratégias organizacionais.

Assim, é íntima a relação entre as múltiplas e diferentes inteligências das pessoas, a inteligência organizacional e a elaboração dos objetivos, a formulação das estratégias e a implementação das ações organizacionais. Já em 1830 o naturalista Charles Darwin mencionou a importância da expressão emocional para a sobrevivência e adaptação humanas, enfatizando os aspectos cognitivos e a memória na resolução de problemas. Para ele, a **inteligência emocional** é um conceito em psicologia que descreve a capacidade de reconhecer os próprios sentimentos e os dos outros, assim como a capacidade de lidar com eles. Na década de 1980, na Universidade de Harvard, iniciaram-se discussões sobre as **inteligências múltiplas** lideradas pelo psicólogo Howard Gardner nos seus estudos de psicometria e testes de quociente de inteligência (QI). Para ampliar o conceito de inteligência, também apresentou outras abordagens da inteligência humana: lógico-matemática; linguística; musical; espacial; corporal-cinestésica; intrapessoal; interpessoal; naturalista; e existencial (Gardner, 1998).

Organizações inteligentes não enfatizam a motivação das pessoas, mas sim a desmotivação, ou melhor, os fatores que desmotivam os empregados, pois os fatores motivacionais já são conhecidos (contrapartidas financeiras; clima organizacional; e perspectivas de crescimento profissional e pessoal).

2.3 Modelo de inteligência organizacional

Desde a fase 0 (zero) – organização, divulgação e capacitação –, um efetivo modelo deve ser determinado para elaborar e gerir o projeto de inteligência organizacional que também pode ser chamado de *projeto de OBI*, ou *de inteligência organizacional como modelo de gestão da organização*.

O modelo de inteligência organizacional requer planejamentos e projetos integrados (Rezende, 2015a), conforme demonstra a Figura 2.1:

Figura 2.1 – Integração dos planejamentos no modelo de inteligência organizacional

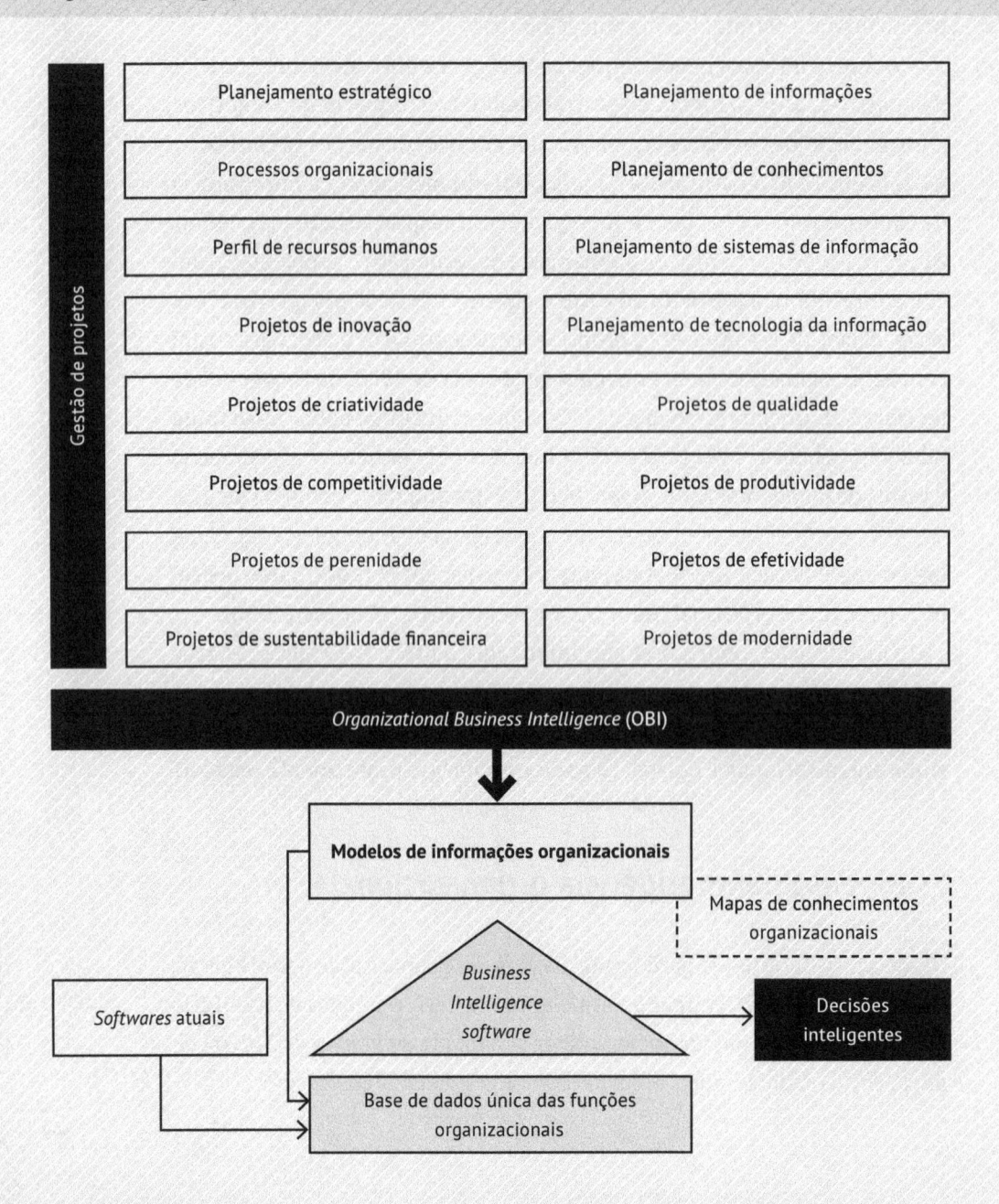

Gestão de projetos:
- Planejamento estratégico
- Planejamento de informações
- Processos organizacionais
- Planejamento de conhecimentos
- Perfil de recursos humanos
- Planejamento de sistemas de informação
- Projetos de inovação
- Planejamento de tecnologia da informação
- Projetos de criatividade
- Projetos de qualidade
- Projetos de competitividade
- Projetos de produtividade
- Projetos de perenidade
- Projetos de efetividade
- Projetos de sustentabilidade financeira
- Projetos de modernidade

Organizational Business Intelligence (OBI)

↓

Modelos de informações organizacionais

Mapas de conhecimentos organizacionais

Softwares atuais → *Business Intelligence software* → Decisões inteligentes

Base de dados única das funções organizacionais

O modelo de inteligência organizacional contempla a integração de estratégias, planejamentos, projetos, processos organizacionais e respectivos recursos humanos adequados, os quais propiciam a elaboração de modelos de informações. Os modelos de informações formalizam dados para uma base única, e por meio de um *software* de *Business Intelligence* (BI), sugerem decisões inteligentes para os gestores da organização. Parte-se do princípio de que o *Organizational Business Intelligence* (OBI) é um modelo de gestão para as organizações, onde o *software* BI é um instrumento de apoio à gestão inteligente das organizações, tendo como base os modelos de informações das organizações.

- O **planejamento estratégico** é um projeto, posterior processo dinâmico, sistêmico, coletivo, participativo e contínuo, para determinação dos objetivos, estratégias e ações da organização. Esse processo está embasado essencialmente nos problemas ou desafios da organização. É um projeto primordial da organização, contemplando a gestão por meio de respectivos indicadores e metas.
- O **planejamento de informações** é um projeto, posterior processo dinâmico, sistêmico, coletivo, participativo e contínuo, para formalização estruturada das informações necessárias para gestão da organização e para auxiliar as suas decisões nos níveis operacionais, táticos e estratégicos. Pode ser elaborado com base nos modelos de informações organizacionais, com informações triviais, oportunas ou personalizadas nos diferentes níveis ou tipos (estratégica, gerencial e operacional).
- O **planejamento de sistemas de informação** é um projeto, posterior processo dinâmico, sistêmico, coletivo, participativo e contínuo, para formalização estruturada dos sistemas de informação necessários para gestão da organização e para auxiliar as suas decisões nos níveis operacionais, táticos e estratégicos. Os sistemas de informação podem ser classificados de diversas formas ou tipos: manuais; mecanizados; informatizados; automatizados; pessoal; de um grupo ou departamental; organizacional; e interorganizacionais; em desenvolvimento (interno ou externo); aquisição; manutenção ou adaptação; e ainda sistemas de informação operacional; gerencial; estratégico; e de conhecimentos das pessoas envolvidas.

- O **planejamento de conhecimentos** é um projeto, posterior processo dinâmico, sistêmico, coletivo, participativo e contínuo, para formalização estruturada dos conhecimentos necessários para gestão da organização e para auxiliar as suas decisões nos níveis operacionais, táticos e estratégicos. O conhecimento é tácito das pessoas da organização. A gestão do conhecimento é o compartilhamento das melhores práticas das pessoas da organização. O mapa de conhecimentos organizacionais descreve os conhecimentos das pessoas das organizações que podem ser armazenados nas bases de conhecimentos e posteriormente utilizados e compartilhados nas organizações por meio dos sistemas de conhecimentos.

- O **planejamento da tecnologia da informação** é um projeto, posterior processo dinâmico, sistêmico, coletivo, participativo e contínuo, para formalização estruturada dos recursos computacionais da tecnologia da informação necessários para gestão da organização e para auxiliar as suas decisões nos níveis operacionais, táticos e estratégicos. Contempla os componentes: *hardware*, *software*, sistemas de telecomunicações e recursos de gestão de dados e informação.

- O **processo organizacional** é um projeto com a formalização dos procedimentos operacionais da organização que contemplam a descrição detalhada da elaboração dos produtos ou serviços correspondentes à execução das atividades da organização. Os processos estão relacionados com a competência essencial (*core competence*) ou núcleo da organização, em outras palavras, com o "segredo" do negócio privado ou atividade pública e da elaboração dos produtos ou serviços da organização. Podem ser descritos por meio de procedimentos operacionais de atividades públicas ou de negócios.

- O **perfil dos recursos humanos** é um projeto, posterior processo que contempla o conjunto das competências e habilidades necessárias para que as pessoas possam atuar de forma efetiva na organização. Está direcionado basicamente a três tipos de perfis: (1) gestor; (2) não gestor ou técnicos; e (3) auxiliares. Esse projeto também considera todas as atividades relacionadas com questões humanas, comportamentais, modelos mentais e demais pormenores das pessoas da organização.

- A **inovação** é um projeto, posterior processo, que contempla todas as atividades e ações relacionadas com a possibilidade de fazer diferente com valor agregado, direcionadas para produtos ou serviços organização. Pode contemplar um banco de inovações, sugestões ou ideias e posteriores discussões dos temas para se constituir em subprojetos organizacionais focados em fazer mais com menos, formalizando iniciativas das pessoas da organização. Não é inventar ou necessariamente fazer algo novo. Pode ser entendida com a provocação: como fazer melhor o que já é bem feito hoje.
- A **criatividade** é um projeto, posterior processo, que contempla todas as atividades e ações relacionadas com a capacidade de gerar soluções com os recursos disponíveis direcionadas para produtos ou serviços organização. Pode levar em consideração um conceito paralelo de criatividade *think outside the box* ("pensar fora da caixa") como elemento essencial no contexto da organização e respectivas soluções organizacionais para diferentes desafios e resultado positivos. O potencial criativo da organização pode incluir a criatividade individual e a criatividade coletiva ou criatividade em equipe, desde a percepção de dificuldades até a geração de soluções com os recursos disponíveis na organização.
- A **qualidade** é um projeto, posterior processo, que contempla todas as atividades e ações relacionadas com a adequação dos produtos ou serviços ao mercado consumidor ou à satisfação dos clientes ou consumidores da organização. Considera também o cliente interno ou funcionário e todas as metodologias, técnicas e métricas de qualidade nas organizações com seus respectivos indicadores.
- A **produtividade** é um projeto, posterior processo, que contempla todas as atividades e ações relacionadas com o resultado da organização com qualidade, considerando adequação dos seus produtos ou serviços e a satisfação dos seus clientes ou consumidores. Vai além da produção com quantidade e com qualidade. Tal como na qualidade, a produtividade também considera o cliente interno ou funcionário e todas as suas metodologias, técnicas e métricas nas organizações com seus respectivos indicadores.

- A **competitividade** é um projeto, posterior processo, que contempla todas as atividades e ações relacionadas com o diferencial positivo do concorrente ou competidor com seus produtos ou serviços substitutos. A inteligência competitiva é o diferencial inteligente ante os concorrentes ou competidores e seus produtos ou serviços substitutos. Ao lado da qualidade e da produtividade, a competitividade considera todas as respectivas metodologias, técnicas e métricas nas organizações com seus respectivos indicadores. A competitividade prioriza a obtenção de uma rentabilidade igual ou superior aos rivais concorrentes ou competidores, seja de ordem financeir, seja de ordem humana.
- A **efetividade** é um projeto, posterior processo, que contempla todas as atividades e ações relacionadas com o somatório da eficiência (desempenho), eficácia (resultado) e economicidade (ou valor ou custo adequado). Os produtos e serviços da organização devem ser elaborados com desempenho, com resultado e com o mínimo valor financeiro ou custo possível, gerindo de forma adequada os bens organizacionais, o tempo, as pessoas envolvidas e os demais recursos.
- A **perenidade** é um projeto, posterior processo, que contempla todas as atividades e ações relacionadas com a permanência da organização no mercado ou a perpetuidade dos seus produtos ou serviços. As pessoas morrem, mas as organizações não devem morrer. Para tanto, a gestão da organização deve levar em conta as demissões, aposentadorias, mortes e outras formas de perdas de pessoas. A sucessão familiar ou a profissionalização da gestão é contemplada no projeto de perenidade da organização.
- A **rentabilidade** (para as organizações privadas) ou **sustentabilidade financeira** (para as organizações públicas) é um projeto, posterior processo, que contempla todas as atividades e ações relacionadas com a entrada, a gestão e o uso adequado do dinheiro da organização. Para as organizações privadas, o dinheiro disponível está relacionado com o lucro da organização. Para as organizações públicas, o dinheiro está relacionado com a arrecadação e os repasses governamentais por meio de um orçamento público. Todas as organizações necessitam de dinheiro num montante adequado para sua gestão, em que sua

rentabilidade ou sustentabilidade é o retorno esperado de um investimento menos seus descontos cabíveis.
- A **modernidade** é um projeto, posterior processo, que contempla todas as atividades e ações relacionadas com o conceito abstrato de atualidade ou de não antiquado, relacionado com os produtos ou serviços diferenciados da organização. Também se pode descrever a modernidade como um estilo da organização, considerando o tempo e suas transformações ou contrastes, mas enfatizando avanços consideráveis e diferentes abordagens atualizadas nos seus produtos ou serviços.
- A **gestão de projetos**, por meio de um escritório de projetos ou não, é um recurso ou instrumento multidisciplinar de gestão de atividades ou ações da organização. Todas as estratégias, atividades e ações da organização devem ser entendidas como projetos, além daqueles constantes no modelo de inteligência organizacional. A gestão de projetos envolve diferentes fases ou etapas, desde o início até o fim, com planejamento, execução e controle das atividades ou ações na organização, com efetividade dos recursos envolvidos (ver Seções 1.9 e 7.4). Sem a aplicação dos conceitos, técnicas e recursos de gestão de projetos, o projeto de inteligência organizacional está sujeito a muitos riscos e a muitas possibilidades de fracasso.
- Os **modelos de informações organizacionais** são documentos (ou *softwares*) que descrevem todas as informações necessárias para gestão da organização. As informações necessárias triviais, oportunas ou personalizadas podem ser estruturadas em níveis ou tipos de informações (estratégica, gerencial e operacional). Tais informações podem estar distribuídas nas seis funções organizacionais e desmembradas em seus respectivos módulos ou subsistemas (ver Seção 1.4). São essas informações, preferencialmente inteligentes, que se convertem em dados e são armazenadas nas bases de dados para uso e compartilhamento das pessoas na organização, na forma de informações ou indicadores operacionais, gerenciais e estratégicos.
- Os **mapas de conhecimentos organizacionais** são documentos (ou *softwares*) que descrevem os conhecimentos das pessoas da organização que podem e devem ser compartilhados. Nesses mapas, são descritos os

conhecimentos das pessoas da organização considerando-se o capital intelectual, as competências, as habilidades e as percepções de cada uma para disseminar as melhores práticas da organização por meio de cenários, alertas, combinações, resultados de análises com reflexão, síntese e contextos orientados para ações.

Esses planejamentos, projetos, processos, perfis e modelos são elaborados ou revisados, atualizados e complementados na medida da elaboração, implantação e avaliação dos resultados do projeto de OBI, após a conclusão da fase 0 (zero) – organização, divulgação e capacitação.

Assim, com o uso dos *softwares* atuais, entre eles o BI, e das bases de dados únicas das funções organizacionais, a organização tem disponível mais decisões inteligentes para serem compartilhadas entre as pessoas.

2.4 Metodologia e projeto de inteligência organizacional

Todo e qualquer projeto deve ser elaborado com uma metodologia adequada, flexível, dinâmica, participativa, viável e inteligente. Como inteligência organizacional é um projeto, requer uma metodologia coletiva para sua elaboração e gestão. Assim, uma efetiva metodologia deve ser determinada para o projeto OBI (Rezende, 2015a).

Para atingir os objetivos propostos, com maior grau de efetividade, o projeto deve ser dividido em fases ou etapas e subfases, visando facilitar a gestão de tempos, recursos, qualidade, produtividade e efetividade (ver Seção 3.3.1).

A metodologia para o projeto de inteligência organizacional contempla as seguintes fases sequenciais e integradas:
- fase 0 (zero) – organizar o projeto de inteligência organizacional;
- fase 1 – diagnosticar a organização e os subprojetos de inteligência organizacional;
- fase 2 – propor subprojetos de inteligência organizacional;
- fase 3 – realizar subprojetos de inteligência organizacional;
- fase 4 – gerir a inteligência organizacional.

Com base no modelo escolhido e na metodologia proposta, uma estrutura (roteiro ou *template*) para o projeto de inteligência organizacional para organizações privadas ou públicas pode ser sugerida. Apesar de ser uma estrutura flexível, alguns componentes mínimos devem ser descritos. O projeto pode ser dividido em partes, tais como: capa; resumo; sumário executivo; dados da organização; fases e subfases; documentação e aprovação; anexos e apêndices. Ao final de cada fase, podem-se elaborar quadros-resumos para análise, discussão, acompanhamentos e aprovações do projeto e de suas necessidades (Rezende, 2015a).

Capítulo 3

Conceito, organização e metodologia para o planejamento estratégico

ASSIM COMO expusemos no Capítulo 2 ao nos referirmos à inteligência organizacional, a organização e a metodologia para o planejamento estratégico são atividades que devem ser amplamente pesquisadas, estudadas, entendidas, discutidas e disseminadas antes de se iniciar o projeto de planejamento estratégico para organizações públicas ou privadas. Esse projeto, a exemplo daquele voltado à inteligência organizacional, constitui-se em um relevante e necessário empreendimento da organização e das pessoas nela inseridas. Quando a organização investe tempo nessas atividades antecessoras, muitos problemas organizacionais, desgastes pessoais e perda de tempo são evitados.

A organização do planejamento estratégico pressupõe a definição do objetivo e da metodologia para o projeto, a nominação das pessoas da equipe multidisciplinar do planejamento e as respectivas capacitações para formalização de um plano de trabalho para todos os envolvidos. A discussão, a definição e a adoção de uma metodologia para o planejamento estratégico facilitam a elaboração, a gestão e a implementação do projeto, por meio de gestão, divulgação, documentação e aprovação pelos envolvidos.

Com pequenas adaptações, a organização e a metodologia propostas para o planejamento estratégico podem ser empregadas tanto nas organizações ou empresas privadas como nas organizações ou instituições públicas, organizações não governamentais ou mistas.

Do ponto de vista de sua origem científica, o planejamento é parte das funções ou processo da administração. O processo iniciado pelo planejamento é complementado por organização, direção (ou liderança) e controle. Esse processo dinâmico deve ser interligado em ciclo retroalimentado.

3.1 Conceito de planejamento estratégico

O planejamento estratégico é um projeto, posterior processo dinâmico, sistêmico, coletivo, participativo e contínuo, para determinação dos objetivos, estratégias e ações da organização. Esse processo está embasado **essencialmente nos problemas ou desafios da organização**.

É elaborado por meio de diferentes e complementares técnicas administrativas com o total envolvimento das pessoas da organização e eventualmente de pessoas do meio ambiente externo à organização. É formalizado para articular políticas e estratégias organizacionais com vistas a produzir resultados profícuos na organização e na sociedade que a cerca. **É um projeto organizacional global que considera os aspectos financeiros, econômicos e sociais da organização e do seu meio ambiente. É uma forma participativa e contínua de pensar a organização no presente e no futuro. É um recurso indispensável para a tomada de decisão na organização.**

Está relacionado com o êxito para as organizações públicas principalmente na execução de seus serviços públicos (específicos ou de governo nas esferas federal, estadual ou municipal). E com o sucesso para as organizações privadas no que tange ao seu negócio e a respectivos produtos ou serviços empresariais.

Nas organizações públicas, o planejamento estratégico também pode ser chamado de *plano estratégico de governo*. Este não pode ser confundido com o plano de governo de candidatos a cargos eletivos que expressa o conjunto de intenções de uma pessoa ou de um grupo. Reitera-se a exigência da abordagem estratégica que vai além de determinado mandato ou período curto de tempo.

Para Drucker (1984), o planejamento estratégico é o processo contínuo e sistemático de: com o maior conhecimento possível do futuro contido, tomar decisões atuais que envolvem riscos; organizar as atividades necessárias à execução dessas decisões e, por meio de uma retroalimentação organizada e sistemática, medir o resultado dessas decisões em confronto com as expectativas alimentadas.

Administração é a ciência que estuda as organizações e seu meio ambiente; gestão é a aplicação dessa ciência; e planejamento é um dos principais instrumentos para gerir as organizações. Nesse sentido, o planejamento está relacionado com as atitudes pelas quais as organizações e as pessoas realizam ações utilizando métodos, técnicas, normas e recursos.

Para a elaboração do planejamento estratégico nas organizações é relevante discutir coletivamente seus significados, adotar um conceito e vivenciá-lo. Essas atividades fazem parte da organização desse projeto coletivo.

Apesar dos inúmeros benefícios que um planejamento estratégico dinâmico, participativo e inteligente pode trazer para as organizações, alguns cuidados devem ser observados para se evitarem desgastes e se diminuírem os riscos de insucesso desse projeto. A metodologia escolhida deve ser adequada à realidade da organização. O projeto tem de ser organizado antecipadamente e amplamente divulgado. Os envolvidos no projeto devem ser capacitados. A visão e os objetivos da organização devem ser realísticos. O planejamento e a gestão da organização devem ser integrados e vivenciados constantemente. O envolvimento das pessoas da organização deve ser efetivo. O projeto deve ter um orçamento para sua elaboração. O planejamento estratégico deve ser desvinculado de um organograma ou das forças políticas da organização.

O êxito ou sucesso do planejamento estratégico pode se dar quando: a missão e a visão da organização e suas estratégias mobilizam todo o seu meio ambiente interno e externo; os objetivos são exequíveis; existe consenso e trabalho coletivo compromissado; seus elaboradores estão capacitados; os demais planos organizacionais existentes estão integrados; e a gestão da organização assume, vivencia e mantém o planejamento estratégico com as pessoas que a compõem e com políticas organizacionais favoráveis.

3.2 Plano de negócio e planejamento estratégico

Existem muitas literaturas, textos e discussões acerca das semelhanças e diferenças entre o plano de negócio e o planejamento estratégico, sejam de ordem conceitual, sejam de experiências vivenciadas nas organizações.

O plano de negócio pode ser entendido como um documento que formaliza as características diferenciadas de produtos ou serviços de determinado negócio, destacando a forma de atuação da organização com suas respectivas viabilidades. Esse documento descreve também o passo a passo para que os objetivos e as estratégias da empresa sejam alcançados, preferencialmente com menores riscos e com incertezas reduzidas. Procura registrar os eventuais erros no projeto e situações em que a organização não está funcionando, o que pode evitar a perda parcial ou total dos recursos atuais ou investidos para o novo negócio. Esse plano organiza inúmeras informações sobre características, possibilidades, necessidades e diferenciais de determinado futuro empreendimento. É a transformação e formalização de ideias em estudos efetivos de um negócio. Nele devem constar detalhadamente oportunidades, riscos, viabilidades, facilidades e demais pormenores de implementação do negócio proposto.

Pode-se entender que o plano de negócio é mais abrangente que o planejamento estratégico no tocante ao detalhamento da viabilidade e da operacionalização do negócio proposto. O objetivo do plano de negócio está mais direcionado para a abertura de uma organização. Já o planejamento estratégico está mais direcionado para a revitalização de uma organização ou para a sedimentação de um serviço ou produto ou, ainda, para a ampliação da lucratividade de uma organização. Ao contrário do plano de negócio, o planejamento estratégico se constitui, na prática, num instrumento dinâmico, sistêmico, coletivo, participativo e contínuo de gestão da organização.

O plano de negócio pode incluir o detalhamento de outros três planos: o de operação dos processos ou serviços; o de *marketing*; e o financeiro.

O plano de operação dos processos ou serviços também pode ser chamado de *plano operacional de desenvolvimento dos processos organizacionais*, e inclui a logística, os recursos humanos e os critérios de qualidade, produtividade e efetividade da organização. Contempla também o leiaute das instalações, os equipamentos necessários, a capacidade produtiva e os detalhamentos da localização física da organização, respeitando os aspectos jurídicos e as legislações pertinentes.

O plano de *marketing* também pode ser chamado de *plano comercial* ou *de vendas*, e inclui descrição dos produtos ou serviços, força de vendas, distribuição, políticas de preços, propaganda e promoções, fornecedores e representantes, pós-venda, garantias e demais pormenores de divulgação e comercialização necessários para o êxito ou sucesso da organização.

O plano financeiro diz respeito a todas as variáveis relacionadas com dinheiro, faturamento, investimentos, custos, resultados, indicadores de lucratividade, rentabilidade e contabilidade da organização.

Na metodologia aqui proposta, esses três planos são desmembrados nas subfases da fase estratégias organizacionais (ver Capítulo 6).

Por outro lado, nas organizações privadas, nada impede que o projeto de planejamento estratégico também possa ser chamado de *plano de negócio*.

3.3 **Metodologia e projeto de planejamento estratégico**

Todo e qualquer projeto deve ser elaborado com uma metodologia adequada, flexível, dinâmica, viável e inteligente. Como o planejamento estratégico é um projeto, ele requer uma metodologia coletiva para sua elaboração, gestão e implementação.

3.3.1 Metodologia de planejamento estratégico

Uma metodologia para o planejamento estratégico pode se constituir em uma abordagem organizada para alcançar o sucesso do projeto por meio de passos preestabelecidos.

Uma metodologia é basicamente um roteiro sugerido. Também pode ser entendida como um processo dinâmico e interativo para desenvolvimento estruturado e inteligente de projetos, visando à qualidade, à produtividade e à efetividade de projetos. Permite o uso de uma ou várias técnicas por opção dos envolvidos no projeto.

Essencialmente, uma metodologia apresenta fases ou partes de um projeto. Cada fase deve ser desmembrada em subfases. As fases e subfases determinam o que fazer no projeto. Cada subfase deve gerar pelo menos um produto (ou resultado ou documento). Produto é tudo o que é externado na elaboração das subfases de um projeto. As subfases funcionam como guia básico e podem ser ajustadas diferentemente para cada projeto ou cada organização, considerando-se, para tal, seus objetivos e valores, sua cultura, sua filosofia e suas políticas organizacionais. Todos os produtos devem ser avaliados e aprovados pelos envolvidos no planejamento.

A metodologia não deve limitar a criatividade dos envolvidos, mas deve ser um instrumento que determine um planejamento metódico, harmonizado e dinâmico, coordenando os múltiplos e diferentes interesses dos envolvidos. O que limita a criatividade não é a metodologia, mas os requisitos de competência dos envolvidos e de qualidade, produtividade e efetividade do projeto.

As avaliações e as aprovações do projeto de planejamento estratégico são os momentos de apresentação para todas as pessoas envolvidas. A apresentação pressupõe análises de cada fase do projeto e de seus documentos que formalizam o projeto final. Nessas análises, deve-se verificar o grau de satisfação e atendimento aos requisitos do projeto e às necessidades da organização, obedecendo aos padrões de qualidade, produtividade e efetividade estabelecidos. A avaliação, a revisão e a aprovação devem ser elaboradas em todas as passagens das fases do projeto, considerando: revisão da(s) fase(s) imediatamente anterior(es); apresentação dos produtos aos envolvidos; e deferimento formal dos envolvidos. A documentação do projeto de planejamento estratégico se constitui na realização do mesmo e nos relatórios, diagramas e descrições formais de cada produto elaborado nas respectivas subfases.

A fase que deve ser formalmente aprovada é a de estratégias organizacionais, que é elaborada com base nas fases análises organizacionais e diretrizes organizacionais. Essa aprovação visa evitar problemas, desgastes e perdas de tempo e de investimento e retrabalho.

Antes de adotar uma metodologia para elaborar o planejamento estratégico, os envolvidos no projeto devem pesquisar, estudar e discutir diferentes metodologias, para posteriormente escolher a mais adequada para a organização. A metodologia escolhida e adotada para a elaboração do referido planejamento deve auxiliar no desenvolvimento desse projeto de modo que todos os envolvidos entendam o empreendimento. Ela deve servir a todos os envolvidos e se aplicar à toda a organização. A metodologia deve estar adequada às necessidades da organização e deve tornar possível relacionar os recursos necessários e destacar os prazos ideais para cada fase do projeto. Ela pode ser revisada, atualizada e complementada na medida do desenvolvimento do projeto.

São três as premissas para a elaboração do projeto de planejamento estratégico de forma metodológica: modularidade; existência; e equipe multidisciplinar ou comitês de trabalho. A modularidade requer o desenvolvimento do projeto em partes ou fases integradas. A segunda premissa retrata que sempre um projeto deve ser desenvolvido com uma metodologia, mesmo que ainda não esteja sedimentada. A terceira premissa exige que o projeto seja elaborado por equipes multidisciplinares ou comitês de trabalho capacitados e integrados.

Muitas metodologias de planejamento estratégico foram desenvolvidas e pesquisadas nas últimas décadas. As metodologias direcionadas para as organizações privadas podem ser mescladas, adequadas ou complementadas para resultar num projeto com qualidade, produtividade e efetividade para as organizações públicas.

Quanto às metodologias disponíveis, por exemplo, para Certo e Peter (1993), o processo do planejamento estratégico com relação ao sistema de administração estratégica contempla as seguintes fases: análise do ambiente organizacional (interno e externo); diretriz organizacional (missão, objetivos etc.); formulação das estratégias; implementação das estratégias; e controle estratégico.

Conforme Chiavenato (2000), o planejamento estratégico pode ser desenvolvido em seis etapas: determinação dos objetivos; análise ambiental externa; análise organizacional interna; formulação das alternativas estratégicas e escolha das estratégias; elaboração do planejamento; e implementação por meio de planos táticos e planos operacionais.

Salim et al. (2001) entendem que a metodologia pode ser composta de: sumário executivo; produtos e serviços; análise do mercado; estratégias; organização e gerência; e planejamento financeiro.

Vasconcelos Filho e Pagnoncelli (2001) descrevem que a metodologia pode ser composta de: negócio; missão; princípios; análise do ambiente; visão; objetivos; e estratégias competitivas.

Para Dornelas (2001), a metodologia de planejamento estratégico, numa visão de empreendedorismo, pode ser composta de: capa; sumário; descrição da organização; análise estratégica; produtos e serviços; mercado e competidores; *marketing* e vendas; plano financeiro; e anexos.

As cidades ou os municípios também podem fazer seu planejamento estratégico por meio de uma metodologia com as seguintes fases (e subfases): dados da cidade (município); análises estratégicas municipais (análises da cidade; análises externas à cidade; análises da administração municipal); diretrizes estratégicas municipais (diretrizes da cidade; diretrizes da administração municipal); estratégias e ações municipais (estratégias municipais; ações municipais; viabilização das estratégias e ações municipais); e controles municipais e gestão do planejamento (Rezende; Castor, 2006; Rezende, 2012).

Existem no mercado inúmeras metodologias com ou sem o uso de *softwares*, com ou sem custos, as quais podem ser utilizadas para elaborar o projeto de planejamento estratégico. Indubitavelmente, todas elas têm como base a ciência da administração.

3.3.2 Projeto de planejamento estratégico

Uma efetiva metodologia de planejamento estratégico deve ser determinada. Para elaborar, gerir e implementar o projeto de planejamento estratégico para organizações públicas ou privadas sugere-se a metodologia com as seguintes fases: análises organizacionais; diretrizes organizacionais; estratégias organizacionais; e controles organizacionais e gestão do planejamento.

Como uma visão geral e inicial, as análises organizacionais, procuram identificar a real situação da organização, incluindo variáveis internas e externas, destacando os problemas ou desafios da organização. As diretrizes organizacionais procuram estabelecer essencialmente a atividade para as organizações públicas ou o negócio para as organizações privadas, destacando seus serviços ou produtos e os objetivos da organização. A formalização das análises e das diretrizes organizacionais se constitui em pré-requisito para a elaboração das estratégias organizacionais, de suas ações e das viabilidades para atender os seus respectivos objetivos. Os controles organizacionais e gestão do planejamento procuram estabelecer os controles estratégicos, táticos e operacionais do planejamento estratégico, por meio de padrões ou medição de desempenho, do acompanhamento e da correção de desvios. Também se destaca nessa fase a forma de gestão do projeto para lidar com os recursos humanos, materiais, financeiros, tecnológicos e de tempo que são requeridos pelo planejamento estratégico.

As quatro fases propostas para o planejamento estratégico podem ser elaboradas de forma sequencial, ou de forma concomitante, integrada e complementar (Figura 3.1). Essas fases devem ser precedidas da fase 0 (zero) – organização, divulgação e capacitação no projeto de planejamento estratégico.

Figura 3.1 – Visão geral da metodologia do projeto de planejamento estratégico para organizações públicas ou privadas

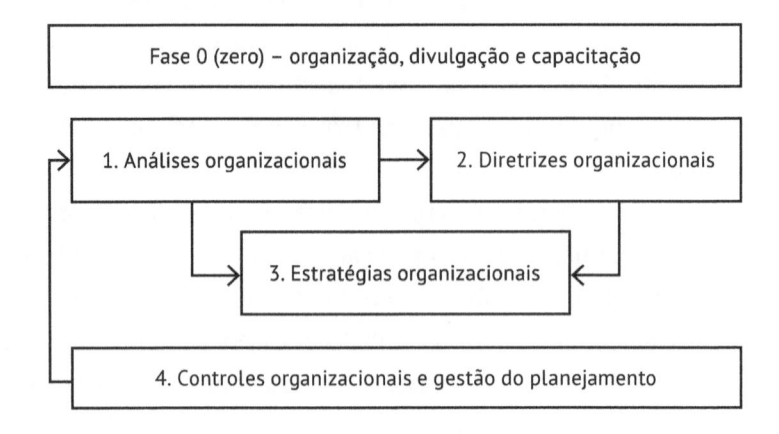

```
                    ┌─────────────────────────────────────────────────┐
                    │  Fase 0 (zero) – organização, divulgação e capacitação  │
                    └─────────────────────────────────────────────────┘

         ┌──────────────────────────────┐      ┌──────────────────────────────┐
    ┌──→ │  1. Análises organizacionais │ ───→ │  2. Diretrizes organizacionais│
    │    └──────────────────────────────┘      └──────────────────────────────┘
    │                    │                                     │
    │                    ↓                                     │
    │         ┌──────────────────────────────┐                 │
    │         │  3. Estratégias organizacionais │ ←───────────┘
    │         └──────────────────────────────┘
    │                    │
    │    ┌──────────────────────────────────────────────────┐
    └─── │ 4. Controles organizacionais e gestão do planejamento │
         └──────────────────────────────────────────────────┘
```

Fonte: Adaptado de Rezende, 2015.

O planejamento estratégico é um processo com um ciclo retroalimentado e em constante amadurecimento. Quanto à sua elaboração, o primeiro projeto (ou primeira versão do projeto) é mais desafiador, porém as versões subsequentes tendem a ser mais fáceis e constantes.

A visão temporal do planejamento estratégico representa o comportamento das quatro fases propostas ao longo do tempo (Figura 3.2).

Figura 3.2 – Visão temporal do projeto de planejamento estratégico para organizações públicas ou privadas

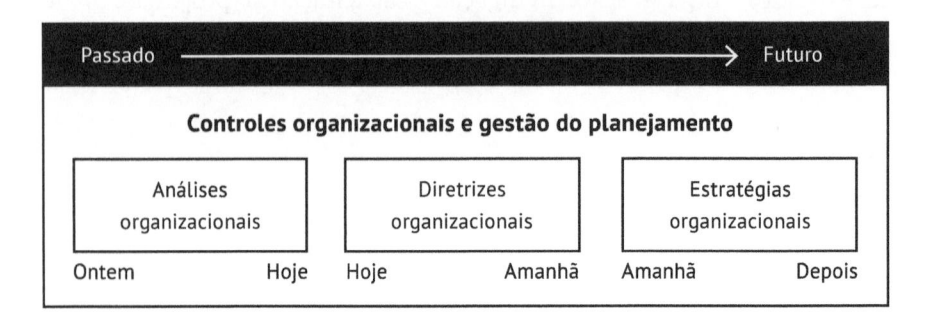

```
 Passado ──────────────────────────────────────────────→ Futuro

         Controles organizacionais e gestão do planejamento

    ┌──────────────┐      ┌──────────────┐      ┌──────────────┐
    │   Análises   │      │   Diretrizes │      │  Estratégias │
    │organizacionais│     │organizacionais│     │organizacionais│
    └──────────────┘      └──────────────┘      └──────────────┘
    Ontem       Hoje      Hoje      Amanhã      Amanhã     Depois
```

Fonte: Adaptado de Rezende, 2015.

Com base na metodologia proposta, uma estrutura (roteiro) para o projeto de planejamento estratégico para organizações públicas ou privadas pode ser sugerida. Apesar de ser uma estrutura flexível, alguns componentes mínimos devem ser descritos. O projeto pode ser dividido em partes, as quais apresentamos a seguir.

Capa do projeto
A capa do projeto pode apresentar o nome da organização, o nome do projeto, o nome dos elaboradores, o local e a data da realização.

Resumo do projeto
O resumo descreve em uma página a visão geral das quatro fases do projeto, destacando a atividade pública ou negócio privado, serviços e produtos, diferenciais dos competidores ou concorrentes e a fase estratégias organizacionais. É a apresentação da venda do projeto para os interessados (principalmente os governos, investidores, proprietários, gestores da organização e equipe multidisciplinar envolvida). Deve ser elaborado ao término do projeto. Também é chamado de *sumário executivo do projeto* para "conquistar" os interessados.

Sumário do projeto
O sumário contém os títulos das fases e subfases do projeto, bem como a indicação de suas respectivas páginas. Também é chamado de *índice do projeto*.

Dados da organização
Recomenda-se elaborar nas primeiras páginas do projeto uma apresentação da organização, com seus dados principais, tais como nome (razão social e fantasia), localização (ou local pretendido), tipo e composição societária (forma jurídica e enquadramento tributário).

Ainda pode conter *slogan*, marca, *site*, endereços eletrônicos, histórico, perfil da organização ou currículo dos gestores, recursos e indicadores atuais e outras informações relevantes.

Os projetos empreendedores também podem descrever seus argumentos para vender, a explicação ou definição dos serviços ou produtos, entre outras informações relevantes.

Fase 0 (zero) – organização, divulgação e capacitação
Essa fase descreve as subfases iniciais do projeto antes de sua elaboração. São atividades opcionais a serem elaboradas a critério do autor ou da equipe do projeto (ver Seção 3.4).

Fases do projeto
Nessa parte, são elaboradas e descritas as subfases das fases da metodologia do projeto de planejamento estratégico (ver Capítulos 4, 5, 6 e 7).

Documentação e aprovação
A documentação completa e detalhada do projeto de planejamento estratégico também deve ser formalizada. Essa documentação tem como principal objetivo a formalização e a manutenção de um histórico documental do projeto. Tal atividade também permite um meio de comunicação entre os envolvidos direta e indiretamente no projeto. O histórico documental pode ser elaborado em papéis ou em meios magnéticos (com recursos da internet, por exemplo), podendo sedimentar a competência dos elaboradores do projeto em novas versões ou edições e servindo como um meio de compartilhamento e gestão do conhecimento na organização. As técnicas e instrumentos formais ou informais de organização e métodos (O&M) e de gestão da qualidade podem ser utilizados, tais como formulários ou documentos específicos, diagramas, relatórios ou descrições formais, atas e outros recursos.

Visando minimizar a desinformação dentro das organizações, dirimir dúvidas e padronizar conceitos e nominações, principalmente os relacionados aos interesses municipais, pode ser criado um dicionário de termos, para esclarecer conceitos adotados ou palavras especiais utilizadas na organização e no projeto, com seus respectivos significados. Também pode ser chamado de *glossário de termos*.

Ao término do projeto, um relatório final deve ser elaborado do planejamento estratégico. Esse relatório deve conter todos os detalhes das fases, subfases e dos produtos elaborados ao longo do projeto. Pode também conter eventuais anexos, apêndices e pareceres. Visa principalmente fornecer as informações necessárias para a execução e gestão do projeto e para o acompanhamento e avaliação das atividades. Esse relatório também serve como base para a versão ou edição do projeto de planejamento estratégico seguinte. As organizações podem, opcionalmente, elaborar uma brochura ou folheto-resumo do planejamento estratégico para fácil entendimento dos interessados.

A aprovação do projeto de planejamento estratégico é também formalmente requerida. Para tanto, o projeto deve ser constantemente apresentado, avaliado e aprovado pelos envolvidos no planejamento estratégico. Visa principalmente à verificação do grau de satisfação e o atendimento às necessidades e aos requisitos do projeto, obedecendo aos padrões de qualidade, produtividade e efetividade estabelecidos pela organização. A avaliação, a revisão e a aprovação devem ser elaboradas principalmente nas passagens das fases do projeto considerando-se a metodologia adotada pela organização. As técnicas e instrumentos formais ou informais de projetos de qualidade, produtividade e efetividade e as metodologias e técnicas de gestão de projetos disponíveis na literatura e no mercado podem contribuir nessa atividade.

Recomenda-se ao final do projeto uma apresentação formal do planejamento estratégico para todos os interessados para se avaliar a satisfação e obter a aprovação formal, ou seja, com respectivos protocolos de revisão da(s) fase(s) e assinaturas dos envolvidos, principalmente da equipe multidisciplinar do projeto.

A implantação do projeto de planejamento estratégico se constitui numa relevante fase para evitar o seu fracasso (ver Seção 9.1).

Anexos e apêndices

A última parte do projeto pode conter os anexos (por exemplo, os documentos de terceiros, dos competidores ou concorrentes e outros), os apêndices (ou documentos próprios) e os pareceres. Tais pareceres descrevem considerações para empreender o investimento ou motivar investidores ou gestores da organização.

É opcional, no final do projeto, estabelecer uma conclusão ou descrever reflexões finais com pareceres dos componentes da equipe multidisciplinar.

Nesse tipo de projeto, não é necessário obedecer fielmente às regras da ABNT.

Para a elaboração de algumas subfases, recomenda-se a criação de formulários para documentar as respectivas atividades, os quais podem conter: nome da organização; nome do projeto; nome do documento; responsável(eis) pelo preenchimento; data da elaboração; data de referência; e respectivos campos a serem preenchidos.

Ainda, ao final de cada fase, podem-se elaborar quadros-resumos (sintéticos ou gerais) que visam à apresentação para os interessados ou investidores que eventualmente não estavam completamente integrados ao projeto e que nem sempre dispõem de muito tempo para o acompanhamento e para as aprovações do projeto e de suas necessidades.

3.4 Fase 0 (zero) – organização, divulgação e capacitação no projeto de planejamento estratégico

A fase 0 (zero) refere-se à preparação ou a atividades antecessoras do projeto de planejamento estratégico. Suas subfases essencialmente propõem organizar e divulgar o projeto, bem como capacitar os envolvidos na metodologia adotada pela organização pública ou privada. Essas subfases ou atividades, apesar de opcionais, devem ser elaboradas antes das demais fases do projeto.

Pode-se relacionar a fase 0 (zero) com as fases ou processos de iniciação e de planejamento do PMBOK/PMI (ver Seção 7.4).

Nas organizações, públicas ou privadas, todos os projetos deveriam ser iniciados com a fase 0 (zero) incluindo, por exemplo, os projetos de planejamento estratégico, plano de negócio, planejamento de informações, sistema de informação, tecnologia da informação, busca de consumidores, recuperação de clientes, manutenção industrial, qualidade de serviços, entre outros projetos. As organizações que aceitam, entendem e praticam os conceitos e preceitos de inteligência empresarial ou organizacional (ver Capítulo 2) elaboram projetos contemplando a fase 0 (zero).

No projeto de planejamento estratégico, essa fase pode ser formalizada por meio de suas subfases, as quais podem ser elaboradas sequencial ou concomitantemente, mas sempre de forma coletiva e participativa.

3.4.1 Subfase 0.1 – entender a organização para o projeto de planejamento estratégico

Antes de iniciar o projeto de planejamento estratégico é fundamental entender a organização como um todo, onde ela está ou onde será instalada.

Quando a organização já existe, é relevante conhecer ou reconhecer sua atividade pública ou negócio privado. Preliminarmente, pode-se formalizar os serviços ou produtos, os cidadãos ou clientes e consumidores-alvo, o local de atuação, a missão e a visão, os objetivos, os gestores e a estrutura organizacional. Nesse caso, um organograma pode esclarecer a estrutura de poder da organização. Também um funcionograma ou a modelagem dos processos e procedimentos organizacionais pode demonstrar a elaboração dos serviços ou produtos atuais. As integrações governamentais, as organizações coirmãs, as filiais, os representantes e os fornecedores também podem ser contemplados.

Quando na organização nova não existe esse entendimento, essa subfase é também necessária para compreender como será a organização, seus produtos e serviços, seus modelos de gestão, suas instalações etc.

Seja existente, seja nova a organização, têm sido atividades relevantes nessa subfase o conhecimento, a formalização, a revisão e a discussão dos serviços ou produtos da organização.

Nem sempre todas as pessoas da organização conhecem e entendem efetivamente a sua atividade pública ou o seu negócio privado, os serviços prestados ou os produtos elaborados, os cidadãos, consumidores ou clientes e outras características essenciais para uma atuação inteligente da organização. Essa subfase é uma oportunidade para que os gestores das diferentes funções organizacionais e os demais envolvidos no projeto possam equalizar conceitos adotados e igualar entendimentos da organização. Inclusive, em muitas organizações, diferentes profissionais estão alheios à atividade pública ou ao negócio privado da organização. Algumas literaturas, experiências e práticas organizacionais descrevem essa atividade como a identidade ou o perfil organizacional, enfatizando o conhecimento e o entendimento da organização, bem como seu *core business* ou atividade pública

No projeto de planejamento estratégico, o entendimento da organização deve ser descrito por meio de textos com informações sobre a atividade pública ou negócio privado, os serviços ou produtos, os cidadãos ou clientes e consumidores-alvo, o local de atuação e onde está ou será instalada a organização. Por opção, pode ser relatada a missão e a visão, os objetivos, os gestores e a estrutura organizacional ou a modelagem dos processos e procedimentos da organização. Atenção especial deve-se dar aos serviços ou produtos para saber exatamente o que a organização presta ou vende. Ainda, pode-se descrever o contexto atual e o contexto desejado do projeto.

3.4.2 Subfase 0.2 – conhecer o local do projeto de planejamento estratégico

Além de conhecer ou reconhecer e entender a organização, é importante saber onde o projeto de planejamento estratégico será elaborado e onde será executado ou instalado. O projeto pode ser elaborado em um local diferente daquele em que será executado. O projeto também pode ser implantado em múltiplos e diferentes locais incluindo distintas equipes (por exemplo, outros órgãos, sedes, filiais, representantes).

Atualmente, com a utilização da tecnologia da informação, da internet, de satélites e demais recursos de telecomunicações, é possível elaborar projetos em qualquer lugar do mundo, de forma parcial ou integral. Inclusive, em alguns países, a remuneração por projetos pode ser muito diferenciada, havendo mais adequação no que tange a questões financeiras e econômicas.

Os distintos locais do projeto podem ter características peculiares e específicas, incluindo cultura e valores das pessoas, modelo de gestão e políticas da organização, perfis de cidadãos ou clientes e consumidores, vocações do município, entre outros detalhes pertinentes. Ainda, na escolha da localização da instalação do projeto, também podem ser observadas as condições legais (ou contratuais ou licitatórias), de segurança, vizinhança, facilidade de acesso, espaço físico necessário, disponibilidade de mão de obra, meio ambiente ecológico, proximidade com competidores ou concorrentes, fornecedores e outros cuidados.

No projeto de planejamento estratégico, os locais de elaboração e de execução, instalação ou implantação devem ser descritos por meio de textos com informações sobre esses referidos locais, cujas características também podem ser descritas.

3.4.3 Subfase 0.3 – adotar conceito do projeto de planejamento estratégico

O conceito de planejamento estratégico deve ser amplamente discutido na organização (ver Seção 3.1). *Conceito* é "o que é o projeto".

Nessa subfase, também podem ser discutidos os tipos ou classificações, os componentes ou partes, as características e as integrações do planejamento estratégico e demais definições pertinentes. Também se recomenda entender os eventuais demais planos da organização para integração dos mesmos com o projeto de planejamento estratégico.

Nas organizações públicas podem existir outros planejamentos ou planos, como: plano plurianual, plano diretor municipal ou estadual, plano de governo e planejamento de recursos humanos (servidores e cidadãos) e sociais. Nas organizações privadas, também podem existir outros planejamentos ou planos, como: planejamento e controle de produção, plano de *marketing* e vendas e planos financeiros. Esses planejamentos ou planos apresentam conceitos específicos e distintos ou divergentes do projeto de planejamento estratégico.

Após a discussão e o entendimento dos diferentes temas e abordagens de planejamentos e planos, um conceito deve ser adotado e divulgado para toda a organização e para todos os envolvidos no projeto para deixar claro o que é o planejamento estratégico.

Nesse momento, também é relevante discutir o conceito de inteligência organizacional para que este esteja relacionado com o conceito de planejamento estratégico adotado pela organização.

Não se deve iniciar um projeto sem saber o seu conceito.

No projeto de planejamento estratégico, os conceitos adotados devem ser descritos por meio de textos com significação precisa. Deve ficar claro para toda a organização e para todos os envolvidos o que é projeto de planejamento estratégico. Por opção, também pode ser relatado o conceito de projeto e de modelo de gestão ou de governança organizacional, permeando o conceito de inteligência organizacional.

Ainda, para padronizar conceitos, pode ser criado um dicionário ou glossário com uma lista de termos próprios, conceitos adotados ou palavras especiais utilizadas na organização e no projeto com seus respectivos significados.

Corroborando com a técnica de escopo de projeto, pode-se descrever "o que o projeto não é".

3.4.4 Subfase 0.4 – definir o objetivo do projeto de planejamento estratégico

Além do conceito de projeto de planejamento estratégico adotado, deve ser discutido, entendido, adotado e divulgado o objetivo do referido projeto, ou seja, para que ele serve, deixando claro para que ele está ou estará sendo elaborado. *Objetivo* é "para que serve projeto". Algumas organizações ainda elaboram projetos sem saber seu conceito e muito menos para que ele serve. Isso pode causar insegurança e danos irreversíveis para a inteligência da organização e para as diferentes pessoas envolvidas.

O objetivo do planejamento estratégico está relacionado com as múltiplas atividades de definição e esclarecimento coletivo do que se almeja para a organização. O objetivo deve ser amplamente discutido e coletivamente assumido. A formalização do objetivo prepara as pessoas para a elaboração do planejamento estratégico por meio de roteiro e métodos determinados para sua planificação. Trata-se de um processo que leva ao estabelecimento de um conjunto coordenado de ações organizacionais coletivas visando determinados alvos predefinidos.

As organizações públicas, não obstante seu objeto social público ou sua definição de atividade pública, podem ter como objetivo final o atendimento adequado ao cidadão e até mesmo o atendimento a questões sociais pertinentes. As organizações privadas podem ter como objetivo o lucro, a perenidade, a sobrevivência e correlatos, ou seja, a inteligência organizacional. Outras organizações podem ter como foco a melhoria dos resultados, a obtenção de diferenciais perante competidores ou concorrentes, a estruturação de processos etc.

Tendo em vista que o planejamento estratégico envolve diferentes e divergentes interesses, estabelecer de forma coletiva e participativa o objetivo para esse projeto é fundamental para seu êxito ou sucesso e é inexorável para a convivência das pessoas envolvidas. Essencialmente, o objetivo do planejamento estratégico está relacionado com o conceito adotado e com a razão de sua elaboração.

Frequentemente, o objetivo do projeto de planejamento estratégico está relacionado com duas vertentes. A primeira vertente pode ter como objetivo a revitalização da organização ou a sedimentação de um serviço ou produto ou a ampliação da lucratividade de uma organização inteligente. Como segunda vertente, o projeto pode ser um plano de negócio que pode ter como objetivo a abertura de uma organização inteligente. Não se deve iniciar um projeto sem saber o seu objetivo, pois cada projeto tem seu objetivo.

No projeto de planejamento estratégico, o objetivo do planejamento estratégico deve ser descrito por meio de textos com objetivação precisa. Deve ficar claro para toda a organização e todos os envolvidos a razão ou o porquê de elaborar o projeto de planejamento estratégico.

Por opção, também pode ser relatado o contexto desejado do projeto de planejamento estratégico a ser elaborado, bem como suas eventuais versões anteriores, mesmo que sejam parciais ou diferentes.

Seja para abrir, seja para revitalizar a organização, o objetivo deve estar relacionado com a inteligência organizacional. Dessa forma, deixa-se claro que os conceitos, preceitos e metodologias da inteligência organizacional podem contribuir para a organização que está sendo planejada.

3.4.5 Subfase 0.5 – definir a metodologia do projeto de planejamento estratégico

Com o entendimento do conceito e com a definição do objetivo, uma metodologia deve ser discutida, entendida, adotada e divulgada, para formalizar como o projeto de planejamento estratégico será elaborado por meio de fases, subfases, produtos externados e pontos de avaliação ou aprovação (ver Seção 3.3). A abrangência ou escopo do projeto é determinado pelos produtos gerados em cada subfase das fases da metodologia adotada para o projeto de planejamento estratégico.

A metodologia, que deve ser utilizada pelas pessoas envolvidas para **execução de todas as atividades do referido planejamento**. A definição da metodologia do projeto possibilita equalizar conceitos adotados e igualar entendimentos da organização para a elaboração coletiva e participativa do projeto. Permite também que todos trabalhem utilizando um roteiro que foi adotado com a participação de todos, pois quando uma metodologia é determinada por algumas pessoas, outros envolvidos podem não aceitar ou não se motivar para sua execução.

A metodologia deve ser da organização e para todos os envolvidos no projeto. Não se deve iniciar um projeto sem saber como detalhadamente será elaborado, ou seja, sem uma metodologia adotada, não se deve elaborar projetos nas organizações inteligentes.

Quando isso não é feito, corre-se o risco de cada um dos envolvidos fazer o que quer e como quer. Isso também pode causar insegurança e danos irreversíveis para a inteligência da organização e para as diferentes pessoas envolvidas. Nem todos os envolvidos no projeto precisam necessariamente saber como fazer as fases e as subfases, mas todos devem entender quais produtos serão externados pelo projeto para que possam de modo coletivo e participativo aprovar o que será elaborado no projeto.

No projeto de planejamento estratégico, a metodologia adotada deve ser descrita por meio de textos com definição precisa. Deve ficar claro para toda a organização e todos os envolvidos como será elaborado o projeto de planejamento estratégico. Deve-se no mínimo formalizar as fases da metodologia adotada e, se possível, suas subfases, produtos externados e pontos de avaliação ou aprovação. Por opção, também podem ser relatadas outras abordagens técnicas da ciência da administração, tais como modelos, métodos, instrumentos, processos e procedimentos pertinentes.

As metodologias e as técnicas de projeto de planejamento estratégico estão disponíveis na literatura e no mercado com ou sem o uso de *softwares*, com ou sem custos. Independentemente desses detalhes, a base da metodologia deve ser a ciência da administração.

3.4.6 Subfase 0.6 – definir equipe multidisciplinar do projeto de planejamento estratégico

A metodologia adotada necessariamente exige a formalização de uma equipe multidisciplinar para elaborar o projeto de planejamento estratégico. A equipe multidisciplinar se constitui numa parte fundamental para o sucesso desse projeto coletivo e participativo. As fases e as respectivas subfases da metodologia adotada do planejamento estratégico devem ser elaboradas pelos componentes da equipe multidisciplinar, que deve atuar de forma interdisciplinar e coletiva.

Algumas organizações preferem chamar a equipe multidisciplinar de: *comitê gestor*; *comitês de trabalho*; *grupo de trabalho*; *colegiado de responsáveis*; *time de trabalho*; *equipe multifuncional*; *célula de atividades*; entre outros nomes correlatos. A equipe multidisciplinar reúne talentos de diversas e diferentes competências, vivências, experiências, interesses e valores. O somatório dessas variáveis e de distintos conhecimentos possibilita a geração de produtos consistentes no planejamento estratégico.

A equipe multidisciplinar deve ser adequada para cada projeto e para cada organização, respeitando sua cultura, sua filosofia e suas políticas. Todos os componentes da equipe devem ter seus respectivos planos de trabalho, individuais e coletivos.

Antes de iniciar o planejamento estratégico, é fundamental definir as pessoas que estarão diretamente e indiretamente envolvidas na realização de todas as fases e subfases do projeto. Na abordagem da equipe multidisciplinar, seus componentes assumem papéis específicos. Os principais papéis são: patrocinador; gestor; equipe das funções organizacionais. Uma equipe de tecnologia da informação também é recomendada tendo em vista que a organização ou seus competidores ou concorrentes podem utilizar esse recurso em suas estratégias e ações organizacionais.

Agentes externos, remunerados ou não, também podem fazer parte dessa equipe. Os demais interessados na organização e no seu planejamento podem ser chamados de *stakeholders* ou *atores sociais externos*. Podem se constituir de pessoas jurídicas e pessoas físicas interessadas na organização, de forma positiva ou negativa. São pessoas que representam outras organizações públicas ou privadas, organizações sem fins lucrativos, instituições, universidades, associações, conselhos regionais, comunidades, partidos políticos, igrejas, grupos específicos formais e informais, por exemplo: aposentados, acadêmicos, donas de casa, escoteiros, religiosos, conselhos regionais profissionais, centros de tradições, mídias, grupos ilícitos, clientes, fornecedores, governo federal, estadual e municipal e o próprio cidadão. Tais demais interessados também podem ser chamados de *atores sociais*. Em especial nas organizações públicas, o cidadão é parte fundamental da equipe do projeto de planejamento estratégico.

Os eventuais consultores ou assessores internos ou externos se constituem em opções. Também podem ser agregadas outras pessoas para compor a equipe multidisciplinar, tais como: coordenadores, técnicos, especialistas e outras pessoas com competências específicas. Determinados fornecedores, parceiros, terceiros ou prestadores de serviços também podem compor a equipe multidisciplinar. Nem sempre esses consultores ou assessores devem ser envolvidos em todo o projeto, mas eventualmente em determinadas fases ou subfases, dedicando-se a atividades como elaborar planos de ações e elaborar viabilidade de estratégias.

O patrocinador do planejamento estratégico pode ser o presidente ou um diretor, sócio, proprietário ou outra pessoa ligada à alta administração da atividade pública ou do negócio privado da organização. Nos governos (federal, estadual e municipal), pode ser o mais alto executivo ou um secretário. Tem alto poder de decisão, formal e informal, que determina os objetivos específicos e os prazos. Exerce forte influência política sobre outros sócios ou diretores e gestores. Negocia os planos de trabalho e respectivas pessoas, datas ou cronogramas. Participa das reuniões, das aprovações e das avaliações dos resultados ou produtos das fases da metodologia adotada.

Pode ser mais de uma pessoa, mas preferencialmente deve ser apenas uma a direcionar o projeto. No caso de um novo empreendimento, pode ser o investidor ou o grupo de investidores.

O gestor do planejamento estratégico pode ser uma pessoa ligada ao corpo gestor da atividade pública ou negócio privado organização. É o "dono" executivo do projeto. Deve ter poder de decisão. Tem participação direta e efetiva no projeto, em todas as reuniões, aprovações e avaliação de todos os resultados ou produtos das fases e das subfases da metodologia adotada. É responsável pela elaboração e pelo cumprimento dos planos de trabalho e respectivas pessoas, datas ou cronogramas. O gestor constitui-se na pessoa mais relevante para elaborar, gerir e implementar o projeto. Nesse caso, uma escolha ruim pode ocasionar o seu insucesso.

A equipe das funções organizacionais pode ser composta por pessoas (por exemplo, chefes, técnicos, engenheiros, assistentes e auxiliares) de cada uma das seis funções organizacionais (ver Seção 1.4). São os executores das subfases e respectivas atividades dos planos de trabalho e respectivas datas ou cronogramas. Pode existir no projeto mais de uma equipe, principalmente quando são atribuídas atividades especiais ou predefinidas por tempo limitado.

A equipe da tecnologia da informação pode ser composta por gestores ou técnicos em informática, tais como gerentes de informática, analistas de sistemas, analistas de informações, engenheiros de *software*, analistas de suporte, programadores de computadores, entre outros profissionais dessa área. Representam a unidade departamental da tecnologia da informação da organização. Também são os executores das subfases e respectivas atividades dos planos de trabalho e respectivas datas ou cronogramas, principalmente as que envolvem os recursos tecnológicos.

A equipe multidisciplinar pode ser modificada ao longo do andamento do projeto para ajustar ou redirecionar seus objetivos e resultados. Uma pessoa pode assumir mais de um papel, principalmente nas pequenas organizações. As diferentes pessoas envolvidas de distintas formações acadêmicas, experiências profissionais e funções organizacionais atendem aos preceitos de uma equipe multidisciplinar, ou seja, um grupo de pessoas com múltiplos conhecimentos, interesses e competências. Com a metodologia adotada e a equipe multidisciplinar formada, a organização deixa claro como e por quem o projeto será elaborado.

Além da equipe multidisciplinar, outros comitês de trabalho podem ser sugeridos. Os comitês de trabalho são conjuntos de pessoas que podem participar ativamente na elaboração do projeto de planejamento estratégico. Os comitês de trabalho são grupos ou órgãos deliberativos e consultivos que buscam as participações, as discussões, os consensos e as aprovações das fases metodológicas do planejamento estratégico. Não obstante a capacidade de discutir, de resolver, de decidir e de deliberar, os comitês também devem coletivamente buscar dados, divulgar informações e disseminar os conhecimentos das pessoas envolvidas no projeto. Essas atividades evidenciam a cooperação entre os envolvidos. Os comitês de trabalho propiciam às pessoas o franco envolvimento no planejamento estratégico para buscar o atendimento de seus anseios individuais e coletivos. A organização pode optar em ter comitês de trabalho específicos, permanentes ou temporários, como, por exemplo, de produção ou serviços, de *marketing*, de finanças, entre outros.

No projeto de planejamento estratégico, os componentes da equipe multidisciplinar devem ser descritos com a definição precisa da referida equipe. Deve ficar claro para toda a organização e todos os envolvidos quem elaborará o projeto de planejamento estratégico.

Deve-se, no mínimo, formalizar os papéis ou funções das pessoas envolvidas no projeto, tais como patrocinador (ou patrocinadores), gestor, equipe das funções organizacionais e a equipe da tecnologia da informação. Os eventuais consultores ou assessores internos ou externos se constituem em opções.

Como sugestão, pode-se dispor as informações em três colunas: (1) papéis; (2) nome das pessoas; e (3) identificação na organização por meio da função (ou cargo) ou área (unidade departamental) de cada pessoa envolvida no projeto de planejamento estratégico. Por opção, também pode ser relatado o perfil da equipe multidisciplinar com indicadores individuais, tais como envolvimento, motivação e conhecimento do projeto em questão.

3.4.7 Subfase 0.7 – divulgar o projeto de planejamento estratégico

Mediante toda a formalização das subfases anteriores, para obtenção do sucesso, uma ampla e participativa divulgação do projeto de planejamento estratégico deve ser feita para todas as pessoas na organização, incluindo, por opção, o meio ambiente externo envolvido.

A divulgação pode ser feita por meio de documentos formais, mas também com reuniões, visitas e conversas informais. Os recursos da tecnologia da informação, em especial de internet e técnicas e instrumentos formais ou informais do *marketing* positivo podem facilitar essas atividades.

Excepcionalmente, um projeto não deve ser divulgado por questões de sigilo. Dois exemplos são o lançamento de um serviço ou produto, e a abertura de um empreendimento, filial ou nova organização.

A ênfase da divulgação está na angariação de simpatizantes pelo projeto, na motivação das pessoas e no efetivo envolvimento e comprometimento de todos na organização. Pode ser entendida como a venda ou como a articulação do projeto na organização. Tal atividade também permite comunicar o início e o andamento do projeto, bem como a recepção de contribuições das pessoas do meio ambiente interno ou, eventualmente, do meio ambiente externo à organização.

A divulgação formal e informal do projeto se constitui em um inexorável instrumento de articulação, planejamento, desenvolvimento e conclusão do projeto de planejamento estratégico. Acredita-se que, quando as pessoas da organização são envolvidas desde o início do projeto, o indicador de motivação e envolvimento são mais favoráveis.

Por outro lado, não se deve iniciar um projeto sem informar a todos na organização o seu início, planejamento, execução ou desenvolvimento, pontos de controle e aprovação e encerramento. Frequentemente, o projeto mobiliza muitas pessoas nas organizações em suas diversas funções organizacionais e áreas funcionais (ou unidades departamentais) e quando não informado, pode causar alguns desconfortos ou problemas. Nesse sentido, a ampla divulgação pode minimizar problemas e facilitar a adequada execução do projeto.

No projeto de planejamento estratégico, a divulgação deve ser formalizada por meio de documentos pertinentes e também pode ser elaborada de maneira informal. Deve ficar claro para toda a organização e todos os envolvidos (e eventualmente para o meio ambiente externo) como, quando e por quem será elaborado o projeto de planejamento estratégico. Essencialmente o que deve ser divulgado é o que foi descrito nas subfases 0.1 a 0.6.

Por opção, algumas técnicas e instrumentos formais ou informais do *marketing* positivo (ou *marketing* pessoal, de guerra e correlatos) podem ser utilizados, tais como: eventos, cartas, memorandos, editoriais internos ou jornais externos, relatórios, recursos da internet, rápidas reuniões, megafones e demais mídias locais.

3.4.8 Subfase 0.8 – capacitar os envolvidos no projeto de planejamento estratégico

Juntamente às atividades de divulgação, a capacitação de todas as pessoas que serão envolvidas no projeto deve ser providenciada, principalmente para os componentes da equipe multidisciplinar.

A elaboração do projeto de planejamento estratégico requer a aquisição de competências para todas as pessoas envolvidas. O desenvolvimento do projeto não deve ser iniciado sem que todos os envolvidos estejam capacitados. A aquisição de competências deve ser providenciada para todas as pessoas envolvidas no projeto, principalmente a equipe multidisciplinar. Para tanto, a definição das necessidades de capacitações deve ser descrita. Com a descrição das necessidades de capacitação, os treinamentos para elaboração do projeto podem ser iniciados. Eventualmente, determinadas capacitações podem se realizar ao longo do projeto, conforme as necessidades.

É importante conscientizar as pessoas que compõem a equipe multidisciplinar e os eventuais comitês de trabalho do planejamento estratégico quanto ao seu papel nas respectivas subfases e atividades no projeto. Nesse sentido, é relevante que todas as pessoas se sintam seguras na elaboração das subfases sob sua responsabilidade, nas atividades diretamente relacionadas com as fases do projeto, nas atividades de participação parcial ou pontual, ou nas atividades de avaliação e aprovação do planejamento estratégico.

A capacitação dos envolvidos na atividade pública (para organizações públicas) ou no negócio (para organizações privadas) e nos serviços ou produtos da organização pode envolver elementos como: instrumento ou técnica selecionada de gestão de projetos; gestão de pessoas; e elaboração de cada uma das fases e subfases da metodologia adotada. Também pode ser necessária a capacitação nas funções organizacionais, na exigência dos resultados financeiros e não financeiros, nos resultados sociais do projeto, em recursos da tecnologia da informação. Dessa forma, cada pessoa que não tenha domínio em determinada subfase, atividade ou tarefa, ao receber a devida capacitação, passa a entender, elaborar e aprovar a referida subfase com mais competência ou de forma mais adequada.

Os componentes da equipe multidisciplinar do projeto devem se sentir seguros no momento da elaboração das fases e subfases do projeto de planejamento estratégico. Não se deve iniciar um projeto sem se ter domínio ou competência para essa atividade.

Como sugestão de capacitação, um pequeno projeto (eventualmente distinto do atual ou pretendido) pode ser elaborado, passando por todas as fases e subfases da metodologia adotada. Reiterando, não se deve iniciar um projeto sem saber como efetivamente fazê-lo.

No projeto de planejamento estratégico, a capacitação de todos os envolvidos deve ser formalmente providenciada, principalmente para os componentes da equipe multidisciplinar.

Como sugestão, pode-se elaborar três colunas contendo: (1) nome da pessoa a ser capacitada; (2) nome da capacitação necessária; e (3) data da capacitação. Pode-se incluir, ainda, local e pessoa física ou jurídica que realizou ou realizará a capacitação. Deve ficar claro para toda a organização e todos os envolvidos como cada fase e subfase do projeto deve ser elaborada, além de quais produtos serão externados nas subfases e como isso será feito.

3.4.9 Subfase 0.9 – definir instrumentos de gestão do projeto de planejamento estratégico

Antes de se iniciar o projeto de planejamento estratégico, o modelo e a forma de sua gestão por meio de um instrumento ou técnica de gestão de projetos devem ser amplamente discutidos, definidos e divulgados.

A ciência da administração enfatiza os modelos de gestão clássicos: autoritário; democrático; participativo; e situacional (ver Seção 4.5). Tais modelos podem ser mesclados na organização ou adotados isoladamente pelos diferentes níveis hierárquicos da organização (alta administração, corpo gestor e corpo técnico). Reitera-se que a gestão participativa é a mais indicada para projetos nas organizações. A inteligência organizacional pode ser um modelo provocativo de gestão de projetos.

A gestão do projeto compreende o acompanhamento das atividades da equipe multidisciplinar. Essa gestão do projeto deve ser atuada ao longo da elaboração e implementação do projeto, desde seu início até sua conclusão. Contempla conhecimentos e aplicações da administração científica, da gestão de talentos, conflitos e interesses, do direcionamento dos investimentos, da manutenção dos investimentos e custos, da redução dos tempos de execução das atividades e da garantia da qualidade produtividade, efetividade, economicidade e inteligência do projeto e da organização.

Para gerir as atividades requeridas pela metodologia adotada, bem como os planos de trabalho com seus responsáveis, tempo, recursos e demais detalhes do projeto, é necessária a escolha de pelo menos um modelo e instrumento ou técnica de gestão de projetos.

Os métodos de gestão de projetos disponíveis na literatura e no mercado podem contribuir nessa atividade. Algumas opções são: PODC (planejamento, organização, direção e controle); PDCA (do inglês: *plan*, *do*, *check*, *act*, ou "planejar, fazer, verificar, agir"); ISO (International Organization for Standardization); 5S (senso de utilização, organização, limpeza, saúde e autodisciplina); PERT/CPM (*Program Evaluation Review Technique/Critical Path Method*); PMBOK/PMI (*Project Management Body of Knowledge/Project Management Institute*).

Os instrumentos ou técnicas de gestão de projeto vão desde uma simples planilha eletrônica até os sofisticados, específicos e patenteados métodos e instrumentos por meio de *softwares* disponíveis no mercado.

O referido instrumento pode ser utilizado no início, no planejamento, na elaboração, na conclusão ou no encerramento e na implementação do projeto de planejamento estratégico. Não se deve iniciar um projeto sem saber o modelo, o método, o instrumento ou a técnica de gestão de projeto que serão utilizados na organização (ver Seções 1.9 e 7.4).

No projeto de planejamento estratégico, o modelo, o método e os instrumentos ou técnicas de gestão de projeto devem ser formalmente definidos, amplamente divulgados e efetivamente utilizados. Também é possível mesclar ou ter mais de um modelo, método, instrumento ou, ainda, adaptá-los à realidade da organização.

A gestão do projeto se constitui num inexorável fator crítico de sucesso do projeto.

3.4.10 Subfase 0.10 – elaborar plano de trabalho do projeto de planejamento estratégico

Os planos de trabalho do projeto de planejamento estratégico também podem ser chamados de *planos de ações* e *planos de execução*; também já recebeu o nome *cronograma de atividades*. A técnica 5W1H (do inglês, *who, when, what, where, why, how,* ou "quem, quando, o quê, onde, por quê, como") também pode facilitar a formalização dos planos de trabalho (ver Seção 6.3).

Os diferentes planos de trabalho da equipe multidisciplinar devem ser compatibilizados e integrados para sua formalização. As atividades ou ações podem ser estruturadas e descritas de forma sequencial e, para sua realização, devem ser assegurados os recursos necessários. Eventualmente, algumas atividades ou ações podem ser permanentes, sem prazo de término, ao passo que outras podem ser temporárias, com início e fim definidos. Devem ser elaborados de forma participativa e com o envolvimento das pessoas das diversas funções organizacionais relacionadas com o projeto de planejamento estratégico. Devem ser amplamente divulgados em toda a organização. Todo esforço de divulgação tem como objetivo a busca de envolvimento, motivação e comprometimento de todos. Para tanto, é vital promover e incentivar a participação direta ou indireta das pessoas da organização.

No projeto de planejamento estratégico, os planos de trabalho devem ser formalizados por meio dos planos de atividades para toda a equipe multidisciplinar envolvida, definindo-se: atividades, tarefas ou ações a serem elaboradas; responsáveis pelas atividades; período de realização das atividades; e recursos necessários para realização das atividades.

As atividades ou tarefas ou ações descrevem "o que fazer". Podem-se distribuir atividades de forma coletiva ou individual. Essas atividades devem contemplar no mínimo todas as subfases da metodologia adotada de planejamento estratégico. Independentemente da forma de atuação das pessoas envolvidas, os planos de trabalho devem ser sempre elaborados, uma vez que elas podem atuar de forma direta, indireta ou apenas nas avaliações e aprovações do projeto.

Os responsáveis descrevem quem fará cada atividade. Podem ser pessoas físicas, pessoas jurídicas, unidades departamentais ou, ainda, papéis, cargos ou funções específicas relacionadas com a equipe multidisciplinar do projeto (por exemplo, patrocinador, gestor, equipe das funções organizacionais, equipe da tecnologia da informação, assessoria externa, entre outras).

O período ou tempo descreve "quando fazer" cada atividade ou subfase do projeto. Podem ser datas previstas e realizadas, com dias de início e de fim. Também podem ser prazos em horas, dias, semanas ou meses.

Uma prioridade também pode ser descrita para se estabelecer uma ordem de relevância das atividades a serem elaboradas e podem ser expressas em classes (A, B, C, D) ou em números sequenciais. Para alocar recursos e estimar tempo de recursos humanos, pode-se trabalhar com 8 horas/dia, 40 horas/semana e 160 horas/mês. Porém, quando a pessoa ou a equipe se dedica a outras atividades além do projeto de planejamento estratégico, pode-se estimar de 3 a 5 horas/dia.

Os recursos necessários descrevem "como fazer" cada atividade. Dizem respeito a todos os recursos necessários (por exemplo, materiais, equipamentos, computadores, veículos, salas, tecnologias etc.) e também os recursos e humanos envolvidos, além dos responsáveis. Os recursos financeiros podem ser citados, mas devem ser formalizados detalhadamente (ver Seção 6.4).

Um orçamento pode ser elaborado para a realização das subfases do projeto ou, ainda, um macro-orçamento para as demais fases do projeto. Uma das formas de saber o valor ou custo do projeto é multiplicar o número de horas (de cada subfase) por determinado valor, incluindo encargos sociais para os envolvidos internamente e impostos para os envolvidos externamente ao projeto.

Por opção, ainda podem ser descritos onde serão realizadas as atividades e por que estas são necessárias. Posteriormente, pode ser descrito um *status,* que expressa o estado ou andamento da atividade (não iniciada, realizada, em andamento, depende de outras etc.). Nessa subfase, também podem ser definidos os formulários ou documentos que serão utilizados ao longo da elaboração e da implantação do projeto de planejamento estratégico.

O plano de trabalho pode ser revisado semanalmente, mensalmente ou em outra periodicidade definida, conforme o andamento do projeto. Mas indubitavelmente, não se deve iniciar um projeto sem saber formalmente o que e quando fazer, quem o fará e quais recursos serão necessários para tal.

Capítulo 4

Análises organizacionais

AS ANÁLISES organizacionais também são chamadas de *diagnóstico estratégico*, *análises estratégicas*, *análise do meio ambiente*, entre outros nomes correlatos.

O projeto de planejamento estratégico para organizações públicas ou privadas pode ser iniciado tanto pela elaboração das diretrizes organizacionais como pelas análises organizacionais. Preferencialmente, recomenda-se iniciar por estas quando a organização já está estabelecida. Evidentemente, nada impede que essas duas fases sejam elaboradas concomitantemente e, ainda, por diferentes equipes integradas.

Todas as subfases da fase análises organizacionais podem ser elaboradas, por opção, em duas formas: (1) atual (situação existente); e (2) futura (situação proposta e desejada ou condição potencial da organização). Nesse sentido, quando a organização ainda não existe, as análises são focadas nas propostas de futuro; quando a organização já existe, as análises enfatizam a real situação da organização quanto aos seus detalhes internos e externos, procurando-se identificar dados, informações ou indicadores, características ou aspectos positivos e negativos que a cercam, incluindo pessoas físicas e jurídicas.

Apesar dessa ênfase, as análises da organização podem ser elaboradas em três visões temporais. A primeira visão temporal está relacionada com o passado, analisando-se o ontem da organização e do seu meio ambiente interno e externo. A segunda visão temporal está focada no presente ou momento atual, analisando o hoje da organização e do seu meio ambiente interno e externo. E a terceira visão temporal está direcionada para o futuro, no próximo momento, no próximo desafio, a fim de se constituir na dimensão crítica para o êxito ou sucesso permanente da organização.

Com a organização estabelecida (existente) ou não, as análises estão essencialmente relacionadas com: observações críticas; decomposições de atividades; classificações de ações; apreciações detalhadas; monitoramentos específicos; exames minuciosos; e possibilidades de correções.

Tais análises pressupõem avaliação essencialmente em dois aspectos: positivo ou negativo; bom ou ruim; adequado ou inadequado; atende ou não atende; suficiente ou insuficiente; e outros termos correlatos. No entanto, não basta citar esses aspectos, é preciso analisar, diagnosticar, avaliar, calcular, descrever, comentar, apreciar, ou seja, posicionar-se detalhadamente a respeito do que se está analisando. Essas atividades devem ser elaboradas de forma verdadeira, pois qualquer posição questionável ou incerta nesta fase prejudica o projeto de planejamento estratégico como um todo na organização.

Os dados, as informações e os indicadores e da organização e os conhecimentos das pessoas envolvidas ou interessadas são recursos imprescindíveis para a elaboração das análises da organização. Nesse caso, os sistemas de informação, os sistemas de conhecimentos e a tecnologia da informação (e o governo eletrônico para as organizações públicas) se constituem em instrumentos fundamentais para a elaboração, a organização e a documentação dessa fase do planejamento estratégico. Para tanto, editores de textos, planilhas eletrônicas e programas específicos são muito úteis para facilitar e padronizar as atividades pertinentes a cada subfase da fase análises organizacionais. O senso comum não deve ser utilizado.

O processo de se estabelecer formalmente a fase "análises organizacionais" pode obedecer a diversas metodologias e a diferentes técnicas. A referida fase pode ser desmembrada em subfases.

Em todas as subfases da fase análises organizacionais, o competidor ou concorrente deve ser citado e avaliado detalhadamente. Quando estes são numerosos, podem ser selecionados os mais relevantes; quando não são identificados, os serviços ou produtos substitutos devem ser analisados. Uma análise comparativa entre eles também pode ser elaborada.

As análises devem enfatizar separadamente os serviços ou produtos da organização, e não a atividade pública ou o negócio privado, que são mais abrangentes. Reiteramos que determinada atividade pública ou negócio privado pode ter diferentes serviços ou produtos em distintos ambientes ou setores, segmentos ou ramos. As eventuais análises conjuntas e generalizadas da atividade pública ou negócio privado podem comprometer o projeto de planejamento estratégico.

Assim, três momentos ou atividades são relevantes e devem ser elaboradas em todas as subfases das análises organizacionais em cada item específico em análise. O primeiro momento pode ser chamado de *posicionamento* da análise que pressupõe avaliação em dois aspectos: positivo ou negativo; bom ou ruim; adequado ou inadequado; atende ou não atende; suficiente ou insuficiente; e outros termos correlatos, podendo ser acrescida a gradação *parcialmente*. O segundo momento pode ser chamado de *justificativas*, que explica a análise por meio de números, valores, indicadores, percentuais, textos, tabelas, gráficos, diagramas, fluxos etc. E o terceiro momento pode ser chamado de *análise do(s) concorrente(s) ou competidor(res) ou substituto(s)* no item que está sendo analisado.

Por fim, podem-se elaborar documentos em Apêndice.

4.1 Análise das funções organizacionais

As funções organizacionais são as macroatividades sem as quais as organizações não funcionam em sua plenitude. Estão presentes em todas as organizações, públicas ou privadas, independentemente do seu tipo de atividade pública ou negócio privado, de serviços ou produtos, de objetivo e de tamanho. Como mencionamos anteriormente, nas organizações públicas, são chamadas de *funções públicas*, e, nas organizações privadas, de *funções empresariais* (ver Seção 1.4).

As organizações públicas ou privadas e o seu sistema organizacional em sua estrutura podem ser subdivididos em seis funções organizacionais (ou subsistemas organizacionais): (1) produção ou serviços; (2) comercial ou *marketing*; (3) materiais ou logística; (4) financeira; (5) recursos humanos; e (6) jurídico-legal. Essas seis funções organizacionais devem ser integradas por meio dos módulos ou subsistemas em que se decompõem. Os módulos podem se apresentar de forma diferente de organização para organização. Algumas literaturas clássicas apresentam apenas quatro funções organizacionais, juntando a função materiais ou logística com a de produção ou serviços e ignorando a função jurídico-legal.

As funções organizacionais não devem ser confundidas com unidades departamentais ou setores da organização e muito menos com organogramas. Em especial nas organizações públicas, as funções organizacionais não podem ser confundidas com secretarias de governo, assessorias com cargos de confiança ou semelhantes. Algumas organizações não necessariamente têm todas as funções organizacionais com departamentos equivalentes e com o mesmo nome. Por exemplo, nem toda organização precisa ter um departamento de contabilidade, mas necessariamente precisa de um módulo contábil na função organizacional jurídico-legal; nem toda organização precisa ter um departamento de folha de pagamento, mas necessariamente precisa de um módulo de folha de pagamento na função organizacional recursos humanos. Independentemente do tipo e da forma de organograma utilizado pela organização, as funções organizacionais existirão na forma de atividades organizacionais.

Com relação à estrutura organizacional, as funções organizacionais fazem parte de toda a organização nos seus três níveis hierárquicos: (1) no estratégico, correspondendo à alta administração; (2) no tático ou intermediário, correspondendo ao corpo gestor; e (3) no técnico ou operacional, correspondendo ao corpo técnico da organização. Essa forma de funcionamento determina o alinhamento ou integração horizontal e vertical da organização. A integração das funções organizacionais ou de uma abordagem sistêmica diz respeito ao funcionamento engrenado das funções organizacionais presentes nas organizações. Com a compreensão de que a organização é o maior dos sistemas, as funções organizacionais devem ser interdependentes e integradas. Essas relações entre as funções organizacionais ficam claras na medida em que se observa que todas geram dados ou trocam informações com as demais e que, quando uma das funções para, para também o sistema organizacional (o funcionamento harmônico e efetivo da organização).

As seis funções organizacionais são decompostas em módulos ou subsistemas ou subfunções, as quais podem se apresentar de forma diferente de organização para organização, pois cada uma apresenta cultura, filosofia e políticas próprias. Esses módulos podem ser representados de diversas formas e em diversos tipos de organogramas ou diagramas. Nessa análise, o organograma não é relevante (ver Seção 4.6).

A função organizacional **produção ou serviços** pode conter os seguintes módulos ou subsistemas ou subfunções: planejamento e controle de produção ou serviços; pesquisa, desenvolvimento e engenharia do produto ou serviços ou projetos; sistemas de qualidade e produtividade; custos de produção ou serviços; monitoração, manutenção de equipamentos, produtos ou serviços.

Quando a organização privada é uma indústria, os módulos estão focados no chão de fábrica: planejamento e controle de produção industrial (PCP); engenharia de produtos industriais; sistemas de qualidade industrial; custos de produção industrial; e manutenção de equipamentos industriais. No entanto, a função produção ou serviços e seus módulos também podem ser focados e adequados ao principal serviço ou produto de uma organização. Como exemplo, um negócio hoteleiro teria planejamento e controle de hóspedes, juntamente a serviços ou módulos de reserva, recepção (*check-in* e *check-out*) e gestão de clientes consumidores e *prospects* ou potenciais. No caso de um negócio escolar, os módulos seriam equivalentes aos de matrícula, distribuição das salas, avaliações, registros acadêmicos de alunos, professores e disciplinas. E, em outros casos, os serviços seriam adequados aos respectivos módulos, tais como combustíveis, remédios, locações, estacionamento, diversão.

Nas organizações públicas, a função **produção ou serviços** pode ser chamada de *serviços públicos*, sejam serviços específicos, sejam de governos (federal, estadual e municipal). E pode ser subdividida, por exemplo, em: atendimento ao cidadão; arrecadação; fiscalização; normatização; relações institucionais. No governo federal, estadual e municipal podem ser chamadas de *funções públicas* ou *temáticas governamentais*. Nas prefeituras, podem ser chamadas *temáticas municipais* e conter, por exemplo, os seguintes módulos: agricultura; ciência e tecnologia; comércio; cultura; educação; esporte; habitação; indústria; infraestrutura; lazer; meio ambiente; mobilidade; rural; saúde; segurança; serviços; social; transporte; turismo; urbana (Rezende; Castor, 2006).

A função organizacional **comercial ou *marketing*** pode conter os seguintes módulos ou subsistemas ou subfunções: planejamento e gestão de *marketing*; clientes, consumidores e *prospects* ou potenciais; vendas; faturamento; contratos e distribuição; pesquisas e estatísticas; exportação. Nas organizações públicas, a função comercial ou *marketing* pode ser chamada de *divulgação* ou *comunicação pública* e pode ser subdividida em: divulgação ou comunicação de informações públicas; sistema de imagem institucional; planejamento e gestão de *marketing* público; gestão de cidadãos; projetos de *marketing* social; gestão de contratos públicos ou de parcerias público-privadas; pesquisas e estatísticas.

A função organizacional **materiais ou logística** pode conter os seguintes módulos, subsistemas ou subfunções: fornecedores; compras ou suprimentos; estoque; recepção e expedição de materiais; importação. Nas organizações públicas, a licitação pode fazer parte da função organizacional "materiais ou logística".

A função organizacional **financeira** pode conter os seguintes módulos, subsistemas ou subfunções: contas a pagar; contas a receber; movimentos bancários; fluxo de caixa; orçamentos; gestão do capital. Nas organizações públicas, a arrecadação, os repasses financeiros, o plano plurianual e os orçamentos públicos podem fazer parte da função organizacional financeira.

A função organizacional **recursos humanos** pode conter os seguintes módulos, subsistemas ou subfunções: recrutamento; seleção; administração de pessoal (admissão, demissão e férias); folha de pagamento; cargos; salários; treinamento e desenvolvimento (capacitação); benefícios e assistência social; segurança e medicina do trabalho. Nas organizações públicas, os concursos e os cargos de confiança podem fazer parte da função organizacional recursos humanos.

A função organizacional **jurídico-legal** pode conter os seguintes módulos, subsistemas ou subfunções: contabilidade; ativo fixo ou patrimônio; impostos e recolhimentos; livros fiscais de entrada e saída. Nas organizações públicas, a contabilidade pública ou governamental pode fazer parte da função organizacional jurídico-legal.

O entendimento de que as funções organizacionais são as macroatividades principais da organização e de que não são suas as unidades departamentais ou setores ou secretarias municipais, nem diretorias reforça a teoria de que o organograma formaliza a estrutura de poder da organização. Essas macroatividades e seus módulos integrados se constituem numa relevante base para o projeto de planejamento estratégico.

No projeto de planejamento estratégico, as funções organizacionais e seus respectivos módulos, subsistemas ou subfunções devem ser descritas e analisadas com avaliações em números, indicadores, valores, textos, tabelas, gráficos, diagramas, fluxos, entre outras, incluindo o seu nível de integração.

A ênfase da análise está na qualidade, na produtividade e na efetividade dos processos ou procedimentos e nos números, nos indicadores, nos valores e nos resultados de cada módulo das funções organizacionais. Nessas análises, devem ser considerados todos os serviços ou produtos da organização em análise ou da futura organização a ser estabelecida. Nas ações de estruturação, sistematização e, eventualmente, informatização da organização podem ser consideradas as atividades de organização e métodos (O&M) ou organização, sistemas e métodos (OSM) e sistemas de qualidade e produtividade, oriundas da ciência da administração. Como opção, pode-se utilizar a seguinte estrutura: nome do serviço ou produto; número e nome da fase; número e nome da subfase; descrição dos processos ou procedimentos.

A análise para uma organização já estabelecida deve relatar a situação atual e proposta. Para uma organização a ser estabelecida, a análise deve relatar a situação proposta ou desejada. Em ambos os casos, os competidores ou concorrentes devem ser analisados. Quando estes são numerosos, podem ser selecionados os mais relevantes; e em casos em que não são identificados, os serviços ou produtos substitutos devem ser analisados. Tais análises pressupõem avaliação essencialmente em dois aspectos: positivo ou negativo, bom ou ruim, adequado ou inadequado, atende ou não atende; suficiente ou insuficiente; e outros termos correlatos.

4.2 Análise dos ambientes da organização

O ambiente pode ser entendido como tudo o que circunda ou envolve a organização e suas pessoas por todos os lados, ou seja, o meio ambiente interno e externo.

Ao analisar a organização, é necessário conhecer o ambiente ou o contexto em que ela está inserida. As organizações vivem em um contexto caracterizado por uma multiplicidade de variáveis e diferentes interesses que provocam movimentos, mudanças, desejos e inquietações das pessoas físicas e jurídicas interessadas. De um lado, esse meio ambiente que varia constantemente pode oferecer oportunidades, facilidades e vantagens às quais a organização deve ficar atenta para aproveitá-las. De outro lado, pode apresentar ameaças, dificuldades e desvantagens que a organização deve evitar ou neutralizar.

Para facilitar a análise dos ambientes da organização, um mapeamento ambiental pode ser referenciado. Essencialmente, o meio ambiente disponibiliza para a organização todos os seus recursos (humanos, materiais, financeiros, tecnológicos, políticos, sociais e mercadológicos) e aquela, em troca, oferece seus serviços ou produtos como resultados. Como o meio ambiente é extremamente abrangente e complexo, as organizações têm dificuldades para entender, conhecer e exaurir sua complexidade. A organização frequentemente tem pouco conhecimento e domínio e experiência de todas as variáveis ambientais que a cercam e dão prioridade para aquelas que atendem suas expectativas ou que estão relacionadas a seus problemas, suas convicções e suas motivações para o que querem diagnosticar. Muitas vezes, não elaboram um mapa de competências adequado ou perceptível.

O mapeamento ambiental também pode ser chamado de *mapeamento de competências essenciais da organização* (Hitt; Ireland; Hoskisson, 2002), destacando principalmente seus pontos fortes. As competências essenciais são recursos e capacidades que servem de fonte de vantagem competitiva em relação aos concorrentes. Emergem com o tempo por meio de um processo organizacional para acumular e aprender a dispor os diferentes recursos e capacidades. São as atividades que a organização executa especialmente bem em comparação aos concorrentes e adiciona valor ímpar a seus produtos, bens e serviços por um longo período. As competências essenciais também levam em consideração a análise da cadeia de valor da organização, os conceitos de aprendizagem organizacional e suas cinco disciplinas (domínio pessoal, modelos mentais, visão compartilhada, aprendizado em equipe; e raciocínio sistêmico). Os critérios utilizados na identificação das capacidades estratégicas essenciais sustentáveis são: capacidades valiosas (ajudam a neutralizar ameaças ou explorar oportunidades); capacidades raras (não existem em um grande número de organizações); capacidades de imitação dispendiosa (outras não conseguem desenvolver com facilidade); capacidades insubstituíveis (não existe equivalente estratégico).

O mapeamento ambiental da organização ou a análise do seu meio ambiente interno ou externo pode ser elaborado por meio da técnica forças, fraquezas, ameaças e oportunidades. A referida técnica é chamada na língua inglesa de *SWOT (strengths, weaknesses, opportunities, threats)* e na língua espanhola de *FDOA (fortalezas, debilidades, oportunidades, amenazas)* (Andrews, 1980). As oportunidades e as ameaças ou riscos são componentes do meio ambiente externo. As forças ou pontos fortes e as fraquezas ou pontos fracos são componentes do meio ambiente interno.

4.2.1 Análise interna das forças e fraquezas da organização

As forças ou pontos fortes da organização são as variáveis internas e controláveis que propiciam condições favoráveis para a organização em relação ao seu ambiente. São características ou qualidades da organização, tangíveis ou não, que podem influenciar positivamente o desempenho da organização. Também podem ser chamados de *potenciais* ou, ainda, *poderes da organização*. Os pontos fortes devem ser amplamente explorados pela organização.

As fraquezas ou pontos fracos da organização são as variáveis internas e controláveis que propiciam condições desfavoráveis para a organização em relação ao seu ambiente. São características ou qualidades da organização, tangíveis ou não, que podem influenciar negativamente o desempenho da organização. Os pontos fracos devem ser significativamente melhorados pela organização, ou modificados e eventualmente abandonados.

Como exemplos de **forças e fraquezas** da organização, podem ser citados os temas: acionistas; ações sociais, culturais e políticas; agricultura; alianças; ambiente; arrecadação; atestados de capacidade técnica; atividade comercial; câmbio; capital; casos de sucesso; certificações; ciclo de vida do serviço ou produto; cidadãos; ciência; clientes; clima (meio ambiente); clima interno (recursos humanos); comércio exterior; competência; comunicação institucional ou interna; concorrentes; conhecimento; conselhos regionais; consumidores; criação de produto ou um serviço especial; criatividade; cultura; custo; demanda; demografia; dependência; descaso; desejo; desempenho; desenvolvimento local; despesas; distância; distribuição; economia local, regional ou internacional; equipamentos; espaço urbano; experiência; exportação; forma de comercialização; fornecedores; fluxo de caixa; funções organizacionais; gestores; governo; habilidades; inclusão social; informação; informalidade; informática; infraestrutura; inovação; internacionalização; instalações; inteligência organizacional; internet; juventude da organização; legislação; localização; logística; manutenção; mão de obra; marca; *marketing*; matéria-prima; meio ambiente; mercado; modelo de gestão; moradia; motivação; necessidade; nome; organização e métodos; parcerias públicas ou privadas; parque industrial; pecuária; pessoas; pioneirismo; pirataria; política governamental; políticas internas; potencialidades; prazo; preço; prestadores de serviços; processos; produto diferenciado; produtos ou serviços substitutos; promoção; *prospects* ou potenciais clientes ou consumidores; qualidade; receitas; recursos naturais; redes; relacionamentos; remuneração; serviço diferenciado; sindicatos; sistemas; sociedade; sócios; tecnologias; tradição; transporte; venda diferenciada; entre diversos outros.

As **forças** têm conotações positivas e podem ser indicadas com expressões como: *existência de*; *suficiência de*; *presença de*; *facilidade na*; *muito de*; *adequação na*; *rapidez no*; *integração do*; *conhecimento de*.

Ainda podem ser citados esses exemplos para a formalização das forças da organização: abertura para mudanças e inovações; abertura para profissionais jovens; acervo de conteúdos e documentos; adoção do pensamento estratégico; ambiente de trabalho ou clima organizacional agradável; assessoria jurídica disponível; atendimento diferenciado ao cidadão ou cliente; atuação da equipe de serviços ou comercial; autonomia operacional; autossuficiência tecnológica; base de dados unificada de cidadãos ou clientes; capacidade de promoções comerciais e de serviços; capacitação e treinamento constante; carteira de serviços ou produtos; casos de êxito ou sucesso; celeridade nos serviços; certificações formais; colaboração entre as pessoas e equipes; competência das pessoas e equipes; comprometimento das pessoas e equipes; concorrentes entendidos; confiança dos gestores ou acionistas; conhecimento da atividade pública ou negócio privado; convergências tecnológicas; criatividade pessoas e equipes; cultura da organização; desempenho positivo das pessoas e equipes; disponibilidade de recursos financeiros; disponibilidade para discussão e participação; domínio técnico; economia favorável; envolvimento com a sociedade, cidadão e cliente; estrutura de normalização e fiscalização pertinentes; estrutura organizacional adequada; estruturação das unidades de atividade pública ou negócio privado; experiência atividade pública ou negócio privado; fornecedores reconhecidos; funções organizacionais adequadas; funções profissionais diferenciadas; fundo de reserva financeira; gestão objetiva, transparente e ágil; gestores atuantes e comprometidos; gestores conscientes da necessidade de gestão e planejamento; grupo acionário diferenciado e participativo; informações sistematizadas e disponibilizadas; infraestrutura adequada da organização; inovação organizacional; instalações e equipamentos disponíveis; investimentos necessários adequados; leis favorecidas ou apropriadas; lideranças individuais e diferenciadas; localização da organização com estacionamento e espaço físico disponível; mão de obra qualificada; marca reconhecida no mercado; materiais e equipamentos adequados; metodologia de trabalhos adequados; métodos próprios de serviços e produtos; modelo de gestão competente; múltiplas plataformas tecnológicas; orçamento e investimento favorável; parcerias com órgãos públicos, instituições privadas e organizações da sociedade; pessoas envolvidas, comprometidas e capacitadas; pioneirismo e experiências no mercado; planos de assistências ao cidadão ou cliente; política comercial de negociação definida; políticas públicas sedimentadas; portfólio dos serviços ou produtos; potencialidade do grupo a que a organização pertence; processo de produção dos serviços e produtos; produção independente; *prospects* ou potenciais amplos; proximidade com cidadão e clientes; qualidade do serviço ou produto; reconhecimento internacional da organização; recursos humanos efetivos (concursados ou de mercado); remuneração diferenciada; sede internacional; segurança ao cidadão ou cliente; serviço ou produto diferenciado; serviços diferenciados e direcionados; suficiência tecnológica e operacional; talentos dos empregados ou colaboradores; tecnologia da informação alinhada com atividade pública ou negócio privado; tempo e conhecimento de mercado; valores da organização; vontade de mudanças.

As **fraquezas** têm conotações negativas e podem ser indicadas com expressões como: *falta de*; *insuficiência de*; *ausência de*; *limitações na*; *dificuldades na*; *segmentação na*; *pouco de*; *inadequação na*; *lentidão no*; não integração do; *desconhecimento de*.

Tais fraquezas também podem ser entendidas como problemas ou desafios das organizações. Frequentemente a organização tem problemas por opção dela mesma.

A primeira versão do planejamento estratégico da organização pode enfatizar as suas fraquezas ou problemas ou desafios. A segunda versão pode ser mais abrangente, com controles mais aprofundados e com gestão mais efetiva. Os problemas da organização podem ser relacionados com as questões não resolvidas ou com as dificuldades que demandam discussões e formalizações coletivas para serem superadas. Também são os conflitos de qualquer natureza nas organizações. Envolvem o ambiente organizacional, interno ou externo, e podem ser entendidos como as fraquezas da organização. Ainda, podem ser os fatores críticos de sucesso invertidos. Os problemas clássicos nas organizações estão relacionados com os temas: pessoas, processos e informações.

Ainda podem ser citados esses exemplos para a formalização das fraquezas, problemas ou desafios da organização: ambiente físico inadequado; ausência de plano de carreiras, cargos e salários; ausência de política de divulgação e comunicação institucional; ausência de programas motivacionais; ausência de visão institucional; baixa qualificação dos serviços ou produtos; baixa representatividade da marca; baixo número de cidadãos, clientes ou associados; cargos ou funções informais; clima organizacional inadequado; comunicação interna inadequada; concorrentes desconhecidos ou desprezados; concursos ou admissões inadequadas; conhecimento insuficiente sobre os clientes e suas demandas; contabilidade atrasada; deficiência na comunicação entre as unidades departamentais; deficiência na comunicação interna e com a sociedade; deficiência na movimentação do fluxo de caixa; deficiência no levantamento e na confiabilidade das informações; departamentos desarticulados; dependência de capital de terceiros; desatualização dos recursos da tecnologia da informação; desconhecimentos de clientes potenciais; descontinuidade das ações formalizadas; desestruturação de determinados departamentos; desorganização nas unidades departamentais; dificuldade no cumprimento da legislação pertinente; dificuldades financeiras; dificuldades na recepção e atendimento aos cidadãos ou clientes; dificuldades no ambiente interno; dificuldades para fidelização dos cidadãos ou clientes; distanciamento da alta administração em relação às unidades organizacionais; distanciamento dos consumidores e *prospects* ou potenciais; distanciamento dos governos e demais organizações públicas; distorções remuneratórias; distribuição desigual de infraestrutura e recursos diversos; distribuição inadequada dos serviços e produtos; divulgação inapropriada; *endomarketing* inadequado; entrega de serviços ou mercadorias com deficiência; equipe de vendas inapropriadas; equipe insuficiente para lançamento de novos serviços ou produtos; equipes pequenas ou inadequadas; estratégias informais; estrutura organizacional desajustada; excessiva centralização do poder decisório; excesso de clientes inadequados; excesso de informações; falta da associação das marcas das organizações envolvidas; falta de ações efetivas na internet; falta de brindes promocionais; falta de cidadãos ou clientes; falta de comprometimento e motivação das pessoas; falta de conhecimento dos serviços ou produtos; falta de diretores efetivos; falta de divulgação dos serviços ou produtos; falta de formalidade dos processos; falta de informações adequadas e atualizadas; falta de investimento para ações institucionais; falta de lideranças; falta de *marketing* exclusivo; falta de parcerias; falta de pensamento estratégico ou visão da organização; falta de planejamento e investimento adequados; falta de planejamento estratégico; falta de políticas organizacionais; fornecedores distantes; funções organizacionais não integradas; gestores ou acionistas distantes; inadequação na distribuição do trabalho; inabilidade administrativa; inexistência de capacitação e desenvolvimento das pessoas; inexistência de um planejamento de recursos humanos; informações desqualificadas, não sistematizadas e inoportunas; informalidade de planejamento e gestão de projetos; inquietação em relação a cargos e salários; insuficiência de pessoas; insuficiência de possibilidade de alavancar produtos ou serviços; insuficiência de recursos financeiros; logística deficitária; manutenção insuficiente da infraestrutura; mão de obra desqualificada ou inadequada; *marketing* insuficiente; matéria-prima inadequada; modelo de gestão inadequado; morosidade ou centralização das decisões; necessidade de inovação com prospecção de cidadãos ou clientes; objetivos organizacionais não efetivos; parcerias inexistentes; pessoas desqualificadas; políticas organizacionais informais; políticas públicas inadequadas; precariedade de sistemas de organização e métodos; preço inadequado; processo de produção lento; processo fabril desajustado; processos de desenvolvimento de serviços e produtos indefinidos; processos de trabalho inadequados; processos organizacionais informais; recursos da tecnologia da informação desatualizados; remuneração baixa; representatividades desconhecidas dos competidores ou concorrentes; serviços prestados improdutivos; sistema integrado de gestão inexistente; sistemas de informação inadequados; sobreposição de funções; baixo volume de vendas; inexistência de inteligência organizacional.

4.2.2 Análise externa das oportunidades e ameaças ou riscos à organização

As oportunidades são as variáveis externas e não controladas pela organização, que podem criar condições favoráveis para ela, desde que esta tenha condições ou interesse de usufruí-las. São situações externas, atuais ou futuras, que podem influenciar positivamente o desempenho; por isso, recomenda-se fortemente, explorá-las.

Já as ameaças ou riscos são as variáveis externas e não controladas pela organização que podem criar condições desfavoráveis para ela. São situações externas, atuais ou futuras, que podem influenciar negativamente o desempenho; por essa razão, devem ser inexoravelmente enfrentadas.

Os exemplos de **oportunidades e ameaças** à organização podem ser os mesmos que foram citados nas forças e fraquezas da organização, pois um mesmo item pode se apresentar sob as quatro abordagens (forças; fraquezas; oportunidades; ameaças ou riscos), sendo entendido, analisado e justificado positiva ou negativamente.

Ainda podem ser citados esses exemplos para a formalização das ameaças ou riscos da organização: alterações de legislações; atividades concorrências de pontos de vendas; atuação inadequada dos meios de comunicação; atualização da tecnologia; aumento da litigiosidade; ciência e tecnologia em mutação; competição com outros órgãos públicos; competitividade no valor do serviço ou produto; concentração de receita em poucos clientes; concentração em determinado mercado; concorrência com produtos substitutos; conjuntura econômica recessiva; consumo de produtos substitutos; crescimento da violência e das situações de risco social; crescimento do concorrente e serviços ou produtos substitutos; crise internacional; cultura do país ou de outros países; desconhecimento dos cidadãos, clientes, consumidores ou *prospects*; desconhecimento dos concorrentes; descrédito e desconhecimento da população; desinformação da legislação; desinteresse pelos serviços ou produtos ofertados; desobediência às determinações governamentais ou legais; desregulamentações frequentes; dificuldades estruturais do Estado em assegurar determinadas atividades; diminuição do valor da arrecadação ou faturamento; disponibilidade orçamentária ou de faturamento; distanciamento dos cidadãos ou consumidores;

distribuição dos serviços e produtos; diversidade tecnológica; economia mundial; enfraquecimento da classe profissional; enfraquecimento dos conselhos pertinentes; extinção de contribuições governamentais; falta de credibilidade; falta de padrão de contratos ou de remuneração; falta de uma cultura de conciliação; forças políticas contrárias; idade avançada dos clientes; inadimplência; informações do mercado inadequadas; instabilidade econômica; internet como alternativa; legislação deficitária ou mutável; recursos humanos, tecnológicos ou orçamentários limitados; mercado concorrente; nova geração de pessoas com diferentes hábitos de consumo; novas tecnologias disponíveis; novos concorrentes; perda de clientes para concorrentes; política de preços indefinida; presença crescente de organizações concorrentes; projetos de lei; queda do número de cidadãos, clientes ou *prospects*; redução de produção; tendências da sociedade ou de mercado.

Ainda podem ser citados esses exemplos para a formalização das oportunidades da organização: abertura de capital; abertura e facilitação de novos canais de mercado; abertura e transparência da organização; aceitação dos serviços ou produtos ofertados; acesso ao conhecimento; ações sociais vinculadas com marca; adoção de sistemas virtuais; ampliação da arrecadação ou do faturamento; atuação de conselhos regionais ou nacionais; relação com fornecedores ou representantes; aumento da consciência da preservação do meio ambiente; aumento da renda da população; auxílio ao desenvolvimento tecnológico; avanço das novas tecnologias; base de cidadãos, clientes, consumidores ou *prospects* com grande potencial; captação de novos filiados; captação de recursos por diferentes meios; consciência crítica dos cidadãos, clientes ou consumidores; convergência dos serviços ou produtos com os serviços ou produtos substitutos; credibilidade por tempo de mercado; crescimento do mercado de determinado tema; crise internacional; demanda constante de capacitação; demanda crescente do mercado por serviços ou produtos; demora da Justiça no julgamento de processos; desenvolvimento de parcerias exclusivas; desmistificação do acesso do cidadão, cliente ou consumidor; diferenciação dos serviços ou produtos; direcionamento dos serviços ou produtos para o interior das unidades da federação; direcionamento dos serviços ou produtos; divulgação dos serviços ou produtos; economia favorável; exploração de um público específico;

inclusão social; índice adequado de penetração ou capilaridade dos serviços ou produtos; intensificações de relações externas; intercâmbio entre sindicatos ou outras organizações; legislação favorável; marca conhecida; melhoria institucional; mercados setoriais específicos; mudança de cultura quanto à inserção social; necessidade de comunicação e capacitação; negociação dos parcelamentos em atraso; novos sócios ou acionistas; número baixo ou alto de concorrentes; número favorável de novos cidadãos, clientes ou consumidores potenciais; oportunidades de parcerias com a sociedade civil e governos; oportunidade da respeitabilidade dos cidadãos, clientes, consumidores, filiados ou sindicalizados; personalização dos serviços ou produtos; pesquisa de interesse para cidadãos, clientes ou consumidores; possibilidade de alterações no objeto ou contrato da organização; possibilidade de convênios e parcerias; processos de reformas e de modernizações; realocação de verbas governamentais ou de recursos financeiros no mercado; recursos digitais; redirecionamento para o mercado de varejo ou de atacado; relações oportunas com outras organizações; resgate de conceito; serviços ou produtos sedimentados; tendência de redução de custos operacionais da organização; uso de satélites; utilização das redes de relacionamentos sociais e eletrônicas; utilização dos meios de comunicações; utilização dos recursos da internet; valorização dos serviços ou produtos; visitação de organizações.

No projeto de planejamento estratégico, as quatro abordagens (forças, fraquezas, oportunidades e ameaças ou riscos) da análise ambiental devem ser citadas em itens ou frases.

E para cada um dos itens citados, além do posicionamento (positivo ou negativo; bom ou ruim etc.), deve ser elaborada uma análise ou justificativa com avaliações em números, indicadores, valores, textos, tabelas, gráficos, diagramas, fluxos, entre outras. Deve ficar claro por que determinado item é uma força, fraqueza, oportunidade, ameaça ou risco para a organização.

Certo item pode ser citado em uma ou até nas quatro abordagens, desde que seja formalmente analisado e justificado separadamente.

Uma relação direta pode ser estabelecida entre as quatro abordagens: para cada força uma oportunidade pode ser descoberta, e para cada fraqueza uma ameaça pode ser identificada. Essa relação pode ser elaborada por meio de uma matriz com os quatro quadrantes, fornecendo uma orientação estratégica, também baseada no bom senso da equipe multidisciplinar do projeto. Os itens do quadrante devem ser discutidos, analisados e refinados. Uma lista secundária também pode ser elaborada com os itens identificados que não estão associados entre as quatro abordagens no respectivo setor da organização.

A ênfase da análise dos ambientes da organização está nos serviços ou produtos, e não na atividade pública ou o negócio privado, que é mais abrangente. Isso evidencia que determinada atividade pública ou certo negócio privado pode ter diferentes serviços ou produtos em distintos ambientes ou setores, segmentos ou ramos.

A análise para uma organização já estabelecida deve relatar a situação atual e proposta; para aquela a ser estabelecida, a análise deve relatar a situação proposta ou desejada. Tais análises pressupõem avaliação essencialmente em dois aspectos: positivo ou negativo; bom ou ruim; adequado ou inadequado; atende ou não atende; suficiente ou insuficiente; e outros termos correlatos, justificando por que determinado item se relaciona com a organização. Também é relevante que feita análise dos competidores ou concorrentes. Quando estes são numerosos, podem ser selecionados os mais relevantes; quando não são identificados, os serviços ou produtos substitutos devem ser analisados.

4.3 Análise dos fatores críticos de sucesso da organização

Os fatores críticos de êxito ou sucesso da organização são elementos essenciais da atividade pública ou negócio privado, sem os quais a organização não tem ou terá resultado positivo ou adequado. São as capacidades e os recursos absolutamente necessários para a organização atuar e se constituem em pontos fortes da organização. Podem definir atividades de desempenho para a organização alcançar seus objetivos, completar sua missão, concluir sua visão e formalizar suas políticas.

Em algumas literaturas as competências organizacionais ou competências essenciais também são entendidas como fatores críticos de sucesso (ver Seção 5.1).

Tais elementos essenciais da organização são atividades fundamentais ou partes críticas dos processos da atividade pública ou negócio privado que efetivamente necessitam ser muito bem elaboradas para que a organização alcance seus objetivos. Eles podem indicar e explicitar variáveis peculiares que fazem a diferença entre a organização e seus concorrentes. É para onde a organização deve direcionar seus esforços e atenção.

A análise dos fatores críticos de sucesso da organização está relacionada com os detalhes ou elementos diferenciados, peculiares e específicos que fazem ou farão a diferença entre o sucesso ou o fracasso da organização. Devem ser coerentes com os objetivos e estratégias da organização.

Como exemplos de fatores críticos de sucesso da organização, podem ser citados: acionistas; agilidade ou desempenho; atendimento; capacidade de produção; capacidade de resposta da organização; capital; cidadãos; clientes ou consumidores; competência das pessoas; competências essenciais da organização; conhecimento da concorrência; custo do serviço ou produto; dedicação das pessoas; dependências de algo ou alguém; desenvolvimento próprio do serviço ou produto; diferenciação de serviços ou produtos; diferenciais organizacionais; distribuição; divulgação dos serviços ou produtos; economia de escala; empreendedorismo; estabilidade financeira; facilidade de acesso; filiados; fiscalização; fluxo de caixa; força política; fornecedores; gestão da organização; gestão do conhecimento; imagem organizacional; indicadores de desempenho; informações oportunas e personalizadas; infraestrutura paralela; infraestrutura tecnológica; inovação; instalações; inteligência competitiva; inteligência organizacional; legislação favorável; licitação; liderança; localização; manutenção da equipe interna; mão de obra; matéria-prima; parque de produção; participação de mercado; preço; prestígio; promoção de comercialização; qualidade, produtividade e efetividade do serviço ou produto; recursos financeiros; relacionamento com clientes, governo e sociedade; representação política; reputação da organização e de seus proprietários; responsabilidade social; serviços e produtos adequados; tecnologia; entre outros.

No projeto de planejamento estratégico, os fatores críticos de sucesso da organização devem ser citados em itens (ou frases). E, para cada item citado, além do posicionamento (positivo ou negativo, bom ou ruim etc.), deve ser elaborada uma análise com avaliações em números, indicadores, valores, textos, tabelas, gráficos, diagramas, fluxos, entre outros recursos, justificando por que determinado fator é crítico para o sucesso da organização.

Os fatores críticos de sucesso podem variar quando a organização oferece distintos serviços ou produtos. Dessa forma, deve-se levar em consideração a análise desses fatores separadamente por serviços ou produtos.

A análise para uma organização já estabelecida deve relatar a situação atual e proposta; para aquela a ser estabelecida, a análise deve relatar a situação proposta ou desejada. Tais análises pressupõem avaliação essencialmente em dois aspectos: positivo ou negativo; bom ou ruim; adequado ou inadequado; atende ou não atende; suficiente ou insuficiente; e outros termos correlatos. Também é relevante que seja feita análise dos competidores ou concorrentes. Quando estes são numerosos, podem ser selecionados os mais relevantes; quando não são identificados, os serviços ou produtos substitutos devem ser analisados.

4.4 Análise setorial da organização

A análise setorial está direcionada ao produto ou ao serviço específico de um setor, segmento, ramo, atividade pública ou negócio privado em que a organização atua ou atuará. Permite entender, verificar e conhecer o contexto, principalmente político e econômico, em que a organização está prestando serviços ou produzindo produtos, identificando tendências, impactos e outras questões favoráveis ou desfavoráveis.

Perceber como a organização se posiciona no seu respectivo setor de atividade pública ou negócio privado é o foco dessa análise. Também é chamada de *análise das cinco forças de Porter* ou *análise simplificada de Porter* (Porter, 1990) que contempla as abordagens: clientes; fornecedores; concorrentes existentes; novos concorrentes ou novos entrantes; serviços ou produtos substitutos.

4.4.1 Análise dos cidadãos ou clientes, consumidores e potenciais

O cidadão é toda pessoa habitante do município ou do país. É o sujeito ou indivíduo no gozo dos direitos civis e políticos de um Estado, ou no desempenho de seus deveres para com este (Ferreira, 1999). Em algumas organizações públicas, também tem sido chamado de *cliente* ou *consumidor*.

Os clientes, os consumidores e os *prospects* ou potenciais não podem ser confundidos ou generalizados, pois cada um tem conceito diferente e requer abordagens distintas. Cliente é a pessoa física ou jurídica que paga por um serviço ou produto. O consumidor, por sua vez, é a pessoa física ou jurídica que utiliza, aplica, usa ou gasta um bem, serviço ou produto.

Por exemplo, na compra de um automóvel, um perfume ou uma joia que será dada de presente, a pessoa que paga pelo artigo é o cliente, e quem o recebe, o consumidor. No pagamento da mensalidade da escola, os pais são os clientes, e o filho, o consumidor. Na compra de mercadorias de certo fornecedor, o supermercado pode ser o cliente, e o comprador final, o consumidor.

Já o *prospect* ou potencial é o cliente futuro ou consumidor potencial de um serviço ou produto, normalmente identificado antecipadamente. Esse papel é exercido, por exemplo: pelo aluno do ensino médio em relação ao ensino superior; e pelos clientes de uma organização ou compradores de um serviço ou produto em relação a uma concorrente. Determinados fornecedores podem ser *prospects* de uma organização.

Para a análise dos cidadãos ou clientes, consumidores e potenciais ver também as Seções 4.8.3 e 5.1.4.

A lucratividade das organizações privadas de um setor, quando adquiridos mais serviços ou produtos, pode diminuir ou influenciar no poder de barganha dos clientes ou compradores. Isso também pode acontecer quando é negociada uma qualidade mais "alta" dos serviços ou produtos. Essa relação de poder pode, inclusive, colocar uma organização contra outra. Quanto maior for a compra pela organização cliente, a tendência é diminuir o preço e o retorno financeiro para a organização fornecedora (Wright; Kroll; Parnell, 2000).

Assim, as organizações clientes ou compradoras têm relativo poder nas seguintes circunstâncias: concentram-se ou compram grandes quantidades em relação ao total de vendas do setor; serviços ou produtos adquiridos representam uma porcentagem significativa de seus custos; serviços ou produtos adquiridos são padronizados e sem diferenciação; os compradores enfrentam poucos custos de mudança; os compradores têm lucro baixo; os compradores podem fazer uma integração para trás (tornando-se seus próprios fornecedores); o serviço ou produto do setor tem importância relativamente pequena para a qualidade dos serviços ou produtos do comprador; os compradores estão plenamente informados a respeito da demanda, preços reais de mercado e custos do fornecedor.

4.4.2 Análise dos fornecedores

O fornecedor pode ser entendido como quem abastece ou provê serviços ou produtos para a atual organização em análise ou a futura organização a ser estabelecida. Para organizações de serviços, por exemplo, esse papel pode ser exercido pela consultoria, pela mão de obra ou pelos parceiros de serviços prestados. Nas organizações públicas, os fornecedores podem ser os prestadores de serviços e os parceiros de serviços específicos ou de serviços públicos, nas esferas federal, estadual ou municipal.

Também se pode levar em consideração as parcerias formais, os contratos de exclusividade ou preferência, as normas de qualidade e efetividade (por exemplo, NBRs; ISO), o tempo de mercado, valores organizacionais (como respeito ao meio ambiente; atenção ao cidadão ou cliente; atendimentos sociais; convivência com a sociedade); e outros pormenores do fornecedor que podem influenciar significativamente a atividade pública ou negócio privado.

Os fornecedores das organizações privadas podem comprimir a lucratividade de um setor incapaz de repassar os aumentos de custos a seus próprios preços, reiterando seu poder de barganha. As condições que tornam os fornecedores poderosos se espelham naquelas que tornam os compradores poderosos. Quanto maior for a venda pela organização fornecedora, maior tende a ser seu retorno financeiro em relação à organização cliente, pois o fornecedor pode vender quando e como quiser (Wright; Kroll; Parnell, 2000).

Assim, as organizações fornecedoras têm relativo poder nas seguintes circunstâncias: o setor que fornece é dominado por poucas organizações e é mais concentrado que o setor para o qual vende; não existem serviços ou produtos substitutos; o setor que compra não é um cliente importante para os fornecedores; os produtos do fornecedor se constituem em insumos importantes para o negócio do comprador; os produtos do fornecedor são diferenciados ou têm os custos de mudança embutidos em seus custos; os fornecedores fazem uma ameaça consistente de integração para a frente (ou seja, eles podem se tornar seus próprios clientes).

Na negociação ou barganha, uma organização privada pode operar de forma lucrativa em um setor com grandes barreiras de entrada, baixa intensidade de concorrência entre organizações semelhantes, sem serviços ou produtos substitutos, compradores fracos e fornecedores fracos. Uma organização com pequenas barreiras de entrada, concorrência intensa, muitos produtos substitutos e compradores ou fornecedores fortes sofreria uma forte pressão para gerar um lucro adequado. A chave está na análise detalhada e na compreensão do setor (Porter, 1990; Certo; Peter, 1993; Wright; Kroll; Parnell, 2000; Hitt; Ireland; Hoskisson, 2002).

4.4.3 Análise dos competidores ou concorrentes

O competidor pode ser entendido como quem compete ou quem estimula a competição entre as pessoas ou organizações. Pode ser visto como rival ou antagonista. Nas organizações públicas, a palavra *concorrente* nem sempre é aceita, preferindo-se o termo *competidor*. A competição está relacionada com os atos ou efeitos de competir, com a busca de uma vantagem, uma vitória, um prêmio ou, ainda, com a luta, o desafio, a disputa ou a rivalidade com outras pessoas ou organizações (Ferreira, 1999).

O concorrente pode ser entendido como quem faz exatamente o mesmo produto ou presta literalmente o mesmo serviço que a atual organização em análise ou a futura organização a ser estabelecida. Também é chamado de *concorrente direto*. Se não for o mesmo serviço ou produto pode ser entendido como serviço ou produto substituto ou, ainda, *concorrente indireto*.

A análise dos concorrentes da organização pode ser dividida em dois tipos: (1) competidores ou concorrentes existentes, e (2) entrantes, novos competidores ou concorrentes.

Em algumas situações, o competidor ou concorrente pode ser um parceiro de atividade pública ou de negócio privado e até mesmo um cliente ou consumidor. Também o fornecedor pode se apresentar como competidor ou concorrente, participando de vendas ou licitações ao mesmo tempo que a organização em análise.

Quanto à intensidade da rivalidade entre os concorrentes existentes, a concorrência intensifica-se quando uma ou mais organizações privadas de um setor detectam a oportunidade de melhorar sua posição ou sentem uma pressão competitiva. Essa competição manifesta-se na forma de corte de preços, batalhas publicitárias, introdução de novos serviços ou produtos ou reformulação dos já existentes, e melhorias no atendimento aos clientes e nas garantias (Wright; Kroll; Parnell, 2000). Assim, alguns fatores podem influenciar a análise: concorrentes numerosos ou equilibrados; crescimento lento do setor; altos custos fixos ou de estocagem; ausência de diferenciação ou custos de mudança; capacidade aumentada via grandes incrementos; concorrentes diversos ou diferentes; altos interesses estratégicos (inclusive disposição para sacrificar a lucratividade); altas barreiras de saída (econômicas, estratégicas ou emocionais que impedem que as organizações abandonem um mercado com retorno baixo).

Quanto à ameaça dos entrantes, observa-se que à medida que um setor recebe novos concorrentes sua capacidade produtiva aumenta. A não ser que o mercado esteja crescendo rapidamente, uma nova entrada intensifica a luta por fatias de mercado, reduzindo os preços e diminuindo a lucratividade do setor. A probabilidade de novas organizações entrarem em um setor depende de dois fatores: (1) barreiras de entrada e (2) retaliação da parte dos concorrentes existentes. Dessa forma, grandes barreiras de entrada e/ou expectativas de sérias retaliações da parte dos concorrentes reduzem a ameaça de entrada (Wright; Kroll; Parnell, 2000). As barreiras de entrada, ou seja, os obstáculos para o ingresso de uma organização em determinado setor são: economia de escala (diminuição de custos de um serviço ou produto); diferenciação de serviços ou produtos (forte identificação de marca e da lealdade de consumidores); exigência de capital (necessidade de grandes investimentos); custos de mudança (alterações de fornecedor podem requerer treinamentos e mudanças culturais); acesso a canais de distribuição (necessidade de seduzir distribuidores por vantagens extras); desvantagens de custos desvinculadas de escala (organizações estabelecidas com vantagens já adquiridas); políticas governamentais (controle de acesso a determinados setores com exigências de licenciamentos e outras regulamentações).

4.4.4 Análise dos serviços ou produtos substitutos

O serviço ou produto substituto pode ser entendido como aquele semelhante ao que é produzido ou prestado por outras organizações, as quais também podem ser chamadas de *competidores* ou *concorrentes indiretos*. Em outras palavras, a substituição ocorre quando um cidadão deixa de utilizar um serviço público ou um cliente deixa de pagar por um serviço privado ou comprar um produto de dada organização e tem o mesmo resultado recorrendo a uma concorrente. Essa situação pode ocorrer de forma legal ou ilegal, lícita ou ilícita, formal ou informal e até moral ou imoral.

No que diz respeito à ameaça ou à pressão exercida por serviços ou produtos substitutos, as organizações privadas de um setor podem concorrer com organizações de outros setores que fabricam produtos substitutos ou elaboram serviços substitutos, que representam alternativas satisfatórias às necessidades semelhantes dos consumidores, mas diferem em características específicas. Nesse sentido, os substitutos podem estabelecer um patamar ou teto para os preços que as organizações podem cobrar, como, por exemplo: isolantes de fibra de vidro substituídos por de celulose e lã mineral; cinemas substituídos por canais de TV a cabo. Em contraste, organizações que não têm substitutos tendem a ser altamente lucrativas (Wright; Kroll; Parnell, 2000).

Identificar serviços ou produtos substitutos se constitui em uma tarefa muito relevante e essencial para analisar e propor atividades públicas ou negócios privados. Como exemplo, no caso de um restaurante, o produto almoço pode ser substituído pelo produto semelhante oferecido por supermercados, donas de casa, vendedores de cachorro-quente; academias, comerciantes de inibidores da fome etc. O sabão em pedra pode ser substituído pelo sabão em pó. O serviço transporte por avião pode ser substituído por transporte de ônibus; de helicóptero; de táxi. Até mesmo não aceitar o serviço ou produto oferecido está relacionado com serviços ou produtos substitutos.

No projeto de planejamento estratégico, as cinco abordagens (cidadãos ou clientes, consumidores e potenciais; fornecedores; competidores ou concorrentes existentes; novos entrantes; e serviços ou produtos substitutos) da análise setorial devem ser citadas em itens ou frases. E para cada um dos itens ou frases citadas, deve ser elaborada uma análise com avaliações em números, indicadores, valores, textos, tabelas, gráficos, diagramas, fluxos, entre outras.

Também se pode separar pela curva ABC de relevância, prioridade ou custo, em que, por exemplo, A são os mais relevantes, prioritários e de alto custo. Outra opção é descrever para cada um dos itens ou frases citadas uma classificação de influência ou intensidade: baixa; moderada, alta.

Os competidores ou concorrentes (existentes ou novos), os fornecedores, os cidadãos ou clientes, consumidores e potenciais podem ser citados individualmente ou coletivamente (generalizado). Podem ser pessoas físicas ou pessoas jurídicas específicas ou nomeadas (por exemplo, Petróleo Brasileiro S.A.). Também podem se apresentar por segmento ou grupos de interesse (por exemplo, indústrias mecânicas; supermercados; prefeituras), por classe ou segmento demográfico (por exemplo, sexo, renda, ocupação, classe social), dentre outros tipos.

Determinado item pode ser citado em mais de uma abordagem, desde que formalmente justificado e analisado separadamente, pois uma mesma pessoa física ou jurídica pode ser, ao mesmo tempo, competidor ou concorrente, fornecedor, cidadão ou cliente, consumidor ou potencial.

A análise setorial da organização deve ser direcionada para os serviços ou produtos, e não na atividade pública ou negócio privado, que são mais abrangentes, pois a organização pode ter diferentes serviços ou produtos em distintos ambientes ou setores, segmentos ou ramos.

Em algumas organizações, os competidores ou concorrentes nem sempre são os mesmos que os da própria organização, principalmente quando os serviços ou produtos são diversos. Nesse caso, talvez seja relevante analisar os competidores ou concorrentes dos competidores ou concorrentes da organização em foco; uma análise comparativa entre eles também pode ser elaborada, destacando-se as diferenças positivas e negativas existentes.

A análise para uma organização já estabelecida deve relatar a situação atual e proposta. Para uma organização a ser estabelecida, a análise deve relatar a situação proposta ou desejada. O foco da análise está no serviço ou produto, e não na atividade pública ou negócio privado, recomendando-se indicar nomes, quantidades, diferenciais e relações com a organização em análise ou a futura organização a ser estabelecida.

Também se podem levar em conta outros detalhes, tais como: perfil do cidadão; participação no mercado; nichos a serem explorados; fatores que afetam o crescimento ou declínio no setor e das organizações envolvidas; tamanho e características gerais do setor; número de organizações; número de clientes; faturamento e endividamento; tendências de crescimento, de unidades vendidas e de projetos ou serviços prestados; nível de emprego e de mão de obra requerida; pesquisas e histórico; competição, barreiras e barganhas dos envolvidos; legislação e influências do governo e entidades correlatas; logística, cadeia de valor e distribuição de serviços ou produtos; influência ou alterações de tecnologias; demografia e desenvolvimento local e regional; domínio e conhecimento sólido do setor. Tais análises pressupõem avaliação essencialmente em dois aspectos: positivo ou negativo; bom ou ruim; adequado ou inadequado; atende ou não atende; suficiente ou insuficiente; superior ou inferior; melhor ou pior; entre outros aspectos e outros termos correlatos.

4.5 Análise do modelo de gestão da organização

O **modelo de gestão** pode ser entendido como um sistema de regras relativas à gestão do negócio ou à atividade da organização e a seus serviços ou produtos. Está relacionado com ações delineadoras de gestão e com atividades condicionadoras de execução pelos subordinados, formalizando a maneira como a organização busca solucionar seus problemas e gerir suas funções organizacionais. Busca a interação entre os níveis hierárquicos (alta administração, corpo gestor e corpo técnico ou operacional) coordenando processos de trabalho e equipes de pessoas. Pode basear-se na premissa de que as pessoas de todos os níveis hierárquicos devem conhecer os objetivos da organização, dominar atividades técnicas de trabalho, promover melhorias, identificar contribuições, buscar alternativas, compreender impactos e facilitar a inteligência dos negócios ou atividades.

Nas organizações públicas, o modelo de gestão pode ser influenciado pela legislação pertinente que rege a atividade pública da referida organização.

O conceito de **gestão**, sob a ótica da administração, é a aplicação da ciência da administração. Está relacionada com o conjunto de recursos decisórios e a aplicação das atividades destinadas aos atos de gerir a organização e suas funções organizacionais. Pode ser entendida como competência dos gestores em suas atividades e ações. Na organização pública, **a gestão pode ser direcionada à capacidade dos governos de gerir as funções** federais, estaduais e municipais, bem como de implementar respectivas políticas públicas para facilitar as ações necessárias na condução do país, dos estados e das cidades, contextualizando a participação dos cidadãos nesses desafios.

Para analisar ou adotar um modelo de gestão na organização, é necessário pesquisar, entender e discutir os modelos disponíveis tanto na literatura como nos aprendizados de outras organizações. Os modelos de gestão mais recentes propõem abordagens baseadas em pessoas ativas, **empreendedoras e inovadoras**, as quais são capazes de influenciar coletivamente no desenvolvimento da cultura organizacional, na mudança de atitudes, na contínua busca de melhorias e na estrutura organizacional efetiva. Destacam-se as tendências focadas em participação, envolvimento e desenvolvimento de pessoas nas organizações, com qualidade, produtividade e efetividade dos produtos e serviços, culminando com os conceitos de administração estratégica, pensamento estratégico, liderança, empreendedorismo, sistemas de informação, tecnologia da informação, gestão de projetos, gestão participativa, gestão em rede, gestão do conhecimento e inteligência organizacional.

O modelo e a forma de gestão da organização estão intimamente ligados aos seus sistemas organizacionais e à sua respectiva estrutura organizacional. Resumidamente, há quatro modelos de gestão, os quais podem ser combinados: (1) autoritário; (2) democrático; (3) participativo; e (4) situacional.

No **modelo autoritário**, a gestão da organização e o processo decisório estão centralizados na alta administração da organização, fazendo com que os sistemas organizacionais sejam precários, fechados e também autoritários. Os assuntos são discutidos e decididos na alta administração, sem a participação das pessoas envolvidas ou das respectivas unidades departamentais destinatárias, cabendo a estas o aceite e o cumprimento das determinações.

No **modelo democrático**, a alta administração e a gestão da organização (detentores do processo decisório) consultam e permitem a participação dos níveis inferiores, possibilitando também a delegação, fazendo com que os sistemas organizacionais, embora fechados, sejam facilitados para serem abertos. Os assuntos são discutidos com todos, mas normalmente as pessoas envolvidas ou as respectivas unidades departamentais destinatárias acabam executando as determinações. Ao contrário da democracia propriamente dita, muitas vezes a gestão democrática é maquiada pela gestão autoritária.

No **modelo participativo**, a alta administração e a gestão da organização descentralizam o processo decisório e permitem a delegação e o envolvimento de todos os níveis, definindo políticas, formalizando atividades, determinando responsabilidades e controlando resultados, fazendo com que os sistemas organizacionais sejam totalmente abertos, transparentes e efetivos. Os assuntos são discutidos e decididos em conjunto com a efetiva participação das pessoas envolvidas e das respectivas unidades departamentais destinatárias, facilitando o aceite e o cumprimento das determinações coletivas. As decisões são colegiadas, mas não necessariamente unânimes.

No **modelo situacional**, a alta administração e a gestão da organização requerem situações específicas para poder atuar de forma momentânea, muitas vezes, desvinculada das políticas definidas e procedimentos formalizados pela organização. Os assuntos são discutidos e decididos naquele momento com ou sem a participação das pessoas envolvidas e das respectivas unidades departamentais destinatárias, cabendo a estas ou a todos o aceite e o cumprimento das determinações do momento. A gestão situacional não deve se tornar um modelo constante, ela deve ser utilizada para situações especiais e momentâneas.

A gestão participativa é a mais indicada para projetos nas organizações, incluindo o planejamento estratégico. Porém, a mescla de diferentes modelos pode ser utilizada nas organizações, na atuação cotidiana de atividades com pessoas e recursos diversos, embora a organização e seus gestores normalmente se aproximem mais de um modelo de gestão e ajustem as suas ações de acordo com sua cultura, filosofia e políticas.

No projeto de planejamento estratégico, o modelo de gestão deve ser informado, analisado e justificado com avaliações em textos, entre outras avaliações.

O modelo de gestão adotado deve levar em consideração a estrutura organizacional formalizada e contemplar os níveis hierárquicos convencionais (alta administração, corpo gestor e corpo técnico ou operacional). Por opção, mais de um modelo de gestão pode ser adotado ou proposto. Eventualmente, a organização pode utilizar um modelo para a alta administração e corpo gestor e outro para o corpo técnico ou operacional.

Na análise e proposta do modelo de gestão, pode-se levar em consideração os conceitos e preceitos de inteligência organizacional (ver Capítulo 2), além dos modelos convencionais (autoritário; democrático; participativo; e situacional).

A análise para uma organização já estabelecida deve relatar a situação atual e proposta, mesmo que o modelo de gestão atual permaneça. Para uma organização a ser estabelecida, a análise deve relatar a situação proposta ou desejada. Também é relevante que seja feita análise dos competidores ou concorrentes. Quando estes são numerosos, podem ser selecionados os mais relevantes; quando não são identificados, os serviços ou produtos substitutos devem ser analisados. Tais análises pressupõem avaliação essencialmente em dois aspectos: positivo ou negativo; bom ou ruim; adequado ou inadequado; atende ou não atende; suficiente ou insuficiente; e outros termos correlatos. É recomendado também verificar se o modelo contribui ou não com a inteligência organizacional.

4.6 Análise da estrutura organizacional

A **estrutura organizacional** está relacionada com a formalização das responsabilidades, autoridades, comunicações e decisões das unidades organizacionais da organização, projetando, ordenando, padronizando e coordenando as atividades, as decisões e os relacionamentos dos seus níveis hierárquicos. Requer a distribuição das pessoas nas posições a serem ocupadas e conforme os papéis a serem desempenhados por meio da estruturação dos seus processos para elaborar os serviços ou produzir os produtos, atingir os objetivos organizacionais e facilitar sua atividade pública ou negócio privado.

Nas organizações públicas deve-se observar a legislação pertinente que rege a atividade pública da referida organização, por exemplo, o regimento, o regulamento, o estatuto, os atos normativos entre outros documentos públicos. Tal legislação pode interferir significativamente na estrutura organizacional, cujo objetivo está relacionado com questões sociais e com a qualidade de vida e a satisfação dos cidadãos, por meio da prestação de seus serviços.

A estrutura organizacional também está relacionada com os principais objetivos das organizações privadas, que são: satisfazer às necessidades dos clientes, buscando-os e mantendo-os; estar em permanente desenvolvimento; fazer parte de uma comunidade, elaborando projetos, serviços ou produtos e gerando empregos; comercializar bens, produtos e serviços, obedecendo a padrões de qualidade; ter equilíbrio financeiro para seu crescimento; gerar lucro e perenidade; alcançar modernidade e competitividade, ou seja, as inteligências competitiva e organizacional.

Para analisar a estrutura das organizações, é necessário entender os sistemas organizacionais e outros temas correlacionados. A organização e seu contexto interno e externo é um sistema, pois apresenta complexidade nas atividades das funções organizacionais, funcionamento de processos, envolvimento de pessoas, entidades externas e grandiosidade de manipulação de dados e utilização de diversas informações.

Os **sistemas organizacionais** podem ser entendidos como conjuntos de partes que interagem, integrando-se para atingir um objetivo ou resultado.

É a organização, suas funções organizacionais e seus vários subsistemas. Consideram os conceitos da abordagem sistêmica e da racionalização nas organizações. Tais abordagens são integrativas e corporativas de todos os sistemas da organização, combinando a ciência administrativa à comportamental, favorecendo a integração sistêmica da organização.

A **abordagem sistêmica**, associada à ideia de funcionamento harmônico, sistêmico e racional, pode ser comparada a uma roldana e suas engrenagens maiores ou menores, tal como um relógio mecânico. Outra analogia possível é com uma floresta, com suas respectivas árvores, galhos e folhas, entrelaçados e interdependentes.

A **teoria geral de sistemas** é um instrumento de apoio para a análise e solução de problemas complexos, pois permite analisar questões dividindo-as em partes, sem perder a visão do todo e o relacionamento entre elas. O ecossistema pressupõe uma concepção maior de sistema, como um todo, mais abrangente filosófica e cientificamente.

Nos **sistemas organizacionais abertos**, existem permutas da organização com o meio ambiente externo. Essas permutas são dependentes e necessitam da influência ambiental externa, plenamente integrada e interagindo com o mundo, viabilizando sua existência e perenidade. Para ser considerada um sistema aberto, a organização precisa realizar ações transparentes de seus negócios ou atividades, em suas operações cotidianas de entradas, processamentos e saídas e respectivos relacionamentos. Nos **sistemas organizacionais fechados**, inexistem essas permutas, pois as organizações são insensíveis e indiferentes a qualquer influência ambiental, não se integrando ou interagindo com o mundo.

Toda organização, independentemente de seu tamanho, negócio ou atividade e meio de atuação, tem sua cultura, sua filosofia e suas políticas; estas podem ser definidas formalmente ou praticadas informalmente. A **cultura** pode ser entendida como padrões de comportamento, de crenças, conjunto de valores espirituais e materiais, grupo social de uma nação, esforço coletivo, civilização e saber intelectual. Esses valores são introduzidos na organização, fazendo parte de suas atividades cotidianas. A **filosofia** pode ser entendida como modo de pensar da organização, caracterizada pela intenção de ampliar a compreensão de uma realidade e totalidade, a maneira de pensar, a reunião de conhecimentos, o conjunto de doutrinas e sabedoria. Essas características também são introduzidas na organização, participando das ações e decisões dos gestores. Já as **políticas organizacionais** podem ser definidas como as regras e normas para a gestão, o conjunto de programas para um fim, princípios e doutrinas a serem seguidas. Todos esses conceitos, unidos ou isolados, que devem ser observados e respeitados, influenciam significativamente no planejamento estratégico, nos sistemas organizacionais e no modelo de gestão da organização. Os gestores que atuam nas organizações devem adaptar-se a essas questões e fazer o possível para melhorar os resultados que são dependentes ou estão relacionados à cultura, filosofia e políticas nas organizações.

O meio ambiente está intimamente relacionado com os sistemas organizacionais. Todas as organizações, para que possam funcionar plenamente, necessitam ser e estar envolvidas com o meio ambiente interno e o externo e com seus respectivos recursos. Nesse sentido, outras duas questões devem ser consideradas no planejamento estratégico: (1) as tecnologias e (2) as pessoas. A **abordagem sociotécnica** dos sistemas considera a tecnologia e a organização que devem ser ajustadas entre si até que se obtenha uma harmonização perfeita entre elas. A tecnologia é algo que se desenvolve predominantemente nas organizações por meio de conhecimentos acumulados e desenvolvidos (*know-how*) e pelas manifestações físicas decorrentes de complexas técnicas usadas para gerar produtos ou resultados. Todas as organizações necessitam de tecnologia para seu funcionamento (seja básica, seja sofisticada) para funcionar e alcançar seus objetivos. A tecnologia da informação e seus emergentes sistemas e recursos computacionais são exemplos relevantes de recursos inexoráveis para as organizações. Outro exemplo são os recursos humanos. As organizações estão procurando dar mais atenção ao ser humano – pois é ele que faz com que as suas engrenagens funcionem perfeita e harmonicamente –, buscando um relacionamento cooperativo e satisfatório para ambas as partes, com objetivos comuns.

Dentro das organizações, as pessoas formam grupos visando alcançar seus objetivos e atender a suas necessidades, estabelecendo, assim, um clima organizacional interno. É muito importante a conciliação dos interesses das pessoas com os da organização, para que ambos sejam bem-sucedidos. Nesse sentido, é relevante pensar em trabalho em equipe multidisciplinar, uníssona, conjunta no mesmo fim. Os indivíduos nas organizações têm repertórios diferentes, o que os leva a ter percepções também diferentes. Repertório é o conjunto de valores, conhecimentos, experiências, cultura, códigos de comunicação, habilidades, traços de personalidade de cada sujeito como resultado de sua formação e desenvolvimento. No planejamento estratégico, o perfil das pessoas deve ser definido para vir ao encontro de suas estratégias.

Algumas organizações, principalmente as de maior porte, apresentam **estrutura organizacional desmembrada em muitos níveis hierárquicos**; outras têm estrutura reduzida, em especial as de menor porte e as empresas individuais. Porém, convencionalmente, a **estrutura organizacional mais efetiva pode ser resumida em três níveis hierárquicos: (1) a alta administração; (2) o corpo gestor; e (3) o corpo técnico ou operacional.** Esses níveis hierárquicos convencionais independem do número de pessoas e de cargos na organização. Eventualmente, uma única pessoa pode assumir mais de **uma função em mais de um nível hierárquico na organização.** As organizações, de maneira geral, estão procurando atuar com uma estrutura organizacional mais dinâmica, com cada vez menos níveis hierárquicos e menor número de pessoas. Em consequência disso, tende a exigir maior envolvimento e melhor capacitação das pessoas que nela atuam.

A **alta administração** pode ser composta por cargos estratégicos como os de presidente e diretor, e por pessoas com poder de decisão como sócios, proprietários e acionistas. Os cargos correlatos dos governos (federal, estadual e municipal) podem ser: presidente da República; governador do estado; prefeito municipal; respectivos vices; e secretários. O **corpo gestor** pode ser composto por cargos gerenciais ou táticos como os de: gerente; chefe; encarregado; mestre; contramestre; coordenador; supervisor entre outros cargos correlatos, normalmente com subordinados. O **corpo técnico** ou operacional pode ser composto de cargos executores como os de: engenheiro; médico; analista; assistente; auxiliar; entre outros cargos correlatos, normalmente sem subordinados.

A estrutura organizacional pode ser representada por um organograma da organização, contendo cargos ou funções. Ela determina a estruturação de atividades e a divisão de trabalho, formaliza a hierarquia de poder, determina autoridade, define responsabilidade e outras formalidades.

Pode ser de estrutura linear, que se baseia no princípio da unidade de comando, na hierarquia, nas linhas formais de comunicação, na centralização das decisões e no seu aspecto nitidamente piramidal. Pode ser de estrutura funcional, que se baseia no princípio funcional, ou seja, no princípio da especialização, na autoridade funcional ou dividida, nas linhas diretas de comunicação e na descentralização das decisões. Pode ser de estrutura divisionada, que se baseia na divisão da organização em regiões diferenciadas, em serviços, produtos ou clientes diversificados. Pode ser de estrutura matricial, que se baseia na determinação de funções com objetivos específicos e delimitados no tempo, destinados principalmente para projetos que requerem a participação de especialistas. E ainda pode ser por meio de comissões, colegiados ou comitês multidisciplinares.

Uma combinação das múltiplas estruturas organizacionais também pode ser utilizada, maximizando as vantagens e reduzindo as desvantagens. Para tanto, é preciso distinguir os conceitos de cargo, função e profissão. A **profissão** está relacionada com a formação da pessoa, seja acadêmica, seja empírica. O **cargo** está relacionado ao nome formalmente definido pela organização e registrado em carteira de trabalho e crachá da pessoa, por exemplo, presidente, diretor comercial, gerente de produção, chefe de serviços, analista de sistemas sênior, engenheiro ambiental pleno, assistente financeiro júnior, auxiliar de produção III). A **função** está relacionada com a atividade que a pessoa efetivamente exerce na organização (por exemplo, presidência, diretoria comercial, gerência de produção, chefia de serviços, análise de sistemas, engenharia ambiental, assistência financeira; unidade de produção).

No projeto de planejamento estratégico, a estrutura da organização deve ser desenhada (diagramada) e analisada com avaliações em números, textos, tabelas descritivas, entre outras. O desenho da estrutura organizacional deve ser formalizado por meio de um organograma e deve contemplar os níveis hierárquicos convencionais (alta administração, corpo gestor e corpo técnico ou operacional). Como não importa o número de pessoas e de cargos na organização, o organograma pode ser descrito tanto com os cargos quanto com as funções.

Além do organograma, uma relação (lista) com os nomes dos cargos ou funções e o número de pessoas deve ser formalizada. Como opção, pode-se listar os cargos ou funções existentes e os necessários para alcançar os objetivos da organização. Também pode ser elaborada uma descrição das habilidades ou perfis dos profissionais necessários para a organização. O ideal é analisar todas as pessoas da organização. O perfil ou currículo dos sócios ou gestores também pode ser adicionado.

Eventualmente podem ser feitos ajustes no modelo de gestão (ver Seção 4.5) e nas atividades de inteligência da organização (ver Capítulo 2).

A análise para uma organização já estabelecida deve relatar a situação atual e proposta. Para uma organização a ser estabelecida, a análise deve relatar a situação proposta ou desejada. Também é relevante que seja feita análise dos competidores ou concorrentes. Quando estes são numerosos, podem ser selecionados os mais relevantes; quando não são identificados, os serviços ou produtos substitutos devem ser analisados. Tais análises pressupõem avaliação essencialmente em dois aspectos: positivo ou negativo; bom ou ruim; adequado ou inadequado; atende ou não atende; suficiente ou insuficiente; e outros termos correlatos.

4.7 Análise dos sistemas de informação e da tecnologia da informação da organização

Os sistemas de informação e a tecnologia da informação da organização são recursos fundamentais e inexoráveis para a agilidade, a efetividade, o êxito ou sucesso e a inteligência da organização. Mesmo para as pequenas organizações, esses recursos são indispensáveis, pois as relações com o meio ambiente externo requerem sua utilização. É muito difícil construir e utilizar sistemas de informação sem contar com o auxílio da tecnologia da informação.

Em muitas organizações, a unidade de tecnologia da informação muitas vezes tem dado excessiva atenção para as tecnologias aplicadas à informática, tais como *hardwares*, *softwares* e seus periféricos. Tais organizações se esquecem de sua principal finalidade e utilidade, que é o desenvolvimento e a melhoria dos sistemas de informação, para auxiliar a organização em seus negócios ou atividades e processos. A tecnologia da informação não deve ser trabalhada e estudada de forma isolada. Sempre é necessário envolver e discutir as questões conceituais dos negócios ou das atividades organizacionais, que não podem ser organizadas e resolvidas simplesmente com os computadores e seus recursos de *software*, por mais tecnologia que detenham.

Nessa visão de gestão da tecnologia da informação, as tecnologias (e seus recursos) devem ser compatíveis, modernas, econômicas, adequadas, úteis e padronizadas. Para a efetiva gestão da tecnologia da informação, é fundamental a análise de viabilidades (custos, benefícios mensuráveis e não mensuráveis, riscos e respectivos resultados), contemplando, ainda, as óticas da realidade econômica, financeira e político-social da organização com o estado da arte e o sucateamento das tecnologias disponíveis no mercado. Também devem ser consideradas as questões sociopolíticas do ambiente organizacional que podem aflorar em decorrência do impacto da tecnologia da informação implantada. O foco principal na análise desses extremos está na adequação à necessidade da organização.

Além da análise de custos, benefícios, riscos e viabilidades, ainda é necessário dar atenção para mais estas questões: respeitar a legislação vigente, evitando a pirataria; estabelecer um plano de contingência para atender a eventuais deficiências de funcionamento; focar a competitividade e a inteligência organizacional, e não a tecnologia propriamente dita; elaborar um plano de gestão da mudança decorrente da introdução ou da efetividade da tecnologia no contexto organizacional (Rezende, 2011).

4.7.1 Análise dos sistemas de informação da organização

Todo sistema, que manipula dados e gera informação, usando ou não recursos de tecnologia da informação, pode ser considerado um sistema de informação.

Os sistemas de informação podem assumir diversas formas convencionais, tais como: relatórios de controles (de sistemas ou de determinadas unidades departamentais) fornecidos e compartilhados internamente; relato de processos diversos para facilitar a gestão da organização; coleção de informações expressa em um meio de veiculação; conjunto de procedimentos e normas da organização, estabelecendo uma estrutura formal; e, por fim, conjunto de partes (quaisquer) que geram informações. Quando utilizam os recursos da tecnologia da informação, podem ser entendidos como um grupo de telas e de relatórios gerados pela tecnologia da informação da organização e seus recursos de *software*.

Os sistemas de informação, independentemente de seu nível ou classificação, objetivam auxiliar os processos decisórios nas organizações. O foco está direcionado ao negócio nas organizações privadas e às atividades principais nas organizações públicas.

As organizações podem beneficiar-se com os sistemas de informação na medida em que estas auxiliam a: controlar as operações; diminuir a carga de trabalho das pessoas; reduzir custos e desperdícios; aperfeiçoar a eficiência, a eficácia, a efetividade, a qualidade e a produtividade; aumentar a segurança das ações; diminuir os erros; contribuir para a produção de bens e serviços; prestar melhores serviços; agregar valores ao produto; suportar decisões profícuas; criar oportunidades de negócios ou atividades; e para aprimorar a inteligência organizacional.

Tais sistemas de informação podem constituir-se em instrumentos de solução de problemas na organização. Inúmeros fatores são importantes para a solução de problemas, e a conscientização desses fatores aumenta a capacidade do gestor de analisar apropriadamente o problema e tomar efetivas decisões. As informações sistematizadas podem representar diferenciais nas organizações e nas pessoas que pretendem destacar-se no mercado e na sociedade. A informação deve ser considerada como diferencial quando proporciona alternativas de retornos profícuos para a organização, sedimentando as atuais atividades ou criando novas oportunidades. As pessoas e as organizações que dispõem de informações sistematizadas e preferencialmente personalizadas e oportunas detêm diferenciais em suas atuações.

Os sistemas de informação podem ser classificados de diversas formas ou tipos. Essas classificações visam contribuir para as atividades de planejamento, desenvolvimento ou aquisição de soluções para as organizações. A classificação dos sistemas de informação segundo a abrangência da organização, está nos níveis: pessoal; grupal ou departamental; organizacional; e interorganizacional. Do ponto de vista do ciclo evolutivo, os sistemas de informação podem ser classificados em: manuais; mecanizados; informatizados; e automatizados. A partir do planejamento estratégico das necessidades de informação na organização, os sistemas de informação podem ser classificados segundo a entrada na organização em: desenvolvimento (interno ou externo); aquisição; e manutenção ou adaptação. Segundo o critério de suporte a decisões, a classificação dos sistemas de informação pode ser: operacional, gerencial e estratégico (Rezende, 2013; Rezende; Abreu, 2013).

Os **sistemas de informação operacionais** (SIO) também são chamados de *sistemas de apoio às operações organizacionais*, *sistemas de controle* ou *sistemas de processamento de transações*. Contemplam o processamento de operações e transações rotineiras, em seu detalhe, incluindo seus respectivos procedimentos. Controlam os dados detalhados das operações das funções organizacionais imprescindíveis ao funcionamento harmônico da organização, auxiliando a tomada de decisão do corpo técnico ou operacional das unidades departamentais por meio de informações detalhadas.

Os **sistemas de informação gerenciais** (SIG) são também chamados de s*istemas de apoio à gestão organizacional* ou *sistemas gerenciais* ou *management information systems*. Contemplam o processamento de grupos de dados das operações e transações operacionais, transformando-os em informações agrupadas para gestão. Trabalham com os dados agrupados (ou sintetizados) das operações das funções organizacionais, auxiliando a tomada de decisão do corpo gestor (nível médio ou gerencial) das unidades departamentais, em sinergia com as demais unidades.

Os **sistemas de informação estratégicos** (SIE) também chamados de *sistemas de informação executivos* ou *sistemas de suporte à decisão estratégica* ou *executive information systems*. Contemplam o processamento de grupos de dados das atividades operacionais e transações gerenciais, transformando-os em informações estratégicas. Trabalham com os dados no nível macro, filtrados das operações das funções organizacionais, considerando, ainda, os meios ambientes internos ou externos, visando auxiliar o processo de tomada de decisão da alta administração da organização.

Como um quarto tipo de sistema, surgem os **sistemas de conhecimentos**, que manipulam os conhecimentos das pessoas da organização. Esse tipo de sistema é considerado uma nova perspectiva em sistemas de informação.

No projeto de planejamento estratégico, os sistemas de informação da organização devem ser citados, descritos e analisados com avaliações em números, indicadores, valores, textos, tabelas, gráficos, diagramas, fluxos, entre outras. Essencialmente, os sistemas devem atender às funções organizacionais.

A descrição deve enfatizar o nome, a classificação (ou tipo) e os objetivos (ou finalidades) dos sistemas de informação, justificando por que os referidos sistemas são necessários para a organização. Também é relevante diagnosticar os eventuais problemas que os sistemas existentes apresentam para a organização. A ênfase dessa descrição está na adequação dos módulos das funções organizacionais e não nos *softwares* da organização. Assim, os sistemas de informação operacionais podem ser relacionados com os módulos ou subsistemas ou subfunções das funções organizacionais. E os sistemas de informação gerencial e estratégico podem ser relacionados com as funções organizacionais (ver Seções 1.4 e 4.1). Em última instância, vale analisar quanto esses sistemas contribuem para a inteligência da organização (ver Capítulo 2).

Por opção, os sistemas de conhecimentos *da* e *para* a organização também podem ser descritos e analisados.

A análise para uma organização já estabelecida deve relatar a situação atual e proposta. Para uma organização a ser estabelecida, a análise deve relatar a situação proposta ou desejada. Tais análises pressupõem avaliação essencialmente em dois aspectos: positivo ou negativo; bom ou ruim; adequado ou inadequado; atende ou não atende; suficiente ou insuficiente; e outros termos correlatos. Também é relevante que seja feita análise dos competidores ou concorrentes. Quando estes são numerosos, podem ser selecionados os mais relevantes; quando não são identificados, os serviços ou produtos substitutos devem ser analisados.

4.7.2 Análise da tecnologia da informação da organização

A tecnologia da informação, anteriormente chamada de *processamento de dados* ou *informática*, pode ser entendida como o conjunto de recursos computacionais usados para processar dados e gerar informações. Está fundamentada nos componentes: *hardwares* e seus dispositivos e periféricos; *softwares* e seus recursos; sistemas de telecomunicações; e gestão de dados e informações (Rezende; Abreu, 2013).

Os *hardwares* estão relacionados com os computadores e seus respectivos dispositivos e periféricos, tais como impressoras, terminais de vídeos, placas etc. Os *softwares* estão relacionados com os programas e seus respectivos recursos, tais como o *software* de base ou operacional, de redes, utilitários e de automação; pode também contemplar os aplicativos. Os sistemas de informação também são chamados de *software aplicativo*, pois são aplicados a uma atividade pública ou negócio privado.

Os sistemas de telecomunicações estão relacionados com os recursos de ligação entre os *hardwares* e os *softwares* da organização. Estão direcionados às telecomunicações ou transmissões de sinais por meio de dispositivos emissores e receptores, destacando recursos de internet.

A gestão de dados e informações compreende quatro atividades principais: (1) guarda de dados; (2) recuperação de dados; (3) controle de acesso aos recursos computacionais; e (4) níveis de acesso às informações ou navegabilidade dos sistemas de informação. Para as atividades da **guarda de dados**, utilizam-se comumente as cópias (ou *backup*), contemplando um número suficiente de volumes diários, semanais, mensais e anuais, encadeados e organizados de modo que permita sua fácil e efetiva recuperação. Devem ser guardados em locais distintos. A **recuperação de dados** considera as alternativas de recuperação das cópias ou guarda de dados. O **controle de acesso** pode ser elaborado por meio de senhas (*passwords*) específicas para cada usuário, as quais devem ser alteradas com certa regularidade. Os **níveis de acesso às informações** requerem organização de alçadas, restrições e responsabilidades pelo acesso que determinam onde e como cada usuário pode acessar informações específicas. Normalmente, o controle de acesso é elaborado pelo sistema operacional e os níveis de acesso são controlados pelos sistemas de informação.

Quando a tecnologia da informação (TI) ou a tecnologia da informação e comunicação (TIC) é aplicada na gestão pública (nas esferas do governo federal, estadual ou municipal), pode ser chamada de *governo eletrônico* (*e-gov*). Os sistemas de informação, os sistemas de conhecimentos e a tecnologia da informação podem contribuir com os controles e a gestão pública nas suas três esferas (federal, estadual ou municipal) como instrumentos que auxiliam os respectivos gestores na elaboração de objetivos, estratégias, decisões e ações federais, estaduais e municipais. Envolvem atividades de governo para governo ou, em especial, de governo para a sociedade ou cidadãos (e vice-versa), disponibilizando as respectivas informações em meios eletrônicos. A Constituição Federal (Brasil, 1988), em seu art. 218, descreve que o Estado promoverá e incentivará o desenvolvimento científico, a pesquisa e a capacitação tecnológica.

Nesse sentido, os projetos de governo eletrônico podem ser incluídos como uma das tecnologias na organização. Para implementação do governo eletrônico, são necessários planejamento participativo e envolvimento dos interessados. Também são necessários recursos de informática como: sistemas de telecomunicações, redes de computadores, *softwares* específicos relacionados com internet, bancos de dados e outros recursos tecnológicos. Os sistemas de informações podem ser expressos por meio de portais onde os cidadãos recebem e enviam informações que podem ser compartilhadas de formas oportunas e personalizadas. Essas tecnologias que envolvem mudanças culturais não podem ser consideradas produtos acabados, pois estão sempre em franco desenvolvimento participativo.

No projeto de planejamento estratégico, os componentes da tecnologia da informação da organização devem ser configurados, descritos e analisados com avaliações em números, indicadores, valores, textos, tabelas, gráficos, diagramas, fluxos, entre outras.

A descrição deve enfatizar o nome, as quantidades (ou configurações) e os objetivos (ou finalidades) dos componentes da tecnologia da informação, justificando por que os referidos recursos são necessários para a organização. Também é relevante diagnosticar os eventuais problemas que os sistemas existentes apresentam para a organização.

Considerando-se a necessidade de cada um dos sistemas de informação da organização que são definidos os componentes da tecnologia da informação (*hardwares*, *softwares*, sistemas de telecomunicações e gestão de dados e informações), em algumas organizações essa atividade é chamada de *mapeamento* ou *parque de tecnologia da informação*.

Quando a organização oferece distintos serviços ou produtos, é possível exigir diferentes configurações de sistemas de informação e de tecnologia da informação. Em última instância, cabe analisar quanto esses sistemas contribuem para a inteligência da organização (ver Capítulo 2).

A análise para uma organização já estabelecida deve relatar a situação atual e a proposta. Para uma organização a ser estabelecida, a análise deve relatar a situação proposta ou desejada. Tais análises pressupõem avaliação essencialmente em dois aspectos: positivo e negativo; bom e ruim; adequado e inadequado; atende ou não atende; suficiente ou insuficiente; e outros termos correlatos. Também é relevante que essa mesma análise seja feita dos competidores ou concorrentes. Quando existem muitos competidores ou concorrentes, podem ser selecionados os mais relevantes. Quando estes não são identificados, os serviços ou produtos substitutos devem ser analisados. Quando existem muitos competidores ou concorrentes, podem ser selecionados os mais relevantes. Quando os competidores ou concorrentes não são identificados, os serviços ou produtos substitutos devem ser analisados.

4.8 Análise das influências na organização

As organizações sofrem influências do meio ambiente externo por diferentes variáveis. Tais variáveis devem ser analisadas para se estimar o quanto elas influenciam na atividade pública ou negócio privado, nos serviços ou produtos e nos objetivos da organização. Essa análise complementa as demais análises necessárias para diagnosticar a organização e enfatiza os ambientes: legal ou de legislação; econômico; tecnológico e inovador; social; cultural; político; natural, e ecológico ou meio ambiente.

As variáveis dessas influências ambientais adicionais permitem que a organização identifique, entenda, verifique, conheça e reflita os contextos externos paralelos, identificando implicações, impactos, ascendências, predominâncias, poderes, tendências e outras questões favoráveis ou desfavoráveis. A escolha dessas influências, o nível de aprofundamento e o detalhamento de cada análise variam conforme a organização e de sua respectiva equipe do projeto.

Tal como nas análises anteriores, é relevante que nessas análises das influências na organização também sejam observados os competidores ou concorrentes, mesmo que selecionados os mais relevantes ou os serviços ou produtos substitutos disponíveis e futuros.

4.8.1 Análise do ambiente legal ou de legislação

O ambiente legal ou de legislação pode ser entendido como o espaço relacionado com as leis de órgãos governamentais ou não, com regras, normas e forças da sociedade e grupos de pressão que influenciam, afetam ou limitam as organizações e seu meio ambiente. Esse ambiente deve ser jurídico e formal, mas eventualmente pode se apresentar informalmente em determinadas ocasiões que envolvem organizações por um período de tempo. Está relacionado com as leis e suas relações humanas com as organizações.

A lei pode ser entendida como uma regra de direito ditada por uma autoridade competente e tornada obrigatória para manter, numa comunidade, a ordem e o desenvolvimento. É formalizada por meio de normas elaboradas e votadas pelo Poder Legislativo, tornando-se obrigação imposta pela sociedade e sua consciência. As literaturas da área do direito e suas jurisprudências são fontes competentes e legítimas para tais questões.

A Constituição da República Federativa do Brasil (Brasil, 1988) deve ser integralmente entendida e respeitada pelas organizações. A Carta Magna é o conjunto de normas (regras e princípios) supremos do ordenamento jurídico de nosso país. A Constituição limita o poder, organiza o Estado e define os direitos e as garantias fundamentais. Se fosse flexível, suas normas desempenhariam a mesma função, mas se encontrariam no nível hierárquico das normas legislativas.

Além da Constituição brasileira, outras inúmeras legislações devem ser cumpridas, incluindo a Consolidação das Leis do Trabalho, as convenções coletivas dos sindicados e outros órgãos regulamentados. Ainda, devem ser observadas as leis específicas de órgãos de classes profissionais (conselhos regionais), as pertinentes às organizações privadas (empresas individuais, limitadas, sociedades anônimas e seus contratos sociais), as peculiares de cada organização pública ou não governamental, dentre outras leis, decretos, normas e instrumentos correlatos vigentes.

As organizações públicas devem observar atentamente as influências e os impactos oriundos das legislações pertinentes do governo (nas esferas federal, estadual e municipal), das demais organizações públicas com as quais precisa manter relações, bem como das legislações que envolvem a sociedade civil organizada e também dos cidadãos.

Caso a organização privada se envolva com importação ou exportação, deve obedecer às leis vigentes dos países com os quais mantém transações.

Na análise do ambiente legal ou de legislação, as organizações devem considerar fatores legais e suas leis nacionais (e eventualmente internacionais) que podem influenciar, impedir ou impactar positiva ou negativamente a prestação de seus serviços, a produção e comercialização de seus produtos e a elaboração de seus projetos.

No projeto de planejamento estratégico, as leis, decretos, normas e instrumentos correlatos relacionadas com a atividade pública ou o negócio privado devem ser citadas, anexadas (ou arquivadas) e analisadas com avaliações em números, indicadores, valores, textos, tabelas, gráficos, diagramas, e relações internas ou externas à organização.

Embora inoportuno e ilegal, eventualmente a organização pode optar por não se envolver ou desconsiderar determinadas leis, decretos, normas e instrumentos correlatos por não entender como relevante sua participação ou relação nesse ambiente e não se preocupar com essas questões e suas implicações. Nesse caso, têm de arcar com as consequências. A ênfase está na análise de quais leis, decretos, normas e instrumentos correlatos a atual organização em análise ou a futura organização a ser estabelecida está disposta a se envolver e, como consequência, observar as influências dessas questões legais.

4.8.2 Análise do ambiente econômico

O ambiente econômico pode ser entendido como o conjunto de variáveis econômicas (micro ou macro) que afetam positiva ou negativamente as organizações, principalmente na oferta e na demanda de seus serviços ou produtos.

A economia pode ser entendida como a ciência da escassez, ou seja, a gestão dos recursos escassos disponíveis. A escassez (pouca abundância, falta, míngua, carência, privação) está diretamente relacionada com os problemas econômicos mundiais e locais. Nessa abordagem, é preciso fazer opções ou escolhas sobre o que, quanto, como e para quem produzir levando em conta as demandas humanas e os recursos produtivos escassos. Essas variáveis também influenciam as relações entre a concorrência, os preços e o consumo.

A escassez existe porque as necessidades humanas a serem satisfeitas por meio do consumo dos mais diversos tipos de bens (alimentos, roupas, apartamentos) e serviços (transporte, assistência médica, educação) são ilimitadas, ao passo que os recursos produtivos (máquinas, fábricas, terras agricultáveis, matéria-prima, insumos) à disposição da sociedade são insuficientes para produzir o volume de bens necessários para satisfazer às necessidades de todas as pessoas.

A economia é a ciência social que estuda como o indivíduo e a sociedade decidem utilizar recursos produtivos escassos, na produção de bens e serviços, de modo a distribuí-los entre várias pessoas e grupos da sociedade, com **a finalidade de satisfazer as necessidades humanas** (Vasconcellos, 2003). A economia estuda a maneira como se administram os recursos escassos, com o objetivo de produzir bens e serviços e distribuí-los para seu consumo entre os membros da sociedade. Para satisfazer às necessidades humanas, é indispensável a produção de bens e/ou serviços. Entretanto, para a realização da produção, é necessário que haja recursos, tais como: petróleo, minerais (ferro, cobre), madeira, terra, trabalho, capital, tecnologia. Esses recursos, por sua vez, são limitados, ou seja, escassos. Então a economia preocupa-se com a administração dos recursos escassos para atender às **necessidades ilimitadas** (Mankiw, 2001; Rossetti, 2002).

O estudo econômico é dividido em microeconomia e macroeconomia.

A **microeconomia** trata de situações específicas, tais como as equações de oferta e demanda de indivíduos, famílias, empresas; estuda diretamente o comportamento do consumidor e empresas e suas inter-relações. Com base nesse comportamento, a microeconomia tem como objetivo analisar como a produção e o preço são determinados em diversas estruturas de mercado e como eles são distribuídos. Preocupa-se com a determinação dos preços e quantidades em mercados específicos e locais (Mankiw, 2001; Rossetti, 2002).

A **macroeconomia** está voltada para o funcionamento da economia em seu conjunto, agregado. Seu objeto de análise está relacionado com o desempenho econômico do país e também suas relações internacionais. Tem como objetivo principal estudar a produção nacional, a composição da renda nacional, as funções da moeda e a determinação da taxa de juros, o comércio exterior e a ação do governo. As principais variáveis macroeconômicas figuram entre as principais manchetes dos jornais, são elas: Produto Interno Bruto de determinado período (PIB); taxa de desemprego de um país ou região (u); e taxa de inflação de determinado período (π).

Uma vez que os problemas da economia se revelam na interação de muitas famílias e de muitas empresas, a macroeconomia precisa estar fundamentada na microeconomia. Essas abordagens devem ser estudadas conjuntamente com vistas ao delineamento de uma política econômica e à resolução de questões como a inflação e desemprego a curto prazo (enfoque conjuntural) (Mankiw, 2001; Rossetti, 2002).

O ambiente econômico discute também as estruturas de mercado, a formação de preços e a demanda e a oferta. A **demanda** é a quantidade de determinado bem ou serviço que os consumidores desejam adquirir em determinado período. É um desejo, um plano, uma relação que mostra o comportamento do consumidor com relação às quantidades de um bem ou serviço que ele está disposto a adquirir a diferentes preços de mercado. Já a **oferta** é a quantidade de determinado bem ou serviço que os produtores e vendedores desejam vender em determinado período. Descreve o comportamento dos vendedores (produtores), mostrando o quanto estariam dispostos a vender por determinado preço. O **preço** em uma economia de mercado é determinado tanto pela oferta quanto pela procura (ou demanda).

O ponto onde a curva de oferta e a de demanda se interceptam é o **ponto de equilíbrio do mercado**, o qual fornece o preço e a quantidade de equilíbrio. Nesse sentido, não há pressão sobre a variável preço (Mankiw, 2001; Rossetti, 2002; Vasconcellos, 2003).

Na análise do ambiente econômico, as organizações devem considerar os múltiplos e diferenciados fatores econômicos e financeiros que podem influenciar ou impactar positiva ou negativamente a prestação de seus serviços, a produção e a comercialização de seus produtos e a elaboração de seus projetos. As premissas da lei da oferta e demanda devem ser consideradas nessa análise, e as legislações pertinentes, também devem ser atendidas.

No projeto de planejamento estratégico, os múltiplos e diferenciados fatores microeconômicos e macroeconômicos relacionados direta e indiretamente com a organização devem ser citados, descritos e analisados com avaliações em números, indicadores, valores, textos, tabelas, gráficos, diagramas, entre outras.

Não é possível a organização optar por não se envolver com a economia. A ênfase está na análise das relações microeconômicas e macroeconômicas com a organização em análise ou a futura organização a ser estabelecida.

4.8.3 Análise da demografia

A demografia pode ser entendida como o estudo estatístico das populações, no qual se descrevem as características de uma coletividade, sua natalidade, migrações, mortalidade etc. (Ferreira, 1999). É uma área da ciência geográfica que estuda a dinâmica populacional humana que envolve estudos referentes à população humana por meio de estatísticas, dimensões, estrutura e distribuição. Seus números são dinâmicos, pois variam de acordo com a natalidade, mortalidade e migrações das pessoas nos locais originalmente habitados em determinadas sociedades.

O número de cidadãos, clientes ou *prospects* tem influência direta no número de serviços ou produtos ofertados pela organização. A demografia dos locais de atuação da organização também pode estar relacionada com o ambiente econômico. O segmento demográfico pode dizer respeito a tamanho, idade, estrutura, densidade, distribuição geográfica, sexo, raça, ocupação, composto étnico e distribuição de renda de uma população.

Na análise do ambiente demográfico das organizações, devem-se considerar os múltiplos e diferenciados fatores econômicos e financeiros que podem influenciar ou impactar positiva ou negativamente a prestação de seus serviços, a produção e a comercialização de seus produtos e a elaboração de seus projetos. Devem-se levar em conta também as análises demográficas dos locais de atuação da organização. As premissas da lei da oferta e demanda devem ser consideradas nessa análise. E as legislações pertinentes também devem ser atendidas.

No projeto de planejamento estratégico, os números demográficos de cidadãos, clientes ou *prospects* relacionados direta e indiretamente com a organização devem ser citados, descritos e analisados com avaliações em números, indicadores, valores, textos, tabelas, gráficos, diagramas, entre outras.

Recomenda-se acessar as informações e indicadores do Instituto Brasileiro de Geografia e Estatística (IBGE) e ver as Seções 4.4.1 e 5.1.4.

A literatura de geografia e antropologia pertinente diferencia as demografias descritiva, pura, econômica e social. A descritiva trata do volume, da distribuição geográfica e das características gerais das populações humanas por meio da estatística de população ou estatística demográfica. A demografia pura ou teórica trata da inter-relação quantitativa dos fenômenos demográficos, não considerando a associação destes a fenômenos sociais, econômicos e outros, nem a descrição primária e a especulação geral. Certos autores restringem o uso do termo *demografia* a esse ramo do assunto. Ainda, há distinção entre a demografia quantitativa e a qualitativa; nesta, os estudos atribuem características pertinentes à qualidade, e não à quantidade da população. A demografia econômica e a social estudam os fenômenos econômicos e os sociais, respectivamente.

4.8.4 Análise do ambiente tecnológico e inovador

O ambiente tecnológico e inovador pode ser entendido como o conjunto de variáveis tecnológicas e todas as formas de inovação com que se podem impactar positiva ou negativamente as organizações. Também está relacionado com os diferenciais tecnológicos dos serviços ou produtos da organização em relação ao meio ambiente externo, principalmente à concorrência.

Esse ambiente refere-se também às atividades de pesquisa e desenvolvimento de tecnologias e inovações em projetos, produtos, serviços e tecnologias que atendem às demandas futuras do mercado.

A tecnologia pode ser entendida como um conjunto de conhecimentos ou princípios científicos aplicados em atividades, processos e produtos. Requer pessoas, ciência, métodos e instrumentos ou ferramentas tecnológicas. São inúmeras as formas de tecnologias disponíveis.

A inovação pode ser entendida como fazer diferente com valor agregado, sem ser necessariamente novo. Difere de invenção (proposta inédita). Envolve as abordagens tecnológica e humana. O processo inovador pode contemplar as fases: reconhecimento de problemas ou necessidades; pesquisas e atividades de desenvolvimento; análises; disseminação; e adoção (ver Seção 1.8).

Na análise do ambiente tecnológico e inovador, as organizações devem considerar tecnologias e inovações já disponíveis ou em desenvolvimento por outras organizações ou instituições de pesquisa, ciência e desenvolvimento. Essas tecnologias ou inovações podem influenciar positiva ou negativamente a prestação dos serviços, a produção e a comercialização dos produtos e a elaboração dos projetos. As legislações pertinentes devem ser atendidas.

No projeto de planejamento estratégico, as tecnologias e inovações da organização e do meio ambiente externo devem ser citadas, descritas e analisadas com avaliações em números, indicadores, valores, textos, tabelas, gráficos, diagramas, entre outras

Não é aconselhável a organização optar por não se envolver com o ambiente tecnológico e inovador que a cerca, pois, direta ou indiretamente, ela é influenciada por esse ambiente. É possível que os competidores ou concorrentes estejam muito envolvidos com as tecnologias e inovações disponíveis no mercado. A ênfase está na análise das relações das tecnologias e inovações com a organização em estudo ou a futura organização a ser estabelecida.

4.8.5 Análise do ambiente social

O ambiente social pode ser entendido como o espaço compartilhado em uma área estabelecida e relacionado com determinada cultura ou sociedade e seus atores. Pode ser caracterizado como o conjunto constituído de relações sociais de interação entre organizações, seres humanos e natureza. Considera a condição de vida dos indivíduos, dos grupos e da comunidade na sociedade, incluindo os fatores do comportamento. Nesse ambiente, as pessoas podem conhecer, aprender e compartilhar ações relacionadas com as organizações, fortalecendo vínculos e interesses.

A **sociedade** pode ser entendida como o conjunto de pessoas que compartilham ideias, propósitos, gostos, preocupações e costumes, e que interagem constituindo uma comunidade, associação ou agrupamento. A sociedade é o objeto de estudo das ciências sociais, especialmente da sociologia.

A **responsabilidade social** pode ser entendida como ações coletivas e participativas elaboradas pelas organizações que beneficiam a sociedade ou determinada coletividade por meio de programas que envolvem os cidadãos e sua melhoria da qualidade de vida. É uma iniciativa espontânea e voluntária das organizações para contribuir na sociedade e no seu meio ambiente. Esses programas podem ser voltados para atividades que abrangem e contribuem com questões municipais relacionadas a saúde, educação, meio ambiente, esporte, lazer, transporte, moradia, economia dentre outras. Pode ser um projeto de corresponsabilidade de parceria entre as organizações privadas, organizações públicas e governo (federal, estadual ou municipal). Tais projetos também contemplam atividades de caridade, beneficência, filantropia e correlatas.

Na análise do ambiente social, as organizações devem considerar fatores sociais e determinados comportamentos da sociedade que podem influenciar ou impactar positiva ou negativamente a prestação de seus serviços, a produção e a comercialização de seus produtos e a elaboração de seus projetos. As legislações pertinentes devem ser atendidas.

No projeto de planejamento estratégico, os projetos sociais e de responsabilidade social da organização devem ser citados, descritos e analisados com avaliações em números, indicadores, valores, textos, tabelas, gráficos, diagramas, entre outras.

Eventualmente, a organização pode optar por não se envolver com ambientes ou projetos sociais por não considerar relevante sua participação nesse ambiente e não se preocupar com esse aspecto de visibilidade organizacional. A ênfase está na análise de como e de quanto a atual organização em análise ou a futura organização a ser estabelecida está disposta a se envolver com essas questões e, como consequência, observar as influências desses fatores sociais.

4.8.6 **Análise do ambiente cultural**

O ambiente cultural pode ser entendido como o conjunto de valores dos cidadãos de uma comunidade ou de uma localidade. Esse ambiente pode ser constituído de forças de estruturas sociais estabelecidas que afetam normas, princípios ou padrões sociais aceitos ou mantidos por indivíduos, classes ou sociedades. Com seus valores, qualificações, costumes, preferências, percepções e comportamentos, pode influenciar as organizações.

A **cultura** pode ser entendida como padrões de comportamento, de crenças, conjunto de valores espirituais e materiais de um grupo social de uma nação; esforço coletivo; civilização; e saber intelectual. Esses valores podem ser introduzidos na organização e fazer parte de suas atividades cotidianas. A cultura leva em conta também a ciência da antropologia, que a entende como a totalidade de padrões aprendidos e desenvolvidos pelo ser humano, os quais têm potencial de mudar a maneira que os homens têm de encarar o mundo tanto por contingências ambientais quanto por transformações da consciência social.

A **filosofia** de uma comunidade ou sociedade também pode fazer parte do ambiente cultural. A filosofia pode ser entendida como o modo de pensar de uma comunidade e se caracteriza pela intenção de ampliar a compreensão de uma realidade e totalidade, pela reunião de conhecimentos e pelo conjunto de doutrinas e sabedoria das pessoas. Essas características também podem ser introduzidas na organização e fazer parte das ações e decisões dos gestores da organização.

As crenças, os códigos de conduta, os valores e os padrões de uma comunidade podem regular as ações humanas individuais ou coletivas, isoladas ou unidas, fortalecendo grupos de interesse no desenvolvimento de uma sociedade. Muitas dessas questões são passadas de pai para filho e reforçadas por escolas, igrejas, governos, produtos artísticos (música, cinema, teatro), costumes e outras forças culturais da sociedade civil, incluindo as organizações, que podem influenciar ou ser influenciadas nesse contexto.

Na análise do ambiente cultural, as organizações devem considerar fatores culturais e determinados comportamentos da sociedade a serem observados, respeitados ou adaptados, pois estes podem influenciar ou impactar positiva ou negativamente a prestação de seus serviços, a produção e a comercialização de seus produtos e a elaboração de seus projetos. As legislações pertinentes devem ser atendidas.

No projeto de planejamento estratégico, os projetos culturais devem ser citados, descritos e analisados com avaliações em números, indicadores, valores, textos, tabelas, gráficos, diagramas, entre outras.

Eventualmente, a organização pode optar por não se envolver com ambientes ou projetos culturais por não considerar relevante sua participação nesse ambiente e não se preocupar com esse aspecto de visibilidade organizacional. A ênfase está na análise de como e de quanto a atual organização em análise ou a futura organização a ser estabelecida está disposta a se envolver com essas questões e, como consequência, observar as influências desses fatores culturais.

4.8.7 Análise do ambiente político

O ambiente político pode ser entendido como o espaço relacionado com as regras e forças da sociedade e de grupos de pressão que influenciam, afetam ou limitam as organizações e seu meio ambiente. Pode ou não ter conotação de política partidária, pois muitos atores sociais ou integrantes da sociedade civil organizada não têm vínculo com partidos políticos legalmente constituídos. Está relacionado com as habilidades no trato das relações humanas para alcance de resultados desejados.

Esse ambiente está também relacionado com: conceitos de políticas organizacionais; política na concepção da palavra; partidos políticos; políticos; e poderes nacionais.

As **políticas organizacionais** podem ser entendidas como regras e normas para gestão de organizações ou, ainda, como conjunto de programas para um fim, princípios e doutrinas a serem seguidas. Em sua essência, a palavra ***política*** indica todos os procedimentos relativos à pólis ou cidade-Estado. Por extensão, pode significar tanto Estado quanto sociedade, comunidade, coletividade e outras definições referentes à vida urbana e rural. **Partido político** é um grupo organizado formal e legalmente, com base em formas voluntárias de participação, em uma associação orientada para influenciar ou ocupar o poder político. Por sua vez, **político** pode ser entendido como um indivíduo ativo na política de um grupo social. Pode ser formalmente reconhecido como membro ativo de um governo, ou uma pessoa que influencia a maneira como a sociedade é governada por meio de conhecimentos sobre poder político e dinâmica de grupo. Essa definição inclui pessoas que estão em cargos de decisão no governo e pessoas que almejam esses cargos tanto por eleição como por indicação, fraude eleitoral, hereditariedade etc. Já os **poderes nacionais** são o Executivo, o Judiciário e o Legislativo. Todas essas abordagens apresentam leis específicas, órgãos governamentais e suplementares e respectivas forças por meio de seus grupos de pressões políticas relacionadas com as organizações.

Também fazem parte do ambiente político os conselhos regionais profissionais (órgãos de classe), os sindicatos, os grupos sociais constituídos formal ou informalmente (regionais, familiares, religiosos, étnicos, ideológicos, militares, caridosos, econômicos, cooperados, redes, associações, profissionais liberais, movimentos populares) e outras comunidades da sociedade civil organizada, cada um deles com seus interesses e suas pressões distintas.

Na análise do ambiente político, as organizações devem considerar fatores políticos ou forças políticas da sociedade que podem influenciar, melhorar ou impactar positiva ou negativamente a prestação de seus serviços, a produção e comercialização de seus produtos e a elaboração de seus projetos. As legislações pertinentes devem ser atendidas.

No projeto de planejamento estratégico, os projetos políticos e as decisões políticas da organização devem ser citados, descritos e analisados com avaliações em números, indicadores, valores, textos, tabelas, gráficos, diagramas, entre outras.

Eventualmente, a organização pode optar por não se envolver com ambientes ou projetos políticos, por não considerar relevante sua participação nesse ambiente e não se preocupar com esse aspecto de visibilidade organizacional. A ênfase está na análise de como e de quanto a atual organização em análise ou a futura organização a ser estabelecida está disposta a se envolver com essas questões e, como consequência, observar as influências desses fatores políticos.

4.8.8 Análise do ambiente natural, ecológico ou meio ambiente

O ambiente natural, ecológico ou meio ambiente pode ser entendido como conjunto de variáveis relacionadas com a vida humana, vegetal e animal, incluindo solo, água, ar, energia e toda a natureza. A natureza envolve todo o ambiente existente que não teve intervenção antrópica (derivados de atividades humanas). Esse ambiente está relacionado com o ecossistema mundial, que também afeta as organizações.

A ecologia pode ser entendida como a parte da biologia que estuda as relações entre os seres vivos e o meio ambiente em que vivem. Ela estuda a estrutura e o desenvolvimento das comunidades humanas em suas relações com o meio ambiente e respectiva adaptação ao mesmo. Discute também a distribuição, a escassez e a abundância dos seres vivos no planeta.

O meio ambiente pode ser entendido como o conjunto de forças e condições que cercam e influenciam os seres vivos e as coisas em geral e como os recursos naturais que podem fornecer os insumos ou a matéria-prima para a sobrevivência dos seres vivos. Pode relacionar-se com várias tendências, tais como: aquecimento global; problemas climáticos ou meteorológicos; escassez de recursos naturais e de matérias-primas para a vida humana e para as organizações; poluição e outras formas de lixo químico e nuclear; intervenção do governo e das organizações no meio natural ou ambiental.

Os projetos ambientais podem ser entendidos como atividades formais que elaboram empreendimentos relacionados com questões ambientais visando obter soluções para as organizações ou para a sociedade civil organizada.

Na análise do ambiente natural, ecológico ou meio ambiente as organizações devem considerar fatores e projetos ambientais e suas respectivas legislações que podem influenciar ou impactar positiva ou negativamente a prestação de seus serviços, a produção e comercialização de seus produtos e a elaboração de seus projetos. As premissas da sustentabilidade ambiental devem ser consideradas nesta análise.

No projeto de planejamento estratégico, os projetos ambientais da organização devem ser citados, descritos e analisados com avaliações em números, indicadores, valores, textos, tabelas, gráficos, diagramas, entre outras.

Eventualmente a organização pode optar por não se envolver com ambientes naturais, ecológicos ou projetos ambientais por não considerar relevante sua participação nesse ambiente e não se preocupar com esse aspecto de visibilidade organizacional. A ênfase está na análise de como e de quanto a atual organização em análise ou a futura organização a ser estabelecida está disposta a se envolver com essas questões ou projetos e como consequência, observar as influências desses fatores naturais, ecológicos ou ambientais.

4.9 Análises complementares

Outras análises podem ser elaboradas para sedimentar o projeto de planejamento estratégico. Estas servem principalmente para que a organização faça uma reflexão para verificar se não se esqueceu de elaborar alguma análise que possa influenciar nas decisões de seus gestores.

As análises complementares podem utilizar diferentes técnicas ou distintos recursos da tecnologia da informação, próprios ou de terceiros. Dentre tantas, pode-se citar a matriz BCG (formada pelos quadrantes interrogação, estrela, vaca leiteira e abacaxi), a *PESTLE Analysis* (*political, economic; social; technological; legal; environmental*); a *Marketing Mix Analysis* (*product; place; price; promotion*) e a *Own Analysis*.

Cada organização e cada projeto tem características singulares. Por essa razão, deve ser refletido com a equipe do projeto e com os demais envolvidos se ainda outras análises são requeridas para a elaboração e para a conclusão efetiva do planejamento estratégico da organização. Os detalhes das análises elaboradas devem ser uma das bases da formalização das estratégias da organização.

É importante lembrarmos que, em todas as subfases da fase análises organizacionais, o competidor ou concorrente deve ser citado e avaliado detalhadamente. Quando existem muitos competidores ou concorrentes, podem ser selecionados os mais relevantes. Quando os competidores ou concorrentes não são identificados, os serviços ou produtos substitutos devem ser analisados.

Ainda, reiteramos o cuidado para não generalizar as análises focadas na atividade pública ou no negócio privado que podem distorcer detalhes quando a organização oferece distintos serviços ou produtos. Devem-se levar em consideração a elaboração das análises por serviços ou produtos separadamente, ou seja, as análises devem ser direcionadas para os serviços ou produtos da organização, e não para a atividade pública ou o negócio privado.

Capítulo 5

Diretrizes organizacionais

AS DIRETRIZES organizacionais também são chamadas de *diretrizes estratégicas, diretrizes do meio ambiente, diretrizes do negócio.*

Como expusemos nos capítulos anteriores, o projeto de planejamento estratégico para organizações públicas ou privadas pode ser iniciado pela elaboração tanto das diretrizes organizacionais como das análises organizacionais. Recomenda-se iniciar pelas diretrizes organizacionais quando se deseja um novo empreendimento, seja atividade pública, seja negócio privado. Recomenda-se iniciar pelas análises organizacionais quando a organização já está estabelecida. No entanto, essas fases podem ser elaboradas concomitantemente e ainda, como opção, por diferentes equipes integradas.

Da mesma forma que nas análises organizacionais, para organizações já estabelecidas ou constituídas juridicamente, todas as subfases das diretrizes organizacionais podem ser elaboradas, por opção, em duas formas: (1) atual (situação existente) e (2) futura (situação proposta e desejada ou condição potencial da organização). O futuro está mais direcionado para os cenários estratégicos que podem estar fundamentados na atitude, no pensamento estratégico e na inteligência da organização. Para organizações que serão criadas, obviamente não existe situação atual, mas proposta, porém, considerando-se os conceitos de inteligência organizacional.

O processo de se estabelecer formalmente a fase "diretrizes organizacionais" também pode obedecer a diversas metodologias e a diferentes técnicas. A referida fase pode ser desmembrada em subfases. Dentre essas subfases, destacam-se duas como fundamentais: (1) a formalização dos serviços ou produtos da atividade pública ou do negócio privado, e (2) a formalização dos objetivos da organização.

5.1 Atividade pública ou negócio privado

A palavra *atividade* está mais direcionada para as organizações públicas; inclusive, alguns autores preferem chamar a atividade pública de *vocação pública*. Já a palavra *negócio* está mais direcionada para as organizações privadas.

A atividade pública ou negócio privado é decomposta em outros componentes: atividade pública ou negócio privado convencional; atividade pública ou negócio privado ampliado; serviços ou produtos; cidadãos ou mercado-alvo; e local de atuação.

Os componentes da atividade pública ou negócio privado, bem como as demais subfases das diretrizes organizacionais devem ser entendidos, incorporados e vivenciados por todos na organização, ou seja, não basta descrever os referidos componentes.

Dessa forma, podem também propiciar inúmeros benefícios para as organizações e para as pessoas envolvidas, destacando: satisfação ou auscultação dos cidadãos ou clientes, consumidores e mercado-alvo;

ampliação da qualidade de vida da sociedade; valorização e capacitação das pessoas; fortalecimento dos diferenciais da organização; clima organizacional positivo; melhoria da divulgação das informações ou do *marketing*; orientação para investimentos planejados; adequação da migração de valores ou serviços ou produtos; identificação e acompanhamento dos competidores ou concorrentes; conquista de mercados; participação na sociedade; enfraquecimento da miopia estratégica; aceitação do pensamento estratégico organizacional; perspectivas de crescimento, contrapartidas financeiras e contribuições para a inteligência da organização.

5.1.1 Atividade pública ou negócio privado convencional

A atividade é a atuação principal e diferenciada da organização pública. Ela define, valida ou revisa os serviços das organizações públicas. Deve resultar em ganhos sociais, ou seja, avanços para a sociedade civil organizada e melhoria da qualidade de vida dos cidadãos, preferencialmente focados na realidade construtiva e positiva.

O negócio é a atuação principal e diferenciada da organização privada. Também pode ser conceituado como o ramo de atividade ou objeto social e jurídico da organização ou segmento em que a organização atua.

No projeto de planejamento estratégico, a atividade pública ou negócio privado convencional da organização deve ser descrito por meio de palavras ou de uma frase curta. Como exemplos de atividade pública convencional, podem ser citados: saúde pública; educação municipal; segurança federal; transporte público; serviços urbanos; serviços jurisdicionais; saneamento; energia elétrica entre outros.

O negócio privado convencional também pode ser descrito por meio de palavras ou uma frase curta, como por exemplo: indústria de sabão; comércio de vestuário; restaurante; obras civis; projetos ambientais; salão de beleza; escritório de direito; consultoria em informática; assessoria em administração; entre outros.

A determinação da atividade pública ou do negócio e seus respectivos complementos, por opção, podem ser separados em fases ou anos que a organização pretende atuar. Por exemplo, nos primeiros dois anos atuar de uma forma e nos demais anos agregar outros serviços ou produtos, e até mesmo outras atividades ou negócios.

5.1.2 Atividade pública ou negócio privado ampliado

A atividade pública ou negócio privado ampliado é o entendimento do principal benefício esperado pelo cidadão ou pelo cliente e mercado-alvo da organização. Está relacionado com a atitude, o pensamento estratégico e a inteligência da organização. Também pode ser chamado de *valor percebido pelo cidadão ou cliente*.

O termo *ampliado* indica que a organização destaca seus serviços ou produtos e atua de forma diferenciada, ou seja, que sua atividade pública ou negócio privado ultrapassa o limite do convencional ou trivial.

Nem sempre na primeira versão do projeto se tem claramente essa amplitude, mas nesse momento, os conceitos, preceitos e modelos de inteligência organizacional, nacionais e principalmente internacionais, devem ser pesquisados, entendidos, discutidos, adotados e disseminados na organização (ver Capítulo 2).

No projeto de planejamento estratégico, a atividade pública ou negócio privado ampliado da organização e seus detalhamentos podem ser descritos por meio de palavras ou de uma frase. Os exemplos de atividade pública ampliada são restritos, tendo em vista sua submissão ou subordinação à legislação pertinente que rege a respectiva atividade pública da referida organização como: regimentos, regulamentos, estatutos, atos normativos entre outros documentos públicos). Tal legislação pode restringir a formalização da atividade pública ampliada.

Porém, esses exemplos restritos podem ser citados: superior qualidade de vida aos cidadãos; participação efetiva da sociedade; preservação dos direitos do povo; proteção dos filiados; cuidados com pessoas.

O negócio privado ampliado também pode ser descrito por meio de palavras ou de uma frase, como por exemplo: de motocicleta para estilo de vida; de tênis para atitude; de perfume para beleza; de indústria têxtil para moda; de indústria de alimentos para saúde; de exames clínicos laboratoriais para saúde integral; de clínica médica para promoção da saúde e qualidade de vida; de jornal ou revista para informação; de informática para soluções empresariais; de padaria para confeitaria; de salão de beleza para convivência; de ginástica para esportes ou saúde; de oficina mecânica para soluções automotivas; de ensino para conhecimento ou educação integral; de construtora para empreendimentos; de eletrodomésticos para financeira; de produtos para soluções; de rádio para *web*; de contabilidade para informações para gestão contábil; dentre outros.

Para evitar a **miopia estratégica** ou a migração de valor dos serviços ou produtos da organização, a percepção da atividade pública ou do negócio privado deve ser ampliada. A miopia estratégica pode acontecer quando a organização passa a crer que a definição de sua atividade pública ou negócio privado é simplesmente o serviço ou produto, e não os benefícios oferecidos aos cidadãos, clientes ou consumidores. O foco está na satisfação dos cidadãos, clientes ou consumidores, e não no processo de elaboração ou no resultado final dos serviços ou produtos oferecidos pela organização. Estes podem ter um tempo de vida muito mais curto do que o das necessidades e desejos das pessoas, que podem ser bastante duradouros. É importante observar que cidadãos, clientes ou consumidores sempre existirão, mas nem sempre os serviços ou produtos da organização serão adequados.

A migração de valor pode acontecer quando o benefício de serviços ou produtos vai se tornando obsoleto, fazendo com que do competidor ou concorrente fique mais adequado às necessidades e desejos dos cidadãos, clientes ou consumidores. Ocorre também quando simplesmente os cidadãos, clientes ou consumidores não têm mais interesse pelos serviços ou produtos oferecidos pela organização, principalmente motivados pela migração de interesses pessoais ou coletivos.

Complementando a descrição referente à ampliação da atividade pública ou negócio privado, uma defesa e um posicionamento estratégico podem ser elaborados. A **defesa** da atividade pública ou do negócio privado pode fortalecer os argumentos de sua abertura ou revitalização entre os interessados. Dessa maneira, a caracterização da oportunidade de atividade ou negócio pode ser formalizada, destacando-se as razões positivas e a motivação de sua abertura ou revitalização. O **posicionamento estratégico** da atividade pública ou do negócio privado pode diferenciar e fortalecer a organização perante seus competidores ou concorrentes por meio de seus cenários estratégicos e respectivas estratégias (ver Seções 6.1 e 6.2).

Além da descrição da atividade pública ou negócio privado ampliado, podem ser definidos ou revistos: o *slogan*; a marca; e as competências organizacionais ou essenciais.

O *slogan* é uma frase convincente para facilitar a memorização de uma organização, de uma marca, de um serviço ou produto. O objetivo é propagar opiniões em contexto comercial, público, político ou religioso como uma expressão repetitiva de uma ideia ou propósito. Como exemplos parciais, podem ser citados: "cerveja X é a número 9"; "unidos para vencer"; "com Y, você obtém sucesso"; "W é o máximo"; "o que é Z é diferente"; "somos X porque somos Y"; "diferente todo dia"; "o B que acredita nas pessoas"; "a O para você"; "a C que queremos"; "inspirar vidas"; entre outros.

A **marca** é um sinal distintivo, visualmente perceptível, que identifica e distingue produtos ou serviços de outros, idênticos, semelhantes ou afins. Para obter seu o registro, é necessário apresentar o pedido ao Instituto Nacional da Propriedade Industrial (INPI – autarquia federal) que o examina com base nas normas legais estabelecidas pela Lei da Propriedade Industrial e nos atos de resoluções legais. Um grande número das marcas registradas está relacionado com o nome fantasia das organizações.

Por opção, as competências organizacionais essenciais podem ser descritas para se reforçar a definição ou revitalização da atividade pública ou negócio privado. As competências organizacionais podem ser entendidas como as competências coletivas da organização que contribuem decisivamente para sua diferenciação e sua sobrevivência. Tais competências também estão relacionadas com os recursos internos relevantes que possam ser disseminados no interior da organização e que os competidores ou **concorrentes tenham dificuldade de copiar ou fazer semelhante**. As competências organizacionais podem fazer parte das competências essenciais da organização (*core competence*) e também com a capacidade necessária ou os fatores críticos de sucesso da organização (ver Seção 4.3), e com o mapeamento ambiental da organização (ver Seção 4.2).

Para Prahalad e Hamel (1995), as competências essenciais são combinações de ativos tangíveis e intangíveis, representados por tecnologias aplicadas, habilidades e processos negociais, desenvolvidos e aprendidos pela organização ao longo do tempo em suas práticas negociais, e que proveem a base para as vantagens competitivas e desenvolvimento futuro da organização. Os mesmos autores definem, ainda, a competência essencial como o conjunto de habilidades e tecnologias que permite à organização oferecer determinados benefícios com contribuições para o valor percebido pelos cidadãos, clientes ou consumidores, destacando-se competitivamente única ou substancialmente superior nos atuais ou nos novos serviços ou produtos.

Conforme Collins e Montgomery (1995), as competências organizacionais ou essenciais contemplam determinados itens que devem ser valorizados pelos cidadãos ou clientes: originalidade; durabilidade; adequabilidade; sustentabilidade; e superioridade competitiva. No quesito **originalidade**, os serviços ou produtos devem ser difíceis de copiar ou pelo menos exigir que os competidores ou concorrentes demorem para copiar ou criar substitutos. A **durabilidade** refere-se ao valor de continuidade da competência ou recurso, em especial, quanto os serviços ou produtos estão com tecnologias duradouras. A **adequabilidade** determina quem captura o valor criado pela competência ou recurso único, ou seja, o êxito ou o lucro está adequado e retorna efetivamente para a organização ou para outros? A **sustentabilidade** avalia se a competência ou o recurso essencial pode ser derrubado por serviço ou produto substituto. A **superioridade competitiva** questiona se a competência ou o recurso essencial é verdadeiramente superior ao dos competidores ou concorrentes, ou seja, estima a força ou diferencial da organização com relação ao melhor de seus rivais.

De acordo com Luecke (2005), uma competência essencial é um fundamento em potencial para qualquer estratégia nova ou revisada referindo-se à *expertise* ou às habilidades de uma organização em áreas-chave que produzem diretamente um desempenho superior. Determina no que a organização é diferenciada ou melhor que as outras e principalmente, no valor disso para os cidadãos ou clientes.

A definição ou revisão do *slogan*, da marca e das competências organizacionais ou essenciais da organização são opcionais. Contudo, indubitavelmente é necessária a formalização da atividade pública ou negócio privado convencional e ampliado, dos serviços ou produtos, dos cidadãos ou mercado-alvo e do local de atuação. Esses cinco itens compõem a subfase atividade pública ou negócio privado.

A formalização da atividade pública ou negócio privado é uma subfase essencial para a definição dos objetivos da organização. Porém, nessa subfase, basta citar a atividade pública ou o negócio privado, os serviços ou produtos, os cidadãos ou mercado-alvo e o local de atuação. O detalhamento de como elaborar a atividade pública ou do negócio e dos serviços ou produtos pode ser elaborado na subfase modelagem dos processos ou procedimentos operacionais da organização (ver Seção 5.7).

5.1.3 Serviços ou produtos

Como a atividade pública ou o negócio privado podem ser abrangentes, a definição dos serviços ou produtos da organização é requerida para facilitar seu entendimento.

Serviço é aquilo que é prestado ou fornecido. **Produto** é aquilo que é produzido ou fabricado. Ambos podem ser oferecidos para satisfazer necessidades ou desejos ou ainda, para atender a legislação pertinente.

Serviço público é todo aquele prestado pela Administração Pública ou por seus delegados, sob normas e controles estatais, para satisfazer necessidades essenciais ou secundárias da coletividade ou simples conveniências do Estado. Sob a ótica da noção orgânica do direito administrativo brasileiro, o serviço púbico é prestado por órgãos públicos. A ele são atribuidas distintas classificações, entre elas, serviços de utilidade pública; próprios do Estado; impróprios do Estado; administrativos. A regulamentação e o controle do serviço público e de utilidade pública cabem ao Poder Público, qualquer que seja a modalidade de sua prestação. Seus requisitos são sintetizados em cinco princípios: (1) permanência, que impõe continuidade; (2) generalidade, que impõe igualdade para todos; (3) eficiência, que exige atualização; (4) modicidade, que exige tarifas razoáveis; e (5) cortesia, que se traduz em tratar bem o público.

Os direitos do usuário são cívicos e têm como fundamento a exigibilidade de sua prestação nas condições regulamentares e em igualdade com os demais usuários. Têm competência para sua prestação as entidades estatais: União; estados; Distrito Federal; e municípios. As formas de prestação são: centralizada, com seus próprios órgãos; descentralizada, que outorga ou delega para autarquias, fundações, empresas estatais ou governamentais, agências executivas, empresas privadas e consórcios públicos; e desconcentrada, em que a Administração executa de forma centralizada e distribui o serviço público entre vários órgãos de mesma entidade para sua simplificação e aceleração por meio da especialização (Meirelles, 2006).

Algumas literaturas e organizações também chamam os serviços ou produtos de *unidades de negócio, unidades estratégicas de negócio* e *células de atividades.*

Essa subfase tem se constituído em uma das mais relevantes na elaboração desse projeto, pois nem sempre todas as pessoas da organização conhecem e entendem efetivamente dos serviços prestados ou dos produtos elaborados e suas respectivas características essenciais para uma atuação inteligente da organização. Esse momento é uma oportunidade para todos os gestores das diferentes funções organizacionais e os demais envolvidos no projeto equalizarem conceitos adotados e igualar entendimentos da organização, enfatizando o conhecimento e o entendimento de seu *core business* ou atividade pública. Deve-se dar atenção especial aos serviços ou produtos para saber exatamente o que a organização presta ou vende.

No projeto de planejamento estratégico, considerando-se a atividade pública ou o negócio privado, os serviços ou produtos devem ser descritos por meio de itens ou frases curtas.

Nas organizações públicas, os serviços podem subdividir uma atividade pública. Por exemplo, na atividade saúde pública, podem ser citados, entre outros, os seguintes serviços: atendimento ao cidadão; serviços médicos; odontologia; fisioterapia; internações; medicina domiciliar; acompanhamento residencial. Na atividade educação municipal, podem ser citados, entre outros, os serviços: educação infantil; educação básica; ensino médio; educação especial. Em outras organizações públicas, os serviços podem ser: arrecadação; registro; regulamentação; fiscalização; formação profissional; apoio aos interesses de profissões ou associados; assessoria jurídica, contábil e tributária; relacionamentos; eventos; informativo digital. Essencialmente, os serviços públicos apresentam as diferentes alternativas oferecidas pela referida atividade pública em questão.

Como exemplos de produtos ou serviços em organizações privadas, podem ser citados em uma indústria de sabão: sabão em pedra; sabão em pó; sabão líquido; assistência técnica. Em um comércio de vestuário, alguns produtos são: roupas; calçados; bolsas; acessórios. Em um restaurante, alguns exemplos são: café da manhã; almoço; jantar; eventos festivos. Em obras civis: projeto; construção; manutenção. Em uma organização de projetos ambientais: projeto de resíduos; projeto de compostagem; projeto de reaproveitamento de água de chuva; projeto de recuperação de áreas degradadas. Em um escritório de direito: processos trabalhistas; causas familiares. Em uma organização de consultoria em informática: planejamento de informações; projeto de sistemas de informação. Por fim, em uma organização de assessoria em administração: projeto de planejamento estratégico; projeto de inteligência organizacional; sistemas de custos industriais.

Quando a organização oferece muitos serviços ou produtos, pode-se separá-los por grupos, classes, categorias, conjuntos, famílias ou tipos de produtos.

Ainda, pode-se separar os serviços ou produtos por períodos ou anos, ou seja, atuais e futuros ou propostos. Os serviços ou produtos futuros ou propostos são os que a organização não oferece atualmente, mas pretende oferecer nos anos seguintes.

Em determinados casos, pode-se deixar claro o que a organização não faz. Por exemplo, numa organização privada de consultoria em informática: não se desenvolvem *softwares*; **não se vendem** *hardwares*; não se elaboram projetos de rede de computadores. Por outro lado, como exemplo, uma videolocadora, além de locar DVDs, por exemplo, pode oferecer produtos ou serviços não diretamente ligados ao negócio: roupas íntimas; sorvetes; e outros suvenires. Nesse momento da análise, não se entra no mérito da legalidade ou da moralidade dos serviços ou produtos oferecidos; o objetivo é tão somente documentá-los para fins de avaliação estratégica, legal e de outros pormenores.

Tal como na atividade pública ou no negócio privado, uma análise ou defesa dos serviços ou produtos também pode ser elaborada para fortalecer os argumentos de abertura ou revitalização da organização entre os interessados.

Por opção, pode-se também descrever as formas de atendimento ao cidadão para as organizações públicas. Para as organizações privadas podem ser formalizadas as formas de comercialização, os preços, as cores, os tamanhos, as embalagens e as demais especificações técnicas ou características diferenciadas dos serviços ou produtos da organização. Ainda podem ser formalizados seus valores agregados, incluindo, *telemarketing*, assistência técnica, pós-venda, distribuição, entrega e outros detalhes de logística e comunicação integrada de *marketing*.

5.1.4 Cidadãos ou mercado-alvo

Além da definição da atividade pública ou do negócio privado e dos respectivos serviços ou produtos, os cidadãos ou mercado-alvo também devem ser descritos. Estes também podem ser entendidos como *público-alvo* ou *consumidores pretendidos*.

Nas organizações públicas, o mercado-alvo ou público-alvo diz respeito aos interessados no serviço público (com ênfase social, econômica ou comercial ou para atender as legislações pertinentes). Tratam-se, em geral, dos casos dos cidadãos, que são as pessoas ou habitantes do município ou do país (ver Seção 4.4.1). Já nas organizações privadas, o mercado-alvo ou público-alvo está direcionado para quem pretende vender ou prestar serviços cobrados ou gratuitos.

De acordo com Kotler (1998), a organização, após identificar sua atividade ou seu negócio e respectivas oportunidades, precisa avaliar os vários segmentos, selecionar e decidir quantos e quais devem visar. As principais variáveis de segmentação para os mercados consumidores estão relacionados com as variáveis geográficas, demográficas, psicográficas e comportamentais. Na segmentação dos mercados industriais, levam-se em conta as variáveis demográficas, operacionais e de tecnologia, de compra, fatores situacionais e características pessoais dos proprietários das organizações.

Para facilitar o dimensionamento do mercado-alvo, pesquisas de demanda podem ser elaboradas para a caracterização e a análise do mercado consumidor, bem como para a segmentação e o posicionamento do público-alvo. A referida pesquisa de mercado exige um plano para determinar as fontes, o levantamento e a análise dos dados para posteriormente se formalizar a apresentação dos resultados por meio de informações precisas. As literaturas de *marketing* podem facilitar essa tarefa.

A **demanda de mercado** para um serviço ou produto pode ser entendida como o volume total que seria comprado por um grupo definido de clientes em determinada localização geográfica, em período de tempo definido, em ambiente de *marketing* formalizado, sob determinado programa de *marketing* (Kotler, 1998). **Mercado** é um conjunto de todos os compradores reais e potenciais de um produto. A previsão ou o **potencial de mercado** pode ser entendido como o limite abordado pela demanda de mercado, à medida que os gastos de *marketing* de um setor aproximam-se do infinito, para determinado ambiente. A mensuração da demanda de mercado pode ser elaborada por meio de funis de mercado ou níveis: de serviços ou produtos; de espaço; e de tempo diferentes. Os níveis de serviços ou produtos contemplam: venda total; venda do setor (por exemplo, industrial, comercial etc.); venda da organização; linha de serviços ou produtos; forma de serviços e produtos; e item de produto. Os níveis de espaço contemplam: mundo; país; região; território; e consumidor. Os níveis de tempo diferentes contemplam: curto prazo; médio prazo; e longo prazo. Dessa maneira, é possível caracterizar quantitativa e qualitativamente o mercado consumidor, bem como a natureza do segmento selecionado, alterando ou redefinindo valores entre organizações (B2B, do inglês *business-to-business*), entre estas e indivíduos ou consumidores (B2C, do inglês *business-to-costumer*) ou entre indivíduos ou consumidores (C2C, do inglês *costumer-to-costumer*).

No projeto de planejamento estratégico, os cidadãos ou mercado-alvo devem ser descritos por meio de itens ou frases curtas.

Podem ser direcionados para uma ou mais pessoas físicas ou pessoas jurídicas. No caso de cidadãos, pode ser de diferentes classes sociais, sexo, idade, renda, escolaridade, localidades, entre outras peculiaridades. Para os clientes, essas pessoas podem ser: específicas ou nomeadas (por exemplo, Petróleo Brasileiro S.A.), por segmento ou grupos de interesse (como indústrias mecânicas, supermercados, prefeituras), por classe ou demográfica (sexo, renda, ocupação, classe social). Quanto mais específico e detalhado, melhor.

É importante lembrar que, nesse momento, o projeto está direcionando os cidadãos ou mercado-alvo preferencial, ou seja, em quem a organização está focada prioritariamente, porém não há impedimentos para que sejam atendidos outros cidadãos ou outro mercado-alvo.

Por opção, o mercado-alvo pode ser separado por cidadão ou cliente, consumidor e *prospect* ou potencial (ver Seção 4.4.1), bem como segundo sua respectiva demografia (ver Seção 4.8.3). Ainda, pode-se separar por curto, médio e longo prazo, assim como de acordo com a forma de atuação entre governo e cidadão (G2C, do inglês *government-to-citizen*), entre governo e organizações (G2B, do inglês *government-to-business*), entre organizações (B2B), entre organizações e pessoas físicas (B2C).

Para as organizações privadas, a forma de fidelização do cliente pode ser adicionada. A fidelização pode ser alicerçada na caracterização do mercado consumidor por meio da análise qualitativa e quantitativa dos clientes ou consumidores e *prospects*, com base em pesquisas do local de atuação.

5.1.5 **Local de atuação**
Para complementar a descrição da atividade pública ou do negócio privado, dos serviços ou produtos e dos cidadãos ou mercado-alvo, o local de atuação também deve ser descrito.

O local de atuação também pode ser entendido como lugar onde a organização exerce ou exercerá sua atividade pública ou negócio privado. Em algumas literaturas é chamado de *arena competitiva* ou *abrangência da organização*.

Nas organizações públicas, essa informação reitera onde estas prestam ou querem prestar serviços públicos. Na maioria dos casos tem abrangência municipal, estadual ou federal. Nas organizações privadas formaliza onde estas querem vender ou onde querem prestar serviços cobrados ou gratuitos.

Na escolha da localização para instalação da organização também devem ser observadas as condições legais (ou contratuais), de visibilidade, segurança, vizinhança, facilidade de acesso, espaço físico necessário, disponibilidade de mão de obra, meio ambiente ecológico, proximidade com competidores ou concorrentes, fornecedores e outros cuidados.

No projeto de planejamento estratégico, o local de atuação deve ser descrito por meio de itens ou frases curtas.

Pode ser direcionado para um ou mais locais. Além dos locais de atuação pública em municípios, unidades da federação e país, exemplos mais direcionados para as organizações privadas podem ser citados: bairro X, cidade Y, região metropolitana de Z, Região Sul, Brasil, outros países.

Tal como na determinação dos cidadãos ou mercado-alvo, nesse momento, o projeto está direcionando o local de atuação preferencial, ou seja, onde a organização atuará prioritariamente; porém, não impede que ela atue em outros locais secundários.

Também pode ser considerada a venda via internet, que não limita os locais de atuação e amplia a possibilidade de prestar serviços ou vender produtos, mas pode comprometer os processos de entrega.

5.2 Missão da organização

A missão é a descrição de forma diferenciada da atividade pública ou do negócio privado da organização. Está relacionada com o propósito, a razão, a função, a finalidade, o encargo, a incumbência ou o ofício da organização. Deve focar a competência essencial (*core competence*) ou o núcleo da organização. Precisa ser peculiar, específica e única para a organização.

Na descrição da missão da organização, sugere-se mencionar informações relacionadas com seus serviços ou produtos, seus valores e, ainda, direcionar palavras para seus respectivos cidadãos ou clientes e consumidores.

No projeto de planejamento estratégico, a missão da organização deve ser descrita por meio de uma frase concisa, preferencialmente de fácil memorização.

Nas organizações públicas, a missão pode estar formalizada na regulamentação jurídica que a constituiu. A frase pode conter expressões do tipo: *prestar serviços públicos adequados aos cidadãos*; *facilitar a qualidade de vida dos cidadãos*; *garantir à sociedade a prestação do serviço* público xyz *efetivo, célere, transparente e ético*; *observar as questões sociais*; *prover soluções para Y por meio de Z*.

Nas organizações privadas, as expressões costumeiramente usadas são, entre outras: *elaborar produtos de qualidade com características xyz; oferecer soluções de X de forma Y; produzir xyz que as pessoas desejam comprar e tenham orgulho de possuir; solucionar problemas de maneira inovadora; criar e comercializar produtos e serviços que promovam conforto, bem-estar; produzir, socializar e aplicar o conhecimento em X.*

Em muitas organizações inteligentes, a missão está muito direcionada ao *slogan* ou principal objetivo da organização. Por exemplo, nas organizações públicas, o foco seria atender cidadãos; nas organizações privadas, vender determinado produto ou serviço. A missão está relacionada com o presente, e não com o futuro. Dessa forma, na frase que descreve a missão não precisa adicionar data ou tempo.

Eventualmente, a organização pode ter uma missão atual e outra pretendida para os próximos anos, a qual ainda não é possível de ser acreditada, vivenciada e efetivada por todos.

É muito importante que, além de descrita, a missão seja entendida, divulgada e vivenciada internamente por todos na organização. Na medida em que a missão é efetivamente aplicada, ela pode propiciar inúmeros benefícios para a organização, seus empregados e seus interessados, contribuindo significativamente com a identidade e com a inteligência organizacional.

Ainda, a organização pode optar por descrever a missão de suas unidades departamentais, a qual pode ser definida como as funções ou os poderes especiais conferidos a ela para fazer algo, ou seja, suas obrigações, compromissos e incumbências. Como exemplo, a missão de uma unidade de tecnologia da informação pode ser: facilitar a disponibilização e o compartilhamento interno de informações organizacionais, bem como conduzir o processo de informatização da organização, de acordo com o negócio da organização e seus objetivos, estabelecendo e gerindo as estratégias, políticas, gestão e formas de atuação da unidade de tecnologia da informação.

Outra opção para complementar a missão é a formalização da identificação da organização, que está atrelada ao conjunto de características ou atributos que a torna diferente ou especial. Representa o que a organização é no presente momento, e não o que ela gostaria de ser.

5.3 Visão da organização

A visão é a descrição do cenário ou do sonho da organização. Tem relação com a projeção de oportunidades futuras e o esclarecimento sobre aonde a empresa ou instituição pretende chegar e como quer ser percebida ou reconhecida pelo meio ambiente interno e externo.

Na descrição da visão da organização, sugere-se mencionar o que se vislumbra para um período de tempo mais longo e uma abordagem mais ampla, traçando estrategicamente seus serviços ou produtos e seus valores. Outra recomendação é direcionar palavras para seus respectivos cidadãos, consumidores ou mercado-alvo.

No projeto de planejamento estratégico, a visão da organização deve ser descrita por meio de uma frase curta e concisa, preferencialmente de fácil memorização.

Nas organizações públicas, a visão também pode estar formalizada na regulamentação jurídica que a constituiu. Algumas expressões que aparecem costumeiramente na visão de instituições públicas são: *ser referência na prestação de serviços públicos*; *tornar-se reconhecida pela sociedade e seus colaboradores como*; *ser entendida como uma organização que oferece qualidade de vida dos cidadãos*.

Nas organizações privadas, as expressões mais usuais são: *ser reconhecida como uma organização inovadora, de vanguarda*; *propor uma organização que entende e satisfaz as necessidades de*; *tornar-se líder em*; *fornecer produtos e serviços que excedam às expectativas*; *formar uma organização líder onde as pessoas tenham orgulho e prazer de trabalhar*; *superar a organização X*; *atingir x% do mercado*; *aplicar tecnologia para o benefício das pessoas*; *ter reconhecimento sólido e confiável, destacando-se pelo*; *ser o melhor fornecedor de produtos e serviços ao mercado consumidor de*; *respeitar o meio ambiente*.

A visão está relacionada com o futuro, e não com o presente. Apesar disso, a definição de tempo para a visão da organização é opcional na sua descrição (por exemplo, até o ano X).

Eventualmente, a organização pode ter uma visão formalizada, mas não acreditada, vivenciada e efetivada por todos. Nesse caso, pode-se sugerir outra visão pretendida para os anos seguintes.

A visão da organização deve corresponder a um desafio estratégico, inovador, criativo e empreendedor da organização. Tal desafio deve ser amplamente discutido em atividades participativas e posteriormente divulgado interna e externamente. Depois de entendida e formalizada, deve ser vivenciada por todos na organização. Dessa forma, a organização evita o conformismo, a mesmice e a "zona de conforto", planejando, motivando e inspirando as pessoas.

O conceito de visão está intimamente relacionado com os conceitos de equipe multidisciplinar, pensamento estratégico, empreendedorismo e inteligência organizacional, por envolverem abordagens participativas e de cenário estratégico futuro (ver Capítulo 2).

As abordagens da visão ou do cenário da organização podem ser projetivas ou prospectivas. A **abordagem projetiva** contempla variáveis quantitativas, objetivas e conhecidas; explica o futuro pelo passado; considera o futuro único e certo; e utiliza modelos deterministas e quantitativos. A **abordagem prospectiva** se caracteriza pela visão global; por variações qualitativas, quantificáveis ou não, subjetivas ou não, conhecidas ou não; por ocorrência de futuro múltiplo e incerto; pelo futuro como determinante da ação presente; e por uma análise intencional, com variáveis de opinião (julgamento, pareceres, probabilidades subjetivas) e outros métodos estruturais (Oliveira, 1999).

É importante que a visão seja possível, apesar de provocativa, pois deve possibilitar seu alcance, evitando utopias do tipo ser a melhor organização do mundo ou do Brasil. Os empregados frequentemente questionam a visão e podem desacreditar dela se não for exequível.

5.4 **Valores da organização**

Os valores relatam o que a organização acredita e pratica. Também são chamados de *princípios da organização*. Estão relacionados com "algo atribuído" de grande estima ou valia, apreço, consideração e respeito. Referem-se aos preceitos de talento, coragem, intrepidez, ousadia, valentia, ânimo, força, audácia, vigor e outras palavras correlatas.

No relato dos valores da organização sugere-se mencionar itens ou frases que possam ser entendidos e vivenciados por todos na organização. Tais itens ou frases que relatam atitudes, filosofias, códigos de conduta, credos e comportamentos proativos, igualmente referem-se a ações éticas, morais, criativas e produtivas das pessoas das organizações, que podem contribuir efetivamente com seus processos decisórios e, consequentemente, com sua inteligência organizacional.

No projeto de planejamento estratégico, os valores da organização devem ser descritos por meio de itens ou frases curtas.

Nas organizações públicas, tal como a missão e a visão, os valores também podem estar formalizados na regulamentação jurídica que a constituiu e nos atributos de valor para a sociedade. Algumas palavras usadas com **frequência são**: *acessibilidade*; *celeridade*; *ética*; *imparcialidade*; *modernidade*; *moralidade*; *probidade*; *responsabilidade ambiental*; *responsabilidade social*; *transparência*.

Alguns exemplos de valores nas organizações privadas são: *satisfação do cliente; ética e integridade nos relacionamentos; valorização do ser humano; respeito às pessoas; honestidade, seriedade, simplicidade e excelência em; capacitação dos colaboradores; integridade, respeito, trabalho em equipe e profissionalismo; incentivo à iniciativa individual e ao crescimento pessoal; vivenciar a organização; segurança e saúde; respeito ao meio ambiente*.

Por opção, os valores da organização, bem como as demais subfases das diretrizes organizacionais, podem ser descritos separadamente como atuais e futuros (principalmente quando a organização já existe e pretende mudar ou fazer adequações.

Na medida em que os valores são efetivamente entendidos e considerados por todos na organização, muitos benefícios podem ser absorvidos, inclusive auferindo qualidade nos serviços, efetividade dos produtos, diferenciais competitivos, processos decisórios profícuos, comportamentos adequados das pessoas, conquista de objetivos, alcance das estratégias, inteligência organizacional, entre outros.

Para que os valores não caiam no descrédito, é fundamental que a organização constantemente os divulgue, praticando-os e propiciando condições para sua execução cotidiana, consistente e participativa em todos os seus níveis hierárquicos. Essas condições também estão relacionadas com a formalização de políticas organizacionais coerentes e alinhadas com os valores propostos. Toda a gestão da organização, principalmente a humana e a financeira, deve ser coerente com os seus valores. Os empregados frequentemente também questionam os valores e podem ficar descrentes se não forem praticados.

Como exercício prático, cada valor pode ter uma ou mais políticas que o fortaleçam e o sustentem, descritas por meio de procedimentos organizacionais.

5.5 Políticas da organização

As políticas relatam as orientações ou regras gerais de gestão da organização. Elas tendem a ser mais perenes na organização. Também podem ser definidas como um conjunto de intenções emanadas da alta administração das organizações. Estão relacionadas com pensamentos e desejos estratégicos organizacionais como orientações preestabelecidas para decisões e ações alinhadas com atividade pública ou negócio privado da organização.

No relato das políticas organizacionais, sugere-se mencionar frases abrangentes que possam ser absorvidas e praticadas por todos na organização. Podem ser estabelecidas pela gestão, solicitadas pelo corpo técnico e ainda impostas por fatores externos (inclusive oriundas de legislações). Tais frases abrangentes posteriormente podem ser detalhadas pelos procedimentos operacionais para executar e viabilizar as referidas políticas.

As políticas organizacionais buscam seus fundamentos nos conceitos de ciência política. As regras respeitantes a uma direção, o conjunto de objetivos que formam determinados programas de ação e condicionam a sua execução podem ser considerados conceitos de política. As habilidades no trato das relações humanas também podem conceituar política. Todos estes conceitos estão voltados à obtenção de resultados desejados.

Do ponto de vista estratégico, as políticas organizacionais podem contribuir significativamente para a inteligência da organização. No que tange ao cotidiano da organização, as políticas permitem resoluções de forma padrão. Podem, ainda, uniformizar e facilitar a elaboração de atividades operacionais e processos de trabalho, reduzir o tempo para tomada de decisões, melhorar a comunicação interna, mediar pressões, harmonizar comportamentos, minimizar atritos, combater desperdícios, evitar erros e economizar gastos. Quando se praticam exceções às regras definidas nas políticas organizacionais, normalmente são geradas insatisfações, transtornos, ineficiência, injustiças e outras dificuldades.

Nem sempre na primeira versão do projeto é possível a formalização dos procedimentos das políticas porque isso é trabalhoso se eles ainda não existirem. Na implantação do projeto, porém, recomenda-se escrever ou rever os procedimentos das políticas da organização.

No projeto de planejamento estratégico, as políticas da organização devem ser escritas por meio de frases abrangentes, considerando seus respectivos procedimentos por meio de processos.

Nas organizações públicas, tal como a missão, a visão e os valores, as políticas podem estar formalizadas, mesmo que parcialmente, na regulamentação jurídica que a constituiu. Como exemplo, tais políticas podem estar relacionadas com: o serviço público propriamente dito; a qualidade de vida do cidadão; as questões sociais e educacionais; o incentivo as vocações locais, tecnológicas, empreendedoras e inovadoras; a preservação do meio ambiente.

Nas organizações privadas, alguns exemplos de políticas são: prioridade às atividades orientadas a atividade pública ou negócio privado e aos respectivos serviços ou produtos da organização; relacionamento gentil, educado e acolhedor com cidadão, clientes e colaboradores; ênfase na efetividade, qualidade, produtividade, segurança e continuidade das atividades; para cada problema da organização, um projeto aberto e gerido de forma participativa; utilização de equipes multidisciplinares ou comitês; emprego de metodologia para X e normas e padrões técnico-operacionais; compras mediante disponibilidade financeira e pagamento em dia e à vista; projetos com qualidade e cumprimento de prazo; aproveitamento máximo dos recursos disponíveis em relação a custos, benefícios, riscos e viabilidades de forma positiva; padronização de X e observação das tendências de Y; dados, informações e conhecimentos organizacionais como critério fundamental das decisões; funcionários avaliados pelos seus resultados apresentados, independentemente das relações internas ou pessoais; todos os colaboradores com habilidades humanas ativas; disciplina do trabalho conveniente ao funcionamento regular da organização; apresentação de problemas ou desafios da organização com a formalização de soluções criativas e alternativas; respeito à pontualidade e à assiduidade; atividades da organização elaboradas em equipe que integre as pessoas na organização e que observe os princípios de educação, respeito, higiene pessoal; respeito ao meio ambiente; prevenção a todo tipo de desperdício.

Por opção, as políticas da organização podem ser descritas separadamente conforme as funções organizacionais ou de acordo com seus serviços ou produtos.

As políticas da organização têm relação direta com os valores da organização. Por exemplo, caso a organização opte pelo valor respeito ao ser humano, as políticas organizacionais devem contemplar as questões relacionadas com esse valor, tais como: recrutamento interno preferencial em relação ao recrutamento externo; remuneração adequada aos seus colaboradores; capacitação ou treinamento antes de elaboração de atividades; decisões organizacionais com base em consulta aos colaboradores (incluindo corpo gestor e corpo técnico).

Apesar de existirem nas organizações muitas políticas informais, após a conclusão do projeto de planejamento estratégico, as políticas organizacionais devem ser formalizadas por meio de procedimentos operacionais e respectivos processos organizacionais para sua execução e para evitar exceções, instabilidades, descréditos e aborrecimentos. À medida que as políticas são definidas, podem ser aplicáveis em decisões e ações repetitivas e análogas, planejando e formalizando metodologias e normas de trabalho.

5.6 Macro-objetivos organizacionais e objetivos da organização

Os objetivos das organizações podem se apresentar sob duas abordagens: (1) macro-objetivos organizacionais ou objetivos estratégicos da organização; e (2) objetivos da organização ou objetivos funcionais.

As duas formas ou metodologias de se estabelecer os objetivos da organização se constituem em opções para a equipe multidisciplinar do projeto de planejamento estratégico. Em ambos os casos, as estratégias e ações devem ser formalizadas para o alcance ou manutenção desses objetivos.

5.6.1 Macro-objetivos organizacionais ou objetivos estratégicos da organização

Os macro-objetivos organizacionais ou objetivos estratégicos da organização não são qualificados e quantificados e também podem ser entendidos como cenários estratégicos. Nesse caso, exigem que posteriormente as ações correspondentes sejam qualificadas e quantificadas ou requerem indicadores correspondentes para gerir seu resultado.

Para as organizações públicas, os macro-objetivos organizacionais ou objetivos estratégicos estão relacionados com os temas: primazia ou excelência na prestação do serviço público; adequação da qualidade de vida dos cidadãos; atendimento à sociedade; desenvolvimento das questões sociais, econômicas e sustentáveis; facilitação da transparência pública. Tais objetivos podem estar relacionados com a regulamentação jurídica que a constituiu e com os atributos de valor para a sociedade.

Para as organizações privadas, os macro-objetivos organizacionais ou objetivos estratégicos estão relacionados com os temas: lucro e outros recursos financeiros; crescimento e aprendizagem; desenvolvimento e inovação; perenidade e sobrevivência; reconhecimento, respeito e prestígio; processos, qualidade, produtividade e efetividade; inteligência organizacional; dentre outros que são apresentados na seção 6.1.

No projeto de planejamento estratégico, para serem descritos ou formalizados os macro-objetivos organizacionais ou objetivos estratégicos da organização, basta adicionar um verbo no infinitivo aos temas apresentados ou simplesmente transformar tais temas em verbos. Por exemplo: *prestar, oferecer, atender, lucrar, crescer, desenvolver, vender, aumentar, melhorar* etc.

Alguns exemplos de macro-objetivos organizacionais ou objetivos estratégicos são: adequar modelo de gestão; ampliar o atendimento aos cidadãos; ampliar projetos ambientais; aprimorar a valorização das pessoas; aumentar a qualidade de vida dos cidadãos; buscar a efetividade política;

buscar equilíbrio entre ampliação de serviços e arrecadação financeira; compatibilizar a orçamento com a expansão dos serviços; desenvolver cultura e responsabilidade social; dispor de tecnologias adequadas; disseminar conhecimentos e práticas organizacionais; estabelecer comunicação social integrada; garantir a infraestrutura necessária; garantir a satisfação das famílias; inovar os serviços existentes; intensificar os investimentos nos serviços; manter reserva financeira; maximizar os espaços físicos; obter credibilidade da sociedade; qualificar pessoas; participar efetivamente da sociedade civil organizada; promover a gestão dos recursos orçamentários; proporcionar o alinhamento estratégico dos serviços; racionalizar processos internos; sedimentar os serviços oferecidos; transmitir a imagem sólida da organização.

Nas organizações privadas, alguns macro-objetivos organizacionais ou objetivos estratégicos são: ampliar as vendas; ampliar capital humano; aprimorar a gestão administrativa; aprimorar processos de trabalho; aumentar a produçao; buscar a efetividade tecnológica; buscar a rentabilidade do negócio; buscar efetividade tecnológica; capacitar constantemente os funcionários; conquistar novos clientes; conquistar o reconhecimento do mercado; construir nova sede; criar produtos diferenciados; desenvolver as pessoas; desenvolver sistemas de informação efetivos; divulgar a organização; estabelecer parcerias; estruturar o instituto empresa; fidelizar e manter os clientes; garantir a satisfação dos clientes ou consumidores; implantar sistema de qualidade; melhorar o clima organizacional; otimizar a tecnologia de informação; pesquisar *prospects* ou potenciais; reduzir custos; reduzir tempo de atendimento dos pedidos; sedimentar os serviços; tornar a marca sólida e conhecida; transmitir a imagem sólida da organização.

Posteriormente a organização pode determinar suas metas ou seus indicadores para cada macro-objetivo organizacional por meio de qualquer sistema de indicadores (ver Seção 8.3).

As organizações podem formalizar ou não seus macro-objetivos organizacionais ou objetivos estratégicos, mas os objetivos da organização ou objetivos funcionais devem ser efetivamente determinados.

5.6.2 Objetivos da organização ou objetivos funcionais

Os objetivos da organização ou objetivos funcionais relatam alvos devidamente qualificados e quantificados da organização. Também podem ser definidos como as grandes metas ou indicadores a serem atingidas pela organização. Estão relacionados com os resultados que a organização pretende atingir em determinado prazo para consolidar sua atividade pública ou seu negócio privado. Podem, ainda, corresponder a objetivos operacionais da organização.

Na descrição dos objetivos da organização ou objetivos funcionais deve-se mencionar o quê, quanto e quando de sua realização, ou seja, determinar temas, números, unidades ou volumes e um período de tempo, explicitando formalmente o que se quer estrategicamente conseguir, obter ou alcançar em relação a seus serviços ou produtos. Devem ser coerentes entre si, desafiantes, porém viáveis. São para os objetivos da organização ou objetivos funcionais que toda a organização deve direcionar sua atenção e seus esforços.

No projeto de planejamento estratégico, os objetivos da organização ou objetivos funcionais devem ser descritos por meio de frases curtas, iniciando com verbo no infinitivo.

Nas organizações públicas, alguns exemplos de objetivos da organização ou objetivos funcionais são: atender 99 cidadãos até 99/99/9999; criar 99 serviços no ano 9999; racionalizar 9 processos internos no ano 9999; desenvolver 99 projetos ambientais até 99/99/9999; protocolar 99 serviços no ano 9999; arrecadar 99 moedas no ano 9999; atuar em 99 iniciativas sociais até 99/99/9999; elaborar 99 projetos de qualidade de vida no ano 9999; estabelecer 99 parcerias público-privadas até 99/99/9999.

Nas organizações privadas, alguns exemplos de objetivos da organização ou objetivos funcionais são: produzir 99 produtos xyz no ano 9999; elaborar 99 projetos xyz até 99/99/9999; vender 99 produtos xyz até 99/99/9999; faturar 99 valor no ano 9999; conquistar 99 clientes no ano 9999; atingir 99 clientes positivados até 99/99/9999; ampliar participação no mercado para X% no ano 9999; criar 99 produtos xyz diferenciados no ano 9999; lançar 99 novos produtos no ano 9999; sedimentar 99 serviços xyz até 99/99/9999; estabelecer 99 parcerias no ano 9999; elaborar 9 projetos de pessoas no ano 9999; fidelizar 99 clientes no ano 9999; atingir 9 representantes no ano 9999; elaborar 9 projetos de divulgação da organização até 99/99/9999; capacitar 99 funcionários no ano 9999; desenvolver 9 sistemas de informação no ano 9999; implantar 9 sistemas de qualidade no ano 9999; reduzir os custos em X% (definir o valor em moedas) no ano 9999; atingir a rentabilidade em X% (definir o valor em moedas) no ano 9999; reduzir a inadimplência em X% (definir o valor em moedas) no ano 9999; aumentar a produção em X% (definir a quantidade de produtos) até 99/99/9999; elaborar 9 projetos de inteligência organizacional até 99/99/9999.

Alguns detalhes devem ser considerados na descrição dos objetivos da organização ou objetivos funcionais: necessariamente devem ser qualificados e quantificados e devem formalizar o quê, quanto e quando de sua realização; podem ser separados em curto, médio e longo prazo; os percentuais devem ser formalmente declarados, ou seja, ter um valor quantitativo ou um indicador formal correspondente; alguns objetivos podem ter tempo permanente (principalmente os relacionados à manutenção ou ao monitoramento de atividades), mas devem ser explicitados; podem ser estabelecidos de forma determinística (identificando situação precisa) ou probabilística (identificando situação provável); sempre se deve iniciar a frase com verbo no infinitivo; posteriormente, devem ser definidos os indicadores de desempenho na fase de controle e gestão do projeto de planejamento estratégico (ver Capítulo 7).

Algumas organizações optam por formalizar os objetivos da organização ou objetivos funcionais em duas colunas: (1) problemas ou fraquezas da organização; e (2) objetivos da organização. Dessa forma, para cada problema, pode ser estabelecido um ou mais objetivos, e vice-versa (n-n). Como é um processo cíclico, pode-se ir refinando (reescrevendo, juntando ou excluindo) os objetivos estabelecidos. Na fase seguinte do projeto de planejamento estratégico, para cada objetivo, pode ser definida uma ou mais estratégias e, como consequência, os planos de ações das estratégias da organização.

Por opção e para facilitar a descrição, os macro-objetivos organizacionais e os objetivos da organização podem ser separados pelas funções organizacionais e seus respectivos módulos ou sistemas, principalmente os relacionados com serviços públicos, produção ou serviços e divulgação ou comunicação pública, comercial ou *marketing*, que são as funções organizacionais primárias (ver Seção 1.4 e 4.1).

Outras organizações preferem separar os objetivos da organização ou objetivos funcionais em diferentes abordagens ou específicos indicadores, por exemplo, o *Balanced Scorecard* (ver Seção 8.3).

Apesar de a descrição ser separada, os macro-objetivos organizacionais e os objetivos da organização devem ser integrados e interdependentes. O número de objetivos formalizados também não deve ser muito grande, pois isso pode desencadear a perda do que é essencial à atividade pública ou ao negócio privado.

Uma vez formalizados, divulgados e entendidos os macro-objetivos organizacionais e os objetivos da organização, muitos benefícios podem ser auferidos na medida em que os esforços das pessoas envolvidas estão direcionados para a atividade pública ou ao negócio privado e sua inteligência organizacional. Tais benefícios podem estar relacionados com a integração da missão e da visão, a sustentação dos processos decisórios, a avaliação de desempenho, a formulação de estratégias e a orientação para as ações.

Também é relevante que a alta administração propicie condições e motive o corpo gestor e o corpo técnico a alinharem os macro-objetivos organizacionais e os objetivos da organização com os objetivos das pessoas que a compõem. Isso porque, dessa forma, os interesses seriam comuns, facilitando o seu alcance por meio de padrões de comportamento estabelecidos de modo participativo e com preceitos de inteligência organizacional (ver Capítulo 2).

Além da dedicação e das competências das pessoas envolvidas e dos **recursos materiais requeridos, posteriormente os recursos financeiros serão** necessários para a determinação e o alcance dos macro-objetivos organizacionais e dos objetivos da organização formalizados pela organização.

A formalização da atividade pública ou do negócio privado e a formalização dos macro-objetivos organizacionais e os objetivos da organização se constituem nas subfases mais relevantes da fase diretrizes organizacionais por serem pré-requisitos essenciais para a formulação das estratégias organizacionais.

Como o planejamento estratégico organizacional é um processo com um ciclo retroalimentado e em constante amadurecimento, a primeira versão desse projeto pode ser mais simples e direta. Essa primeira versão pode conter basicamente quatro componentes essenciais: problemas; objetivos; estratégias; e ações. A segunda versão pode ser mais abrangente, com controles mais aprofundados e com gestão mais efetiva.

5.7 Modelagem dos processos ou procedimentos operacionais da organização

A modelagem dos processos ou a formalização dos procedimentos operacionais da organização é a descrição detalhada da elaboração dos serviços correspondentes à atividade pública ou à comercialização dos produtos ou serviços inerentes ao negócio privado da organização. Está relacionada com a competência essencial (*core competence*) ou núcleo da organização; em outras palavras, com o "segredo" da atividade pública ou negócio privado.

A elaboração dessa subfase é opcional na primeira versão do projeto; entretanto, a formalização de como elaborar os serviços ou produtos é muito relevante para a abertura de uma organização ou para revitalização de determinados serviços ou produtos.

Na descrição detalhada da modelagem dos processos da organização ou dos procedimentos operacionais da organização, sugere-se a formalização minuciosa do passo a passo de como fazer e elaborar cada serviço ou vender cada produto da organização.

A modelagem dos processos da organização pode ser análoga ao conceito de *Business Process Management* (BPM). O BPM é uma evolução do *workflow,* que tratava dos fluxos de trabalho com a possibilidade da visão e redefinição dos processos da organização. O BPM favorece a automação do fluxo de trabalho, a modelagem gráfica dos processos, a integração de tarefas humanas e operações automatizadas, informando dados para tarefas automatizadas e capturando resultados para a definição de caminhos a seguir e monitorando os processos que estão sendo executados. Com o BPM, tem-se a possibilidade de modelar o trabalho de forma que o poder de decisão passe a ser compartilhado. Pode-se dizer que o BPM é uma técnica e um conjunto de práticas de gestão com base na gestão e na inteligência de processos. É a realização dos objetivos da organização por meio da melhoria, gestão e controle dos processos essenciais ao negócio ou atividade (Jeston; Nelis, 2006).

A formalização dos procedimentos operacionais da organização também pode ser análoga às atividades originalmente estudadas pela teoria da organização e métodos da administração ou mais recentemente pelas **teorias de qualidade e produtividade de processos organizacionais.** As organizações que utilizam as normas dessas teorias frequentemente apresentam documentações estruturadas e padronizadas de todos os processos ou procedimentos das funções organizacionais e das demais atividades da organização. Tais teorias também podem utilizar as normas e padrões técnicos operacionais (NPTO) para evitar a dependência de pessoas nos seus respectivos processos ou procedimentos.

Os procedimentos operacionais são necessários para execução de qualquer atividade, projeto ou sistema na organização. Eles antecedem ou **sucedem a atividade principal, interligando lógica e fisicamente as tarefas** envolvidas no ciclo de funcionamento. Para sua documentação, é recomendado o uso de simbologias de diagramas, de fluxogramas ou da descrição narrativa de processos ou procedimentos. Também podem ser utilizadas as linguagens naturais estruturadas, tais como: português estruturado; português logicamente compacto.

Podem ser levadas em conta as quatro grandes fases convencionais do processo de inovação nas organizações: (1) **pesquisa (básica ou aplicada);** (2) **desenvolvimento (elaboração do serviço ou produto);** (3) **controles ou testes ou análises ou avaliações;** e (4) **manutenção ou monitoramento ou disseminação ou pós-venda.**

Nem sempre na primeira versão do projeto é possível rever ou descrever formalmente os processos ou procedimentos operacionais da organização por meio de processos organizacionais por demandar de certo tempo para sua elaboração. Contudo, no caso de abertura de uma nova organização, essa subfase é muito relevante, e sua ausência pode provocar o insucesso. Nesse caso, priorizam-se os processos ou procedimentos operacionais dos planos: de operação (como produzir e armazenar); de *marketing* (como vender); e financeiro (ver Seção 3.2).

No projeto de planejamento estratégico, a modelagem dos processos ou procedimentos operacionais da organização deve ser descrita de forma assim estruturada:

Serviço ou produto: Nome do serviço ou produto

Fase n. Nome da fase

Subfase n.1 Nome da subfase

[Processo n.1.1 Nome do processo]

Procedimentos

Subfase n.2 Nome da subfase

[Processo n.2.1 Nome do processo]

Procedimentos

As fases, as subfases e os processos descrevem, por meio de frases com verbo no infinitivo, o que fazer. Os procedimentos descrevem como fazer o processo (ou fases e subfases) com o seu correspondente passo a passo, incluindo rotinas, fórmulas, diagramas, tabelas, desvios etc.

Cada serviço ou produto da organização, deve ter sua específica modelagem, bem como os demais processos ou atividades convencionais da organização. Por exemplo: atender cidadão; receber clientes; prestar serviços; arrecadar valores; vender produtos; armazenar produtos; fazer licitações; elaborar compras; pagar contas; receber pagamentos; contratar pessoas; pagar impostos.

Os processos ou procedimentos da organização podem ser descritos por meio de frases. Como exemplos, as frases podem ser: elaborar a composição do produto xyz; pesquisar o produto xyz no fornecedor xyz; determinar os componentes necessários para a atividade xyz; separar os valores do xyz; somar os valores individuais do xyz; multiplicar a quantidade do item pelo xyz; somar os valores xyz; aplicar o percentual X no valor xyz; obter o valor total líquido do item xyz.

Para facilitar a descrição de um processo ou procedimento operacional, este exemplo pode ser citado:

Fase 4 Vender no varejo

Subfase 4.1 Informar o valor das vendas diárias

Processo 1 Determinar o valor total das vendas diárias

1.1 Buscar os documentos no arquivo *xyz*

1.2 Separar os valores individuais de cada venda

1.3 Multiplicar os valores individuais de cada venda (preço unitário) pela quantidade vendida

1.4 Obter o valor de cada venda

1.5 Multiplicar o valor de cada venda pela quantidade de vendas do dia

1.6 Obter o valor total das vendas diárias

Processo 2 Determinar o valor líquido das vendas diárias com descontos

2.1 Separar o valor total das vendas diárias

2.2 Separar os valores dos descontos aplicados nas vendas

2.3 Somar todos os valores dos descontos aplicados nas vendas

2.4 Obter o valor total dos descontos aplicados nas vendas

2.5 Diminuir os valores dos descontos do valor total das vendas diárias

2.6 Obter o valor líquido das vendas diárias com descontos

Processo 3 Determinar o valor total líquido das vendas diárias

3.1 Buscar as tabelas de impostos no arquivo *xyz*

3.2 Até o valor *xyz* aplicar o percentual *xyz* do imposto *xyz* no valor bruto das vendas...

...

... Obter o valor total líquido das vendas diárias

Por opção, também podem ser relatados todos os recursos necessários para a execução dos processos ou procedimentos, por meio de processos organizacionais.

Capítulo 6

Estratégias organizacionais

AS ESTRATÉGIAS organizacionais se constituem na terceira fase do projeto de planejamento estratégico para organizações públicas ou privadas. Esta fase requer a elaboração, a discussão, o entendimento e principalmente a aprovação das fases diretrizes organizacionais e análises organizacionais.

Como o planejamento estratégico é essencialmente o planejamento das **estratégias da organização, esta fase é a mais desafiadora ou intelectual do** projeto. Está inexoravelmente relacionada com os conceitos de inteligência organizacional (ver Capítulo 2).

Para organizações já estabelecidas ou constituídas juridicamente, todas as subfases das estratégias organizacionais podem ser elaboradas, por opção, em duas formas: (1) atual (situação existente); e (2) futura (situação proposta e desejada ou condição potencial da organização). Da mesma forma que nas fases anteriores, o futuro está mais direcionado para os cenários estratégicos que podem estar fundamentados na atitude, no pensamento estratégico e na inteligência da organização. Para organizações que serão criadas, obviamente não existe situação atual, mas proposta.

O processo de estabelecer formalmente a fase estratégias organizacionais também pode obedecer a diversas metodologias e a diferentes técnicas. A referida fase pode ser desmembrada em subfases.

De acordo com os preceitos clássicos do processo da administração estratégica e do conceito de pensamento estratégico, as estratégias organizacionais podem ter duas orientações. A primeira orientação está relacionada com o **direcionamento das estratégias**, que pode enfatizar e formalizar a subfase cenários de posicionamentos estratégicos ou macroestratégias. A segunda orientação está relacionada com a **formulação das estratégias**, que pode enfatizar e formalizar a subfase estratégias da organização.

Para as organizações públicas, tanto a Constituição da República Federativa do Brasil (Brasil, 1988) quanto as legislações e as normas específicas devem ser observadas e respeitadas na formalização das estratégias e respectivas ações da organização.

6.1 Cenários de posicionamentos estratégicos ou macroestratégias

Os cenários podem ser entendidos como as grandes estratégias da organização. Estão relacionados com panoramas, tendências, observações, temas de maior amplitude e com acontecimentos que podem ocorrer no futuro. Também podem ser relacionados com modelos para análises estratégicas da organização, construídos com base em dados, indicadores, informações, conhecimentos e métodos ou critérios. São exercícios de situações futuras ou projeções em determinados ambientes, utilizando ou não hipóteses. Podem articular diferentes caminhos a serem descobertos, adotados e seguidos.

As literaturas de administração estratégica e de pensamento estratégico fornecem diferentes métodos de criação de cenários, enfatizando possíveis caminhos para o futuro da organização e meios para representar suas realidades futuras. Também sugerem passos ou situações para descrever situações futuras da organização e eventuais meios para nortear ações desejáveis e possíveis para o seu sucesso, procurando transformar incertezas em condições racionais, em prioridades focadas e em decisões efetivas em plataformas ou arenas viáveis. Tais literaturas apontam também que os cenários podem ser prováveis ou convencionais, otimistas ou superiores e pessimistas ou inferiores.

Reiteramos que os cenários estão orientados para o direcionamento das estratégias da organização. Os cenários de posicionamentos estratégicos ou macroestratégias também são conhecidos como *mapa estratégico da organização* e têm relação direta com os macro-objetivos organizacionais ou objetivos estratégicos da organização (ver Seção 5.6).

Na prática, os referidos cenários são onde a organização deve situar estrategicamente seus serviços ou produtos, considerando cenários de crescimento, ou de manutenção ou de declínio. O cenário de crescimento dos serviços ou produtos está relacionado com termos como: *desenvolvimento*; *criação*; *ampliação*; *aumento*; *investimento*; *melhoria*; *para cima*. O cenário de manutenção dos serviços ou produtos está relacionado, entre outros termos, com os sinônimos: *sedimentação*; *permanência*; *continuidade*; *constância*; *perseverança*; *persistência*. O cenário de declínio dos serviços ou produtos está relacionado com termos como: *redução*; *decrescimento*; *queda*; *diminuição*; *desinvestimento*; *desconto*; *abatimento*; *extinção*; *eliminação*; *para baixo*.

Além da relação com os objetivos da organização, do ponto de vista interno à organização, também devem levar em conta a missão e a visão da organização. Para as organizações privadas, do ponto de vista externo à organização, os cenários também devem levar em conta oportunidades, ameaças, influências, atuações dos concorrentes, parcerias com os fornecedores e tendências de mercado. Para as organizações públicas, o comportamento dos governos, a atuação dos competidores e as políticas públicas atuais e futuras devem ser considerados.

Para elaborar essa subfase, é necessário rever os conceitos, tipos ou classes de estratégias. A ciência e as literaturas de administração descrevem inúmeras e diferentes estratégias para serem pesquisadas, entendidas, **planejadas e aplicadas nas organizações** (ver Seção 6.2).

No projeto de planejamento estratégico, os cenários de posicionamentos estratégicos ou macroestratégias da organização podem ser descritos por meio de itens ou frases curtas que contenham essencialmente: nome do serviço ou produto; e tipo de cenário.

Sugere-se uma análise ou justificativa para cada cenário de posicionamento estratégico ou macroestratégia citada. Tais análises pressupõem avaliação essencialmente em dois aspectos: positivo ou negativo; bom ou ruim; adequado ou inadequado; atende ou não atende; suficiente ou insuficiente; e outros termos correlatos. Contudo, não basta citar esses aspectos, é preciso analisar, diagnosticar, avaliar, calcular, descrever, comentar, apreciar, ou seja, posicionar-se detalhadamente a respeito do que se está analisando. Essas atividades devem ser elaboradas da forma real, pois qualquer posição questionável pode prejudicar o projeto de planejamento estratégico como um todo na organização (ver Capítulo 4).

Para facilitar a formalização de cenários de posicionamentos estratégicos ou macroestratégias, podem ser utilizados como exemplos os diversos **tipos ou classificações de estratégias** (ver Seção 6.2).

Os cenários podem ser formalizados por três abordagens ou técnicas. A primeira abordagem está direcionada para os serviços ou produtos da organização. Neste caso, a formalização dos cenários está focada nos pormenores dos serviços ou produtos da organização, e não na atividade pública ou negócio privado, que são mais abrangentes.

A segunda abordagem está direcionada para as funções organizacionais. Neste caso, a formalização dos cenários está focada nos módulos das funções organizacionais. Ainda, a atenção especial está principalmente na função serviços públicos e na função divulgação ou comunicação pública nas organizações públicas. Nas organizações privadas, a atenção está na função organizacional produção ou serviços e na função comercial ou *marketing*, que são as funções organizacionais primárias (ver Seção 1.4).

A terceira abordagem está direcionada para a filosofia ou conceito de *Balanced Scorecard* (BSC), que pode utilizar quatro perspectivas: (1) clientes; (2) processos internos; (3) financeira; (4) aprendizado e inovação ou crescimento funcional (Kaplan; Norton, 1996) (ver Seção 8.2).

Independentemente da abordagem ou técnica escolhida pela organização, essencialmente são sugeridas três classes ou categorias de cenários: (1) crescimento; (2) manutenção; e (3) declínio.

Para as organizações públicas, tal como nos macro-objetivos, os cenários de posicionamentos estratégicos estão relacionados com os temas: primazia ou excelência na prestação do serviço público; adequação da qualidade de vida dos cidadãos; atendimento à sociedade; desenvolvimento das questões sociais, econômicas e sustentáveis; facilitação da transparência pública; e outros macro-objetivos correlatos. Observar que tais cenários podem estar relacionados com a regulamentação jurídica que a constituiu e com os atributos de valor para a sociedade.

Para as organizações privadas, os macro-objetivos, os cenários de posicionamentos estratégicos estão relacionados com os temas: lucro e outros recursos financeiros; crescimento e aprendizagem; desenvolvimento e inovação; perenidade e sobrevivência; reconhecimento, respeito e prestígio; processos, qualidade, produtividade e efetividade; e inteligência organizacional.

Algumas organizações optam por formalizar os cenários de posicionamentos estratégicos ou macroestratégias em três colunas: (1) problemas ou fraquezas da organização; (2) objetivos da organização; e (3) cenários de posicionamentos estratégicos ou macroestratégias. Dessa forma, para cada problema pode ser estabelecido um ou mais objetivos e um ou mais cenários. Como é um processo cíclico, pode-se ir refinando (reescrevendo, juntando ou excluindo) os problemas, os objetivos e os cenários estabelecidos. Em seguida, para cada objetivo e para cada cenário, pode ser definida uma ou mais estratégias.

6.2 Estratégias da organização

Com o direcionamento e a determinação dos cenários de posicionamentos estratégicos ou macroestratégias, as estratégias da organização devem ser descritas para a sua formalização. As estratégias da organização podem ser criadas a partir do meio ambiente interno ou do meio ambiente externo, essencialmente com base nas fases análises organizacionais e diretrizes organizacionais.

Conceitualmente, a estratégia pode ser entendida como meios, formas, atividades ou caminhos para atender aos objetivos da organização e minimizar os seus problemas. As estratégias da organização se constituem numa das atividades mais relevantes, questionadoras e intelectuais na elaboração do planejamento estratégico, preconizando o sucesso ou o êxito no projeto e na gestão da organização.

A literatura clássica da ciência da administração registrou outros inúmeros e diferentes conceitos de estratégia. A ideia mais resumida e simples de estratégia é "a arte de planejar". A estratégia compreende um dos vários conjuntos de regras de decisão para orientar o comportamento da organização, vista como uma ferramenta para trabalhar com as turbulências e as condições de mudanças que cercam as organizações (Ansoff, 1988). É uma forma de pensar no futuro, integrada no processo decisório, com base em procedimentos formalizados e articulados em resultados. Pode-se relacionar a estratégia com a palavra *guerra*, e a tática, com a palavra *batalha*. Na prática organizacional, porém, uma relação pode complementar a outra e, ainda, estratégia e tática podem ser vistas de formas diferentes pelos diversos gestores, conforme a escala ou perspectiva de ação. A estratégia deve ser definida de acordo com o tipo do negócio ou atividade organizacional, pois são decisões que devem ser sempre muito bem pensadas antes de sua execução (Mintzberg; Quinn, 2001).

As decisões antecipadas sobre o que fazer, o que não fazer, quando fazer, quem deve fazer, e que recursos são necessários para atingir alvos num tempo predefinido, podem ser chamadas de *estratégia* (Oliveira, 1999). Estratégia competitiva é o que a organização decide fazer e não fazer, considerando o ambiente, para concretizar a visão e atingir os objetivos, respeitando os princípios, visando cumprir a missão no seu negócio (Vasconcelos Filho; Pagnoncelli, 2001).

A estratégia corresponde também a um padrão ou um plano que integra de uma forma coesa os objetivos, as políticas e as ações de uma organização. Ela tanto pode ser global para toda a organização ou apenas setorial, quando envolve uma parte ou segmento da organização. Para ser efetiva, a estratégia deve apresentar um conjunto de características, tais como: relatar objetivos claros e decisivos; promover a iniciativa, propiciando liberdade de ação e gerando maior comprometimento; concentrar força e poder no momento oportuno; propiciar flexibilidade; coordenar e comprometer as lideranças; propiciar competitividade; e prover segurança para a base de recursos do negócio ou atividade (Quinn, 1988).

As estratégias da organização devem considerar os conceitos de administração estratégica, pensamento estratégico, informação e conhecimento, alinhamento estratégico, empreendedorismo, inovação, liderança, gestão de projetos e inteligência organizacional.

A literatura nacional e internacional sugere inúmeros tipos ou classificações de estratégias, tais como: alianças; ampliação; analítica; aprendizagem; clientes, consumidores e potenciais; combinadas; competitivas; concentração; consolidação; contingência; continuidade; crescimento; custos; defensiva; desenvolvimento; desinvestimento; diferenciação; distribuição; diversificação; efetividade; empreendedora; enfoque; escala; estabilidade; exportação; extensão; financeiras; financiamento; foco em; garantia; horizontalização; imagem; inovação; internacionalização; liderança; localização; logística; lucro; manutenção; mudança; parcerias; participação no mercado; participativas; perenidade; posicionamento; pós-venda; preço; prestígio; processos; produtividade; prospectiva; qualidade; racionalização; reativa; reconcepção; reconhecimento; reconhecimento ou prestígio; recursos; redirecionamento; redução de custos ou despesas; respeito; resultado econômico-financeiro; segmentação; segurança; sobrevivência; social; tecnologia; terceirização; verticalização; virtualização; entre outras.

Para Ansoff (1988), uma organização frequentemente procura oportunidades no ambiente para sua diversificação com as estratégias nos tipos: horizontal (compra ou associação com organizações similares); vertical (produção de novos serviços ou produtos); concêntrica (diversificação de linha de produtos com aproveitamento da mesma tecnologia ou força de vendas); conglomerativa (diversificação de negócios sem aproveitar mesma tecnologia ou força de vendas); interna (gerada por fatores internos com menos influência dos fatores externos); e mista (mais de um tipo de diversificação).

Três tipos genéricos de estratégias relacionados ao pensamento estratégico da organização foram formalizados por Porter (1990): (1) liderança total em custos; (2) diferenciação; e (3) foco. Na estratégia de **liderança total em custos**, a organização direciona seus esforços para a redução máxima de seus custos de produção e distribuição para oferecer preços menores que seus competidores ou concorrentes e obter maior participação de mercado. Na estratégia de **diferenciação**, a organização direciona seus esforços para o desempenho superior em um específico serviço ou produto, ou, ainda, em determinada atividade ou área de benefício para o cidadão, cliente ou consumidor, procurando ser valorizado pela sociedade ou pelo mercado. A diferenciação pode estar relacionada com o atendimento ao cidadão, com a qualidade na prestação de serviços, com o resultado dos produtos ou, ainda, com estilo, tecnologia, modelo de gestão e outros fatores de inteligência organizacional. Na estratégia de **foco**, a organização direciona seus esforços a um ou mais segmentos de serviços, produtos ou mercado, frequentemente menores. As três possibilidades exigem que a organização conheça profundamente os segmentos em que atua, os serviços que presta e os produtos que produz.

De acordo com Oliveira (1999), as estratégias podem se apresentar nos mais diferentes tipos: sobrevivência (redução de custos; desinvestimento; liquidação de negócio); manutenção (estabilidade; nicho ou segmento; especialização ou concentração de atividades); crescimento (inovação; internacionalização; *joint venture*; expansão); desenvolvimento (de mercado; de serviços ou produtos; financeiro; capacidades ou potenciais; estabilidade de uma associação ou fusão). Também podem ser classificadas nas mais diferentes formas: amplitude (macroestratégias; estratégia funcional; e microestratégia ou subestratégia operacional); concentração (estratégia pura com desenvolvimento específico de uma ação numa área de atividade; e estratégia conjunta, que corresponde a uma combinação); qualidade dos resultados (estratégias fortes com grandes mudanças; estratégias fracas com resultados amenos); fronteira (estratégias internas; externas; e ambas); recursos aplicados (estratégias de recursos humanos; recursos não humanos; e ambos); e enfoque (estratégias pessoais; empresariais ou organizacionais).

Já Mintzberg (1987) sugeriu cinco "Ps" para classificar e analisar as estratégias das organizações: perspectiva; posição; pauta ou pretexto; plano; e padrão. A estratégia é uma **perspectiva**, um panorama, uma visão. Seu conteúdo implica não somente a escolha de uma posição, mas também uma maneira particular de perceber o mundo. Essa definição sugere que a estratégia é concebida com a intenção de regular determinado comportamento. A estratégia é uma **posição ou postura**, em particular, um meio para situar uma organização em seu meio ambiente, isto é, a localização de determinados produtos em determinados mercados. A estratégia como **pauta ou pretexto** (estratagema) é um truque, isto é, uma manobra específica para enganar um oponente ou concorrente. A estratégia como **plano** é uma direção conscientemente determinada, um guia ou curso de ação para o futuro, um caminho para ir daqui até ali, um caminho pretendido. A estratégia como **padrão** relaciona-se à consistência em um comportamento ao longo do tempo, um fluxo de ações.

A classificação da estratégia segundo Mintzberg, Ahlstrand e Lampel (2000) está desmembrada em dez escolas, nas quais as abordagens variantes das estratégias são identificadas com seus respectivos processos: *design* (concepção); planejamento (formal); posicionamento (analítico); empreendedora (visionário); cognitiva (mental); aprendizagem (emergente); poder (negociação); cultural (coletivo); ambiental (reativo); e escola da configuração (processo de transformação). Essas escolas estão distribuídas em três agrupamentos: (1) prescritivas, (2) descritivas e (3) configuracionais. A escola do planejamento tem a formulação das estratégias como um processo de planejamento formal separado e sistemático, controlado por passos distintos e delineados por técnicas específicas.

Para Certo e Peter (1993), as estratégias organizacionais podem se apresentar nas seguintes classificações ou alternativas, as quais podem ser combinadas: concentração; estabilidade; crescimento; redução de despesas.

A estratégia de **concentração** (numa única linha de negócios) é usada por organizações para obter vantagem competitiva pelo conhecimento especializado e eficiente, e também para evitar problemas na administração de muitos negócios; nesse caso, a organização corre o risco de ser eliminada por não ter alternativa de negócio.

A estratégia de **estabilidade** (orientada em sua linha ou linhas de negócios existentes e tenta mantê-las) pode ser utilizada em três situações principais: (1) a organização que é grande e domina o seu mercado pode adotar essa alternativa para evitar controles governamentais ou penalidades por monopolizar a indústria; (2) a organização pode achar que, além de ser dispendioso, o crescimento pode ter efeitos prejudiciais sobre a lucratividade; e (3) a organização numa indústria de baixo crescimento ou sem crescimento e que não tenha outras opções viáveis pode ser forçada a selecionar uma estratégia de estabilidade.

A estratégia de **crescimento** (em vendas, lucros, participação de mercado ou mesmo outras medidas como um objetivo principal) pode ser perseguida pelos recursos como: integração vertical, horizontal, diversificação, fusões e *joint ventures*. A integração vertical está relacionada com o crescimento pela aquisição de outras organizações num canal de distribuição, para obter maior controle sobre uma linha de negócios e aumentar os lucros pela eficiência e melhor esforço de vendas. A integração horizontal está relacionada com o crescimento pela aquisição de organizações concorrentes numa mesma linha de negócios, visando aumentar seu porte, vendas, lucros e participação potencial no mercado. A diversificação está relacionada com o crescimento pela aquisição de empresa em outras indústrias ou linhas de negócios. A fusão ocorre quando uma organização se une a outra para formar uma nova organização. A *joint venture* está relacionada com uma organização internacional e com uma não internacional, as quais trabalham em um projeto específico.

A estratégia de **redução de despesas** (alternativa para quando a sobrevivência de uma organização está ameaçada e ela não está competindo com eficiência) envolve os tipos: rotatividade de produtos, desinvestimento e liquidação. A rotatividade de produtos acontece quando a organização está funcionando de forma deficiente, mas ainda não alcançou um estágio crítico, podendo, por exemplo, livrar-se de produtos não lucrativos, reduzir força de trabalho e os canais de distribuição. O desinvestimento envolve vender negócios ou defini-los como organização separada, principalmente quando o negócio principal não está sendo bem conduzido ou quando fracassa em atingir os objetivos especificados. A liquidação ocorre quando o negócio é encerrado, e seus ativos, vendidos (é a última alternativa, pois envolve perdas para os envolvidos), podendo ser minimizada quando a organização tem mais de um negócio.

As estratégias corporativas e funcionais, segundo Hitt, Ireland e Hoskisson (2002), também podem ser classificadas em outras estratégias.

Uma estratégia de nível **corporativo** é uma ação posta em prática para ganhar uma vantagem competitiva pela escolha e administração de um composto de negócios que competem em diversas indústrias ou mercados de produto. Esta fortemente relacionada com estratégias de diversificação (diversificação relacionada, diversificação não-relacionada e reestruturação permitem que a organização se expanda para novas áreas de produto ou mercado, sem levar a efeito uma fusão ou uma aquisição), alianças sinérgicas (criam economias de escopo conjuntas entre duas ou mais organizações) e *franchising* (alternativa à diversificação que é considerada uma estratégia corporativa baseada numa relação contratual referente a uma franquia desenvolvida entre duas partes: franqueado e franqueador).

As estratégias **funcionais** estão fortemente relacionadas com as alianças estratégicas. Estas são parcerias entre organizações, em que seus recursos, capacidades e competências essenciais são combinadas para perseguirem interesses mútuos ao projetar, manufaturar, e distribuir bens e serviços. Apresentam-se em três tipos básicos: *joint venture*; aliança estratégica acionária; e alianças sem participação acionária. A *joint venture* envolve duas ou mais organizações que criam uma organização independente combinando partes de seus ativos. A aliança estratégica acionária requer sócios que detenham diferentes porcentagens de capital social num novo empreendimento. E as alianças sem participação acionária são formadas mediante acordos contratuais realizados para que uma companhia forneça, produza e distribua os bens e serviços de uma organização, sem haver compartilhamento do capital social. Em complemento, as alianças cooperativas de unidades de negócios sustentam a utilização de alianças estratégicas pelas organizações quando buscam competitividade estratégica, inclusive como desejo de as usar em substituição à integração vertical. Podem ser: alianças complementares; alianças para redução da competição; alianças de resposta à competição; e aliança para redução da incerteza. A estratégia corporativa ainda pode ser: internacional (que envolve outros países, globalização e alianças que ultrapassam fronteiras); e em rede (com grupos de organizações inter-relacionadas para servir aos interesses comuns dos sócios).

A formulação das estratégias da organização está relacionada com a escolha do seu futuro e com o atendimento dos seus objetivos. Para tanto, é fundamental a mobilização de todos os recursos e o envolvimento de todas as pessoas da organização. Eventualmente, podem ser convocados voluntários e assessores externos para compor a equipe multidisciplinar para a formalização das estratégicas constantes no projeto de planejamento estratégico.

Com as estratégias formuladas, que se constituem em inexoráveis quesitos para o êxito, sucesso ou sobrevivência da organização, muitos benefícios podem ser colhidos para seu meio ambiente interno. Porém, alguns cuidados devem ser tomados de forma serena, minuciosa e coletiva: fortalecer as estratégias com base nas informações sistematizadas e nos indicadores formalizados nas fases anteriores; descrever as estratégias de forma sucinta, clara e objetiva; verificar a consistência e a coerência das estratégias; integrar as estratégias para evitar ações isoladas e sem visão sistêmica; observar as estratégias de sucesso dos competidores ou concorrentes; levar em consideração os serviços ou produtos substitutos; incluir fatores de diferenciação e de vantagem competitiva dos competidores ou concorrentes; ponderar as tendências relevantes do meio ambiente externo; considerar critérios perenes ou duradouros; compatibilizar as estratégias com os recursos financeiros e humanos disponíveis; envolver e compromissar as pessoas da organização; atentar para os riscos aceitáveis pela organização; levar em conta os fatores críticos de sucesso; respeitar a visão, os valores e as políticas da organização; adequar o modelo de gestão da organização às estratégias estabelecidas; determinar uma quantidade não exagerada de estratégias; e atender aos preceitos do conceito de inteligência organizacional.

Para as organizações públicas, é relevante priorizar as estratégias focadas na atividade pública e vinculá-las às necessidades do cidadão e aos anseios da sociedade. E para as organizações privadas, é relevante priorizar as estratégias focadas no negócio privado e vinculá-las às oportunidades de mercado e às necessidades dos clientes e consumidores.

Posteriormente, quando da implementação das estratégias da organização, é possível elaborar algumas mudanças no seu meio ambiente interno, envolvendo os seus respectivos serviços ou produtos e, eventualmente, redirecionando atividades e estruturas organizacionais.

No projeto de planejamento estratégico, as estratégias da organização devem ser descritas por meio de frases curtas, as quais devem ser compostas de um verbo no infinitivo e um objeto ou tema em questão. As estratégias têm foco macro, abrangente ou amplo.

Por opção, tal como nos objetivos da organização, as estratégias da organização podem ser separadas em curto, médio e longo prazo.

Da mesma forma que nos cenários de posicionamentos estratégicos ou macroestratégias, as estratégias podem ser formalizadas por três abordagens ou técnicas. A primeira abordagem está direcionada para os serviços ou produtos da organização; a segunda, para as funções organizacionais (ver Seção 1.4); e a terceira, para a filosofia ou o conceito de *Balanced Scorecard* (BSC).

Para as organizações públicas, tal como nos cenários de posicionamentos estratégicos, as estratégias estão relacionadas com os temas: primazia ou excelência na prestação do serviço público; adequação da qualidade de vida dos cidadãos; atendimento à sociedade; desenvolvimento das questões sociais, econômicas e sustentáveis; facilitação da transparência pública; e outras estratégias correlatas. Tais cenários podem estar relacionados com a regulamentação jurídica que a constituiu e com os atributos de valor para a sociedade.

Para as organizações privadas, as estratégias também estão relacionadas com os temas: lucro e outros recursos financeiros; crescimento e aprendizagem; desenvolvimento e inovação; perenidade e sobrevivência; reconhecimento, respeito e prestígio; processos, qualidade, produtividade e efetividade; e inteligência organizacional.

Alguns exemplos de estratégias direcionadas para as organizações públicas são: aprimorar os serviços prestados; definir novos serviços; elaborar projeto de comunicação para a sociedade; elaborar projeto de aproximação do cidadão; desenvolver projeto de informação ao cidadão; desenvolver convergências políticas; buscar novos representantes públicos; elaborar projeto específico o para segmento X; desenvolver plano de negociação para devedores; criar uma unidade de fiscalização; implementar programa de manutenção dos filiados; normatizar e interligar os processos internos; desenvolver serviço de *telemarketing*; elaborar projeto para redução de impostos; elaborar plano integrado de sistemas de informação; elaborar projeto de divulgação da organização; implementar programa de recursos humanos; elaborar um plano de qualificação de pessoas; ampliar o controle das receitas dos fundos; aperfeiçoar sistemas de elaboração e execução do orçamento; instituir órgão de controle interno; implantar um plano de carreiras, cargos e salários; ampliar a política de benefícios; implantar reconhecimento da eficiência dos servidores; criar programas para a melhoria da qualidade de vida; elaborar um plano de gestão das informações; integrar os sistemas de informações; desenvolver estudos de melhores práticas; buscar parcerias institucionais para a cooperação técnica e científica; implantar sistema de logística; aprimorar sistemas de comunicação interna; aprimorar processos internos de licitações; promover integração com demais poderes; desenvolver plano de regionalização do atendimento; fortalecer a estrutura interna; disseminar novas tecnologias; realizar campanhas de *endomarketing*; fomentar ações sociais; implantar programas de sustentabilidade do meio ambiente.

Exemplos de estratégias direcionadas para as organizações privadas são: divulgar organização; conquistar clientes; fidelizar consumidores; produzir efetivamente; qualificar produção ou serviços; elaborar projeto de produção ou de serviços; aprimorar produtos existentes; sedimentar serviços atuais; definir novos serviços ou produtos; formalizar projeto de *marketing*; implementar programa de recursos humanos; efetuar plano de materiais ou logística e distribuição; desenvolver alianças estratégicas com fornecedores; determinar parcerias com clientes; aprimorar relacionamento com os clientes; estabelecer campanha de aproximação dos clientes ou consumidores; mapear consumidores; terceirizar mão de obra; sistematizar informações personalizadas e oportunas; projetar sistemas de informação; elaborar mapeamento financeiro; ampliar resultados financeiros; reduzir custos; diminuir despesas; abrir filiais; implantar método xyz; criar escritório de projetos; criar conceito de gestão de projetos; sedimentar projeto de representantes; buscar novos representantes; construir políticas organizacionais; criar projeto de lançamentos de produtos; mapear processos organizacionais; unificar os processos da matriz com unidades; adequar serviços financeiros e orçamentários; qualificar pessoas; investir em pessoas; desenvolver capital humano; remunerar por competência e desempenho; criar projeto de clima organizacional; educar gente; elaborar projeto de ambiência organizacional; desenvolver plano de orçamento organizacional; criar indicadores organizacionais; rever avaliação de créditos; rever inadimplências; criar programa de comunicação interna; consolidar mercados setoriais; estudar inteligência de mercado e concorrentes; elaborar projeto da nova sede; consolidar instituto empresarial; melhorar intraestrutura física (instalaçoes); fortalecer infraestrutura tecnológica; estruturar unidade comercial; adequar processos tributários e contábeis; elaborar projeto específico para segmento X; entender tendências de mercado; promover a marca; elaborar projeto de qualidade e gestão organizacional; elaborar planejamento estratégico da tecnologia da informação; implantar gestão estratégica; projetar inteligência organizacional.

Necessariamente, as estratégias devem levar em conta os objetivos (qualificados e quantificados) e os problemas ou desafios da organização. Uma estratégia pode atender a mais de um objetivo e vice-versa. A estratégia exige seu detalhamento por meio dos planos de ações.

Não é necessário definir o período ou tempo para as estratégias, pois este deve ser formalizado nos objetivos da organização e, posteriormente, nos planos de ações das estratégias da organização.

Algumas organizações optam por formalizar as estratégias em três colunas: (1) problemas ou fraquezas da organização; (2) objetivos da organização; e (3) estratégias da organização. Assim, para cada problema, podem ser estabelecidos um ou mais objetivos e uma ou mais estratégias. Como é um processo cíclico, pode-se ir refinando (reescrevendo, juntando ou excluindo) os problemas identificados, os objetivos formalizados e as estratégias estabelecidas.

As estratégias de contingências também podem ser estabelecidas, ou seja, no caso de determinada estratégia proposta não poder ser elaborada ou de se observarem eventuais dificuldades em sua implementação, uma ou mais estratégias alternativas podem substituir a referida estratégia proposta.

Na execução do planejamento estratégico, cada estratégia pode se constituir num projeto da organização. Cada projeto requer a elaboração de uma fase 0 (zero) (ver Seção 3.4).

Na subfase seguinte, para cada estratégia, é exigido pelo menos um plano de ações para o detalhamento da respectiva estratégia da organização. Quando da elaboração dos planos de ações, pode ser necessário revisar ou ajustar as estratégias e as respectivas ações, pois o que é ação para uma organização pode ser estratégia para outra e vice-versa. Na prática, a distinção entre estratégia e ação pode ser pequena e deve ser definida pelos envolvidos.

Eventualmente, quando da formalização das estratégias da organização e dos seus respectivos planos de ações, pode ser necessário elaborar ajustes nos objetivos ou na visão da organização.

Como a literatura clássica de plano de negócio sugere a elaboração de outros três planos (operação dos processos ou serviços; *marketing* ou comercial ou de vendas; e financeiro), na metodologia aqui proposta, esses planos podem ser desmembrados nas subfases: estratégias da organização para os referidos três planos; (1) planos de ações das estratégias da organização; (2) análise de custos, benefícios, riscos e viabilidades; e (3) mapeamento financeiro da organização (ver Seção 3.2).

6.3 Planos de ações das estratégias da organização

As ações são as atividades voltadas para o atendimento ou detalhamento das estratégias da organização e devem ser formalizadas por meio de planos de ações. Os planos de ações também podem ser chamados de *execução do planejamento estratégico*. Já foi chamado de *cronograma de atividades*. Alguns administradores chamam os planos de ações de *planos de trabalho*.

A ação é a ponte entre a intenção e a realização. A estratégia nada significa até que se transforme em ação, e esta, em resultados. Para tanto, é muito importante identificar o perfil e a competência das pessoas responsáveis que executarão as ações.

Nas organizações inteligentes, as ações são consideradas fatores críticos de sucesso para a viabilização das estratégias da organização. O fato de as ações não serem detalhadas em distintas atividades indica que o desconhecimento do tema em questão é elevado e, ainda, não inteligente (ver Capítulo 2). Eventualmente, os planos de ações podem se tornar subprojetos organizacionais para serem elaborados por equipe específica ou por pessoas físicas ou jurídicas como agentes externos.

A técnica 5W1H (do inglês, *who, when, what, where, why, how*, ou "quem, quando, o quê, onde, por quê, como") também pode facilitar a formalização dos planos de ações (ver Seção 3.4.10).

Os planos de ações devem ser compatibilizados e integrados para sua formalização. As ações devem ser estruturadas e descritas de forma sequencial. E, para sua realização, devem ser assegurados os recursos para as ações. Algumas ações podem ser permanentes, sem prazo de término; outras podem ser temporárias, com início e fim definidos.

Os planos de ações devem ser elaborados de forma participativa e com o envolvimento das pessoas das diversas funções organizacionais. Devem ser amplamente divulgados em toda a organização. Todo esforço de divulgação tem como objetivo a busca de compromisso de todos. Para tanto, é vital promover e incentivar a participação direta ou indireta das pessoas da organização.

No projeto de planejamento estratégico, os planos de ações das estratégias da organização devem ser formalizados por meio dos planos de trabalho com atividades para toda a equipe multidisciplinar envolvida, definindo: ações ou atividades ou tarefas a serem elaboradas; responsáveis pelas ações; período ou tempo para realização das ações; e recursos necessários para realização das ações.

Cada estratégia da organização requer, necessariamente, um plano de ações.

As ações ou atividades ou tarefas descrevem o que fazer para atender à estratégia definida. Elas desmembram ou detalham as estratégias em processos ou procedimentos de execução. As ações devem ser compostas por verbo no infinitivo e objeto. Tem foco micro ou menos abrangente, não amplo.

Alguns exemplos de ações são: preparar documento; formalizar equipe; descrever cargo; selecionar pessoas; contatar fornecedores; elaborar contrato; organizar local de evento; imprimir fôlder; realizar evento; visitar clientes; estruturar indicadores; examinar local; limpar equipamento; analisar resultado; emitir relatório; arquivar impresso.

Os processos ou procedimentos modelados nos processos ou procedimentos operacionais da organização na fase 5, diretrizes organizacionais, também podem se constituir em ações das estratégias da organização (ver Seção 5.7).

Os responsáveis descrevem quem fará cada ação. Podem ser pessoas físicas, pessoas jurídicas, unidades departamentais ou, ainda, papéis, cargos ou funções específicas relacionados com a equipe multidisciplinar do projeto (por exemplo, patrocinador, gestor, equipe das funções organizacionais, equipe da tecnologia da informação, assessoria externa, entre outras). Sugere-se fortemente formalizar o nome da pessoa física que é responsável pela ação.

As organizações inteligentes preconizam a ideia de que um dos responsáveis pelas ações seja o gestor do plano de ações ou, preferencialmente, uma pessoa do corpo técnico, e não do corpo gestor ou da alta administração (ver Capítulo 2).

O período ou tempo descreve quando fazer cada ação. Podem ser datas **previstas e realizadas, com dia, mês e ano de início e fim.** Também podem ser prazos em dias, semanas ou meses.

Uma prioridade também pode ser descrita para estabelecer uma ordem de relevância das ações a serem elaboradas e podem ser expressas em classes (A, B, C, D) ou em números sequenciais. Para alocar recursos e estimar tempo de recursos humanos, pode-se trabalhar com 8 horas/dia, 40 horas/semana e 160 horas/mês. Porém, quando a mesma equipe elabora outras atividades além do projeto de planejamento estratégico, pode-se estimar entre 3 a 5 horas/dia.

O período ou tempo total máximo das ações é determinado em função do que foi formalizado nos objetivos da organização.

Os recursos necessários descrevem como fazer cada ação. Dizem respeito a todos os recursos necessários (por exemplo, materiais, equipamentos, veículos, salas, tecnologias etc.) e também aos recursos e pessoas envolvidos. Os recursos financeiros podem ser citados, mas serão analisados na subfase seguinte (ver Seção 6.4).

Por opção, também podem ser requeridos os resultados esperados para cada ação. Tais resultados podem estar relacionados com metas ou indicadores, sejam operacionais, gerenciais ou estratégicos (ver Seção 7.2.2).

As ações de contingências também podem ser estabelecidas, ou seja, no caso de determinada ação proposta não poder ser elaborada ou de serem observadas eventuais dificuldades na sua implementação, uma ou mais ações alternativas podem substituir a referida ação proposta.

Algumas organizações optam por formalizar as ações das estratégias da organização em quatro colunas: (1) problemas ou desafios; (2) objetivos; (3) estratégias; e (4) ações da organização. Assim, para cada problema, podem ser estabelecidos um ou mais objetivos, uma ou mais estratégias e diversas ações para atender às referidas estratégias. Como é um processo cíclico, pode-se ir refinando (reescrevendo, juntando ou excluindo) os problemas identificados, os objetivos formalizados e as estratégias e ações estabelecidas.

Também por opção, podem ser descritos onde serão realizadas as ações e por que estas são necessárias. Posteriormente, pode ser descrito um *status* que expressa o estado do andamento da atividade (não iniciada, realizada, em andamento, depende de outras etc.), e ainda, as causas das ações.

6.4 Análise de custos, benefícios, riscos e viabilidades

Uma vez que os objetivos e as estratégias da organização foram formalizados, e as ações, detalhadas em seus planos de ações, buscam-se a validade e as viabilidades para as referidas estratégias da organização, por meio da análise de custos, benefícios, riscos e viabilidades.

A análise de custos, benefícios, riscos e viabilidades é uma atividade que deve ser elaborada no projeto de planejamento estratégico, deixando claros o investimento e respectivos retornos, sejam financeiros, sejam sociais.

A necessidade e a adequação são as palavras-chave nessas análises (e não o estado da arte disponível no mercado). Toda organização tem ou terá uma realidade econômica e financeira que deve ser respeitada por seus planejadores e gestores. Essa realidade deve ser confrontada com os recursos e as tecnologias disponíveis no mercado, comparando-os, de um lado, ao estado da arte e, de outro, à sucata.

Essa análise garante a viabilidade de cada estratégia da organização e de todo o planejamento estratégico, seja na visão financeira, seja na visão não financeira (ou social). Ela se constitui num grande argumento para os planejadores e gestores justificarem a elaboração do projeto, pois deixa evidentes os desembolsos, os benefícios mensuráveis e não mensuráveis e as respectivas viabilidades ou não do projeto para a organização. Muitos projetos têm sido fortemente justificados pelos benefícios chamados *não mensuráveis*.

As literaturas de administração financeira, de contabilidade e de custos se aprofundam em conceitos, formas e demais detalhamentos pertinentes aos temas custos, benefícios, riscos e viabilidades.

Os custos podem ser entendidos como medidas monetárias resultantes da aplicação de bens e serviços na produção de outros bens e serviços durante o processo de fabricação do produto ou de elaboração dos serviços. **Também se referem aos diferentes gastos que a organização faz ou fará.** Como exemplos, podem ser citados os gastos com matérias-primas, mão de obra, encargos sociais, materiais, equipamentos, embalagens, aluguéis, seguros, fornecedores, prestadores de serviços, entre outros. Podem apresentar-se em diversos tipos. Os custos diretos ou primários são ligados à produção ou aos serviços e podem ser diretamente apropriados aos produtos. Alguns exemplos são: matéria-prima, mão de obra direta, embalagens etc. Os custos indiretos são todos os outros custos que dependem da adoção de algum critério de rateio para sua atribuição à produção e não oferecem condições de medida objetiva. Exemplos: aluguel, depreciações, mão de obra indireta, gestão dos serviços e da produção, alguns materiais de consumo etc. Os custos fixos são os que permanecem constantes, independentemente do volume de produção, de serviços ou de vendas. Exemplos: instalações, seguros contratados, imposto predial, aluguéis, salários e encargos sociais da administração; tarifas mínimas de água e outros serviços públicos, prestadores de serviços fixos (contador, advogados, assessorias), manutenção contratada, propaganda corrente etc. Os custos variáveis são os consumidos ou aplicados e variam de forma proporcional ao volume produzido, serviço elaborado ou vendido. Exemplos: matéria-prima, mão de obra (própria e terceirizada), encargos sociais, insumos diretos, embalagens, comissão de vendas, impostos, fretes etc. Existem ainda outras classificações de custos que podem ser pesquisados em literaturas pertinentes, tais como: custo de fabricação ou de produção; custo de depreciação; custo de mercadorias vendidas; custo de produtos vendidos; custo de aquisição; custo de transformação ou conversão; custo fabril; custo marginal; custo oportunidade; custo primário; custo-padrão; custos ambientais; custos comuns; custos estimados; custos funcionais; custos históricos; custos imputados; custos próprios; custos rateados.

Os investimentos representam os gastos ativados em função de sua vida útil ou benefícios atribuíveis a futuros períodos. É a aplicação de algum tipo de recurso (dinheiro ou títulos) com a expectativa de receber algum retorno futuro superior ao aplicado, compensando inclusive a perda de uso desse recurso durante o período de aplicação (juros ou lucros, em geral a longo prazo). Também significa a aplicação de capital em meios que levam ao crescimento da capacidade produtiva (instalações, máquinas, meios de transporte), ou seja, em bens de capital.

Outros custos também devem ser considerados no projeto de planejamento estratégico, tais como: contratação, capacitação e adequação dos recursos humanos; sistemas de informação, sistemas de conhecimentos e tecnologia da informação (implantações, adequações, melhorias e manutenções); infraestrutura (materiais, móveis, instalações elétricas, obras civis etc.); impactos financeiros, ambientais, culturais, comportamentais etc.; custos de tempo; custos situacionais.

Os benefícios podem ser entendidos como os retornos que são auferidos pelos custos e investimentos feitos pela organização. Eles podem ser mensuráveis e não mensuráveis. Os benefícios mensuráveis estão essencialmente relacionados com três fatores: (1) valor; (2) percentual; e (3) período ou tempo do retorno dos custos ou investimentos. Tais benefícios mensuráveis são calculados com base nas diferentes técnicas de análises financeiras disponíveis em literaturas pertinentes. Nos benefícios mensuráveis, devem constar os valores em moeda, mesmo que zerados.

Os benefícios não mensuráveis são mais difíceis de determinar matemática ou financeiramente, num primeiro momento. Algumas vezes são abstratos. Estão intimamente relacionados com as viabilidades não financeiras (ou sociais) e também para as questões sociais da organização. Como exemplos, podem ser citados: qualidade de vida do cidadão; envolvimento e participação da sociedade; primazia ou excelência na prestação do serviço; satisfação do cliente interno e externo; imagem da organização; agilidade de processos; desenvolvimento das questões sociais, econômicas e sustentáveis; facilitação da transparência pública; clima organizacional; confiabilidade de atividades; capital intelectual; apoio à inteligência organizacional; dentre outros.

Os riscos podem ser entendidos como os possíveis ou prováveis resultados de diversas atividades que envolvem as estratégias da organização e o projeto de planejamento estratégico como um todo. É a verificação dos pontos críticos que possam vir a apresentar não conformidades durante a execução de objetivos, estratégias ou ações. A análise de riscos está relacionada com a identificação das ameaças com maior probabilidade de ocorrência, analisando as vulnerabilidades encontradas na organização e possibilitando a tomada de decisão com relação aos riscos principais. Conhecendo os riscos, pode-se tentar sua aceitação, compartilhamento, eliminação ou minimização. Para facilitar a elaboração e o entendimento dos riscos envolvidos, recomenda-se separá-los em positivos e negativos. Também se sugere rever a análise dos ambientes da organização, na qual são formalizadas suas forças, fraquezas, oportunidades e ameaças. Como exemplos, podem ser citados: possibilidade de não cumprimento do prazo predefinido; não aceitação do serviço pelo cidadão; não envolvimento e participação da sociedade; rejeição do produto pelo cliente ou consumidor; incoerência na transparência pública; instabilidade das questões sociais, econômicas e sustentáveis; dificuldade com critérios de qualidade, produtividade e efetividade dos serviços ou produtos; complicações no atendimento aos cidadãos ou clientes; alterações ou oscilações de oferta, de demanda ou de preços; queda ou encarecimento dos custos de produção ou serviços; mudanças da legislação; perda de recursos humanos; perda de contratos (de clientes, de fornecedores, de parcerias e outros); mudança da tecnologia.

As viabilidades buscam condições para que as estratégias da organização sejam exequíveis, duradouras e/ou vivenciáveis. O planejamento estratégico da organização pode ser viabilizado tanto por meio de análises de viabilidades financeiras quanto por meio das análises não financeiras (ou social).

As viabilidades financeiras envolvem valores e percentuais referentes aos resultados a serem auferidos e que devem ser expressos em determinado período. Estão relacionadas com os benefícios mensuráveis do planejamento estratégico. As literaturas de administração financeira, de contabilidade e de custos são as mais indicadas para leitura e compreensão das viabilidades financeiras. As análises financeiras podem ser elaboradas por diversas técnicas, por exemplo: período de *payback* (tempo necessário para recuperação do investimento, que deve ter correção dos valores envolvidos); valor e taxa de retorno de investimento (*return on investiment* – ROI); valor e taxa de retorno sobre patrimônio líquido (*return on equity* – ROE); taxa interna de retorno (TIR); valor presente líquido (VPL); ponto de equilíbrio (a receita iguala a soma dos custos, zerando os lucros); demonstração de resultados (receitas (–) despesas); valor econômico agregado (*economic value added* – EVA); balanço patrimonial (ativo e passivo); demonstração do resultado do exercício (DRE); fluxo de caixa (considerando as vendas e capacidade de produção); margem operacional, ganhos ou resultados da empresa antes das deduções financeiras e fiscais (*earnings before interest and taxes* – EBIT) e antes da depreciação e amortização (*earnings before interest, taxes, depreciation and amortization* – EBITDA); índices de liquidez, de endividamento, de rentabilidade e outros indicadores econômico-financeiros.

Ainda, o método do valor anual uniforme equivalente (VAUE) consiste em achar uma série uniforme anual equivalente ao fluxo de caixa do investimento que determina o quanto o investimento lucraria anualmente a mais que a respectiva aplicação financeira. Quando o VAUE é positivo, o investimento é recomendado economicamente. O VAUE, a TIR e o VPL combinados, juntamente à projeção do fluxo de caixa, são considerados os instrumentos básicos da engenharia econômica.

O prazo de retorno do investimento pode ser calculado de uma forma simples, sem considerar os preceitos científicos da administração financeira, dividindo o valor do investimento total pelo valor do lucro líquido.

As viabilidades não financeiras (ou sociais) não envolvem valores e percentuais, e os resultados estão mais voltados para os benefícios não mensuráveis e também para as questões sociais e políticas da organização. Para as organizações públicas, essa viabilidade é mais adequada, pois deve levar em consideração o Plano Plurianual (PPA), bem como a Lei de Diretrizes Orçamentárias (LDO) e a Lei Orçamentária Anual (LOA).

Outras viabilidades ainda podem ser consideradas, tais como: viabilidade técnica (função, desempenho ou restrições relacionadas com o projeto); viabilidade legal (infração, violação ou responsabilidade legal que possa exigir ou resultar do projeto elaborado); viabilidade ambiental, cultural, motivacional, política.

No projeto de planejamento estratégico, a análise de custos, benefícios, riscos e viabilidades deve ser formalizada. Pode ser elaborada utilizando-se a seguinte estrutura: custos (itens com valor em moeda, mesmo que zerado); benefícios mensuráveis (com pelo menos valor, percentual, e período ou tempo do retorno dos custos ou investimentos); benefícios não mensuráveis (itens sem valores monetários e suas respectivas justificativas); riscos (itens sem valores e suas respectivas justificativas); viabilidades financeiras e não financeiras (apresentação do resultado que, diante do exposto e analisando os custos, os benefícios e os riscos, as estratégias, individualmente e coletivamente, serão viáveis ou não viáveis).

Os custos podem ser separados por tipos como: diretos; indiretos; fixos; variáveis; e outros custos. Os recursos necessários para realização dos planos de ações das estratégias da organização também devem ser expressos em valores nos custos. Para a formalização dos benefícios mensuráveis, sugere-se recorrer às literaturas pertinentes que tratam das viabilidades financeiras. Para a formalização dos benefícios não mensuráveis, sugere-se recorrer às literaturas pertinentes que tratam das viabilidades não financeiras (ou sociais). Os riscos podem ser separados em positivos e negativos.

O tempo para determinar os custos necessários está relacionado com o tempo formalizado nos objetivos da organização e nas ações das estratégias da organização.

Deve-se necessariamente elaborar a análise de custos, benefícios, riscos e viabilidades para cada uma das estratégias da organização e também as viabilidades do projeto de planejamento estratégico como um todo (elaborando um mapa-resumo, ou seja, juntando os custos, benefícios, riscos e as viabilidades de todas as estratégias da organização).

Para as organizações públicas, a ênfase está nas viabilidades não financeiras (ou sociais). A viabilidade financeira é secundária, tendo em vista seu próprio objeto público e fim social.

Para as organizações privadas, em muitos projetos a estratégia comercial é a única estratégia financeiramente viável; as demais tendem a ser encaradas como investimentos. Por isso, deve-se elaborar o mapa-resumo das estratégias da organização, sendo possível a uma estratégia compensar a outra, viabilizando o projeto da organização como um todo. Ainda, o resultado pode ser desfavorável do ponto de vista financeiro (quando destacados apenas os benefícios mensuráveis), mas pode ser viável quando são relatados os benefícios não mensuráveis.

6.5 Mapeamento financeiro da organização

As receitas estão relacionadas com as entradas de dinheiro na organização, ou seja, com as contas a receber ou faturamento. Uma forma simples de fazer o cálculo da receita é multiplicar a quantidade de unidades vendidas do serviço ou produto pelo seu preço unitário. Como exemplos de receitas, podem ser citados: prestação de serviços; vendas de produtos; elaboração de projetos; assessorias ou consultorias; e outras entradas.

As despesas estão relacionadas com as saídas de dinheiro na organização, ou seja, com as contas a pagar. Correspondem ao bem ou serviço consumido direta ou indiretamente para obtenção de receitas. Como exemplos de despesas podem ser citados: pagamentos a fornecedores; salários; comissões; encargos sociais; aluguéis; contratos; seguros; energia; água; comunicações; manutenções; impostos; e outras saídas.

As despesas podem ser classificadas em distintos tipos. As despesas fixas são aquelas cujo total não varia na proporcionalidade do volume produzido ou vendido, ou seja, devem ser pagas independentemente da quantidade produzida ou vendida. As despesas variáveis são aquelas que variam na proporcionalidade do volume produzido ou vendido, ou seja, a despesa ocorre quando há unidades produzidas ou vendidas. As despesas indiretas são os custos que não ficam propriamente incorporados ao produto final, como impostos, imprevistos, mobilização e desmobilização, juros. Podem ainda ser separadas em: operacionais (relacionadas com as atividades operacionais da organização); com vendas concernentes a atividades comerciais); administrativas (relacionadas com salários, encargos, aluguéis, legais ou judiciais, materiais de escritórios e outras despesas correlatas); financeiras (ligadas a aplicações financeiras e bancárias); e outras despesas.

Preferencialmente, os valores das contas a pagar e das contas a receber devem ser diários (somados, são adicionados mensalmente no fluxo de caixa).

O ponto de equilíbrio (do inglês *break-even point*) é a denominação dada quando o valor total das receitas é igual ao valor total das despesas (incluindo os custos fixos e variáveis). Neste ponto, o resultado ou lucro final é igual a zero. As vendas acima desse nível passam a resultar num lucro real para a organização, e vendas abaixo representam prejuízo. O referido ponto de equilíbrio permite determinar o nível mínimo de produção ou serviço que a organização pode suportar sem sofrer prejuízo. Também pode fornecer a quantidade mínima que a organização deve vender para obter lucro.

As literaturas de administração financeira, de contabilidade e de custos são as mais indicadas para leitura, aprofundamento e compreensão desses temas.

No projeto de planejamento estratégico, o mapeamento financeiro da organização deve ser formalizado utilizando-se a seguinte estrutura: despesas previstas (valores das contas a pagar); receitas previstas (valores das contas a receber ou faturamento); e valor do ponto de equilíbrio (valor total das receitas igualando ou não o valor total das despesas).

O mapeamento financeiro pode contemplar duas abordagens. A primeira abordagem diz respeito a valores adicionais ao atual fluxo de caixa, ou seja, são contemplados apenas os itens requeridos pelo projeto de planejamento estratégico em elaboração. A segunda abordagem pode contemplar os valores atuais da organização e os valores adicionais deste projeto de planejamento estratégico em elaboração.

As despesas podem ser separadas em fixas e variáveis ou, ainda, em despesas operacionais, com vendas, administrativas, financeiras e outras despesas. As receitas podem ser separadas por tipos de entradas. Na estimativa das receitas, é relevante considerar a taxa de crescimento do setor em que a organização está inserida, bem como a do país.

O tempo para especificar as despesas e as receitas deve ser mensal (com pelo menos um ano). O tempo para determinar o ponto de equilíbrio normalmente é anual, mas também está relacionado com o tempo formalizado nos objetivos e nas ações das estratégias da organização. É relevante formalizar o mapeamento financeiro com pelo menos 12 meses para avaliar o comportamento mínimo anual da organização.

Os referidos valores devem ser complementados com análises, indicadores, comentários, posicionamentos e pareceres.

Por opção, um fluxo de caixa pode ser elaborado contendo as previsões de produção ou de serviços, além das contas a pagar e a receber, despesas e receitas previstas. Ainda, um orçamento pode complementar o mapeamento financeiro da organização, deixando claro o valor do capital inicial a ser investido e o respectivo capital de giro.

O **capital inicial** é o dinheiro necessário para iniciar uma atividade pública ou um negócio privado da organização. O **capital nominal** é o investimento inicial feito pelos "proprietários" da organização registrado no sistema contábil, e o **capital social** é representado por todos os recursos (dinheiro, equipamentos, materiais etc.). O **capital de giro** diz respeito ao valor em dinheiro que a organização precisa ter disponível para os seus pagamentos (ou despesas) até que os recebimentos (receitas) se iniciem e equilibrem financeiramente a organização.

O percentual da lucratividade pode ser calculado dividindo-se o valor do lucro líquido pelo valor da receita total. O percentual da rentabilidade pode ser calculado dividindo-se o valor do lucro líquido pelo valor do investimento total.

Capítulo 7

Controles organizacionais e gestão do planejamento

OS CONTROLES organizacionais e a gestão do planejamento se constituem na quarta e última fase da elaboração do projeto de planejamento estratégico para organizações públicas ou privadas. Porém, essa fase pode ser elaborada desde o início com as demais fases, pois esse projeto é um processo cíclico e integrado.

Como conceito, controle é fazer algo que aconteça conforme o planejado. Consiste em um processo que orienta a atividade exercida para um fim previamente determinado. Está relacionado com a monitoração, o acompanhamento e a avaliação do processo de administração estratégica visando melhorar, corrigir e garantir o funcionamento adequado de processos ou funções.

Do ponto de vista das funções da administração ou dos processos administrativos, o controle, ao lado da direção e da gestão, é um componente que acompanha, compara, mede e avalia atividades da organização por meio de padrões previamente estabelecidos. Com base nesses procedimentos, o controle pode fornecer aos gestores da organização subsídios para facilitar as decisões, bem como para corrigir caminhos, reforçar ações, interferir em processos e alcançar objetivos anteriormente planejados, organizados e dirigidos.

Um efetivo sistema de controle permite também verificar se as análises organizacionais elaboradas estavam corretas. Se um planejamento foi corretamente executado, mas os objetivos pretendidos não foram ou não serão alcançados, é sinal de que muito provavelmente os problemas a serem resolvidos não estavam analisados ou diagnosticados de maneira precisa.

Os principais objetivos dos controles são: definição de padrões e medição de desempenho; acompanhamento; correção de desvios; e garantia do cumprimento do planejamento estratégico organizacional. Também visam analisar como está determinada atividade do planejamento estratégico da organização, avaliando seu resultado e proporcionando eventuais ações de mudanças.

Para organizações já estabelecidas ou constituídas juridicamente, todas as subfases dos controles organizacionais e gestão do planejamento podem ser elaboradas, por opção, em duas formas: (1) atual (situação existente) e (2) futura (situação proposta e desejada ou condição potencial da organização). Tal como nas fases anteriores, o futuro está mais direcionado para os cenários estratégicos que podem estar fundamentados na atitude, no pensamento estratégico e na inteligência da organização. Para organizações que serão criadas, obviamente não existe situação atual, mas proposta.

O processo de estabelecer formalmente a fase controles organizacionais e gestão do planejamento também pode obedecer a diversas metodologias e a diferentes técnicas. A referida fase pode ser desmembrada em subfases.

Para as organizações públicas, um sistema de controle público precisa atender a duas necessidades simultaneamente: (1) as exigências legais descritas na Constituição Federal (Brasil, 1988) e nas legislações aplicáveis ao setor público; e (2) as necessidades de gestão da atividade pública, ou seja, o fornecimento de informações relevantes, tempestivas e confiáveis para que o gestor público possa tomar decisões apropriadas, personalizadas e oportunas, tal como faria qualquer gestor competente nas organizações privadas.

Os dados, os indicadores e as informações da organização e os conhecimentos das pessoas envolvidas ou interessadas são recursos imprescindíveis para a elaboração dos controles da organização. Neste caso, os sistemas de informação, os sistemas de conhecimentos e a tecnologia da informação (e o governo eletrônico para as organizações públicas) se constituem, num primeiro momento, em instrumentos fundamentais para a elaboração, organização e documentação dessa fase do planejamento estratégico. Num segundo momento, se constituem em produtos ou recursos para a execução dos controles da organização.

7.1 Níveis de controles do planejamento e da organização

Os controles organizacionais podem ser divididos em estratégico, tático ou gerencial e operacional ou técnico. Ainda, podem envolver quatro etapas clássicas: (1) estabelecer critérios, bases, normas, medidas, indicadores ou padrões; (2) acompanhar e avaliar processos, produtos, desempenhos ou resultados; (3) comparar os resultados com os padrões predefinidos; e (4) direcionar e agir de forma corretiva ou disciplinar quando ocorrem dificuldades, dispersões ou desvios.

7.1.1 Controles estratégicos

Os controles estratégicos se concentram na monitoração e avaliação do processo da administração estratégica para garantir o funcionamento integral do planejamento estratégico da organização. É empreendido para garantir que todos os resultados estratégicos planejados durante o projeto se materializem.

Sua principal finalidade é contribuir com a organização no alcance dos objetivos do ponto de vista estratégico por meio da monitoração e da avaliação da implementação do planejamento estratégico da organização.

No que tange às funções organizacionais, devem controlar os processos e resultados estratégicos.

Quanto às informações, indicadores e conhecimentos, os controles estratégicos estão relacionados com os sistemas de informação estratégicos e com a alta administração da organização.

Tais controles são tratados no nível estratégico da organização se referindo aos seus aspectos globais e ao envolvimento e responsabilidade da alta administração da organização na implementação do seu planejamento estratégico. Normalmente, sua dimensão de período ou tempo é o longo prazo. Seu conteúdo tem caráter mais genérico e sintético.

Outras abordagens dos controles estratégicos estão relacionadas com o desempenho global da organização, com as informações estratégicas organizacionais, com as visões macro dos indicadores relacionados com as funções organizacionais. Também podem estar relacionadas com as preocupações globais das questões humanas e sociais das pessoas da organização e do seu meio ambiente interno e externo.

Nas organizações públicas, podem estar relacionados com os controles estratégicos do plano plurianual e de outros projetos estratégicos públicos.

7.1.2 Controles táticos ou gerenciais

Os controles táticos ou gerenciais se concentram na monitoração e na avaliação do processo da administração estratégica para garantir o funcionamento tático ou gerencial do planejamento estratégico da organização. É empreendido para garantir que todos os resultados táticos planejados durante o projeto se materializem.

Sua principal finalidade é contribuir para que a organização alcance os objetivos do ponto de vista tático (ou gerencial ou intermediário) por meio da monitoração e avaliação da implementação do planejamento estratégico da organização. No que tange às funções organizacionais, deve controlar os processos e resultados táticos e gerenciais, enfatizando as referidas funções, e não os seus módulos ou sistemas.

Quanto às informações, indicadores e conhecimentos, os controles táticos estão relacionados com os sistemas de informação gerenciais e com corpo gestor da organização.

Tais controles são tratados no nível tático ou gerencial da organização se referindo aos seus aspectos intermediários e ao envolvimento e responsabilidade do corpo gestor (ou nível organizacional intermediário) na implementação do seu planejamento estratégico. Normalmente, sua dimensão de período ou tempo é o médio prazo. Seu conteúdo tem caráter mais intermediário, ou seja, entre o genérico e o específico que se refere aos controles operacionais.

Outras abordagens dos controles táticos estão relacionadas com o desempenho específico de um ambiente da organização ou de um serviço ou produto, com as informações táticas (ou gerenciais), com as visões intermediárias dos indicadores relacionadas com as funções organizacionais. Também podem estar relacionados com as preocupações específicas das questões humanas e sociais das pessoas da organização e do seu meio ambiente interno e externo.

Nas organizações públicas, podem estar relacionados com os controles gerenciais do plano plurianual do orçamento, com os orçamentos-programa e com a contabilidade pública.

7.1.3 Controles operacionais ou técnicos

Os controles operacionais ou técnicos se concentram na monitoração e na avaliação do processo da administração estratégica para garantir o funcionamento operacional e cotidiano do planejamento estratégico da organização. É empreendido para garantir que todos os resultados operacionais ou técnicos planejados durante o projeto se materializem.

Sua principal finalidade é contribuir de modo que a organização alcance os objetivos do ponto de vista operacional (ou cotidiano ou técnico) por meio da monitoração e da avaliação da implementação do planejamento estratégico da organização. No que tange às funções organizacionais, deve controlar os processos e resultados operacionais ou técnicos, enfatizando os seus módulos ou sistemas.

Quanto às informações, indicadores e conhecimentos, os controles operacionais estão relacionados com os sistemas de informação operacionais e com o corpo técnico da organização.

Tais controles são tratados no nível operacional da organização se referindo aos aspectos cotidianos ou técnicos e ao envolvimento e à responsabilidade do corpo técnico (ou operacional) na implementação do seu planejamento estratégico. Normalmente, sua dimensão de período ou tempo é o curto prazo. Seu conteúdo tem caráter mais específico e analítico.

Outras abordagens dos controles municipais operacionais estão relacionadas com o desempenho específico e cotidiano de um ambiente da organização e de uma atividade técnica ou operacional, com as informações operacionais (ou detalhadas), com as visões operacionais e cotidianas ou corriqueiras dos pormenores e indicadores relacionadas com as funções organizacionais. Também podem estar relacionados com as preocupações peculiares das questões humanas e sociais das pessoas da organização e do seu meio ambiente interno e externo. Em algumas situações, pode ser interessante fazer esses controles com quadros de atividades, de produtividade e de controle de qualidade cotidiana da elaboração dos serviços ou produtos.

Nas organizações públicas, podem estar relacionados com os controles diários dos serviços públicos, dos valores financeiros e dos pormenores das atividades públicas e seus orçamentos no nível da execução das operações requeridas em suas específicas tarefas.

No projeto de planejamento estratégico, os níveis de controles da organização devem ser formalizados utilizando-se a seguinte estrutura: controles estratégicos; controles táticos ou gerenciais; e controles operacionais ou técnicos.

Em cada nível de controle deve ser enfatizado o que controlar e quem são os responsáveis pelos referidos controles.

Nos controles estratégicos, a ênfase do controle está nos objetivos da organização e nos resultados das funções organizacionais primárias (produção ou serviços e comercial ou *marketing* para as organizações privadas, e serviços públicos e divulgação ou comunicação pública para as organizações públicas), tendo como responsável a alta administração da organização. Nos controles táticos ou gerenciais, a ênfase do controle está nas estratégias da organização e nos resultados das funções organizacionais secundárias, tendo como responsável o corpo gestor da organização. Nos controles operacionais, a ênfase do controle está nos planos de ações das estratégias da organização e nos módulos ou sistemas das funções organizacionais ou nos processos ou atividades operacionais, tendo como responsável o corpo técnico da organização.

Para facilitar, pode-se utilizar um quadro com as respectivas relações:

Quadro 7.1 – Níveis de controles organizacionais

Controles	O que controlar	Funções a controlar	Responsáveis
Estratégicos	Objetivos organizacionais	Funções organizacionais primárias	Alta administração
Táticos ou gerenciais	Estratégias organizacionais	Funções organizacionais complementares	Corpo gestor
Operacionais	Planos de ações organizacionais	Módulos das funções organizacionais	Corpo técnico

Quanto aos responsáveis pelos controles nos níveis hierárquicos convencionais da organização (alta administração, corpo gestor e corpo técnico), podem ser pessoas físicas, pessoas jurídicas, unidades departamentais. Podem, ainda, ser papéis, cargos ou funções específicas no projeto (por exemplo, patrocinador, gestor, equipe das funções organizacionais, equipe da tecnologia da informação, assessoria externa, entre outros).

O controle global do planejamento estratégico deve ser elaborado por meio de um comitê estratégico, formado principalmente pela alta administração e pelo corpo gestor da organização.

7.2 Meios de controles do planejamento e da organização

Um processo de controle organizacional enfatiza o estabelecimento de critérios, bases, normas, medidas, indicadores ou padrões para posterior acompanhamento, avaliação, comparação e direcionamento dos resultados com os padrões predefinidos.

Após formalizados os níveis de controles, descrevendo-se o que controlar e quem são os responsáveis, é necessário definir os meios para tais controles, sejam procedimentos manuais, sejam sistemas informatizados. Os controles informatizados também são chamados de *controles eletrônicos* e englobam, por exemplo, sistemas eletrônicos e auditorias eletrônicas por meio de *software*. Os meios de controles estão direcionados para como e quando controlar. Para tanto, determinadas providências que podem impactar no desempenho organizacional devem ser formalizadas.

A avaliação dos controles do planejamento e da organização faz parte de um processo cíclico, interativo e participativo, com documentações do quê, como e quando exatamente se pretende controlar. Para tanto, exige-se o estabelecimento de critérios, bases, normas, medidas, indicadores ou padrões, incluindo quesitos quantitativos e qualitativos.

Para Oliveira (1999), antes de iniciar o controle e a avaliação dos itens de um planejamento estratégico, deve-se estar atento a determinados aspectos: motivação (entendimento, aceitação, adequação, desempenho etc.); capacidade (todos os envolvidos habilitados etc.); dados e informação (com dados comunicados, informações personalizadas e oportunas etc.); tempo (disponibilidade, dedicação etc.). Essa parte do processo tem algumas finalidades: identificar problemas, falhas e erros que se transformam em desvios do planejamento, com o objetivo de corrigi-los e de evitar sua reincidência; fazer com que os resultados obtidos estejam próximos dos esperados; verificar se o planejamento está proporcionando os resultados esperados; proporcionar informações periódicas para eventuais intervenções.

7.2.1 Controles por meio da auditoria

As auditorias podem se constituir em meios efetivos de controles organizacionais. A medição do desempenho da organização, a comparação do desempenho da organização com padrões predefinidos e as ações corretivas podem se constituir em etapas integradas de controles do planejamento e da organização (Certo; Peter, 1993).

A medição do desempenho deve refletir o desempenho da organização por meio de auditorias e de métodos de medição de desempenho. A auditoria é um exame e uma avaliação da organização elaborada de forma ampla ou concentrada. Pode ser desmembrada em três grandes partes: (1) diagnóstico (revisar planos, acordos e políticas; comparar desempenhos;

compreender papéis, processos decisórios, recursos, inter-relacionamentos de equipes e de serviços ou produtos; identificar implicações na organização; determinar perspectivas internas e externas; formular alternativas etc.); (2) análise concentrada (testar alternativas ou hipóteses; formular conclusões etc.); e (3) recomendações (desenvolver soluções; recomendar planos de ações etc.).

Os métodos para medir a auditoria da organização são diversos e divididos basicamente em: qualitativo e quantitativo. No método qualitativo, são abordadas questões relacionadas com pareceres. Esses pareceres podem estar relacionados com os objetivos da organização, estratégias, políticas, gastos, investimentos, serviços, oportunidades, ameaças, utilização de recursos, operações, atividades, bem como outros diversos índices e indicadores não numéricos. Nas medições quantitativas, as avaliações resultam em dados resumidos numericamente e organizados antes que as conclusões sejam traçadas. Podem ser utilizadas diferentes medições: análises de retorno de gastos e investimentos, classificações numéricas, auditorias específicas, quadros numéricos sintéticos e analíticos, bem como outros diversos índices e indicadores numéricos.

A comparação do desempenho do planejamento e da organização com padrões predefinidos confronta as medições de desempenho da organização com duas marcas de desempenho estabelecidas: (1) objetivos da organização e (2) padrões organizacionais. Os objetivos da organização são simplesmente a saída de uma etapa anterior do projeto de planejamento estratégico, ou seja, as relações entre os componentes das diretrizes da organização. Os padrões organizacionais são desenvolvidos para refletir os objetivos da organização, constituindo marcos que indicam níveis aceitáveis de desempenho da organização. Esses padrões podem estar relacionados com as leis que a organização deve obedecer, com a qualidade dos serviços ou produtos prestados, com a qualidade de vida dos envolvidos, com o desenvolvimento dos envolvidos, com as responsabilidades privadas ou públicas e com o equilíbrio da gestão da organização.

As ações corretivas dos controles do planejamento e da organização são definidas como mudanças que a organização faz nas suas atividades para garantir o alcance dos seus objetivos e estratégias de forma mais efetiva. Isso implica que a organização atue de acordo com os padrões estabelecidos.

7.2.2 Controles por meio de sistemas de indicadores

Diversos são os sistemas de controles que a organização pode estabelecer para o acompanhamento e a avaliação da implementação do planejamento estratégico. A avaliação dos controles faz parte de um processo cíclico e interativo. Esse processo pode ser denominado *sistema de controle organizacional*. Os produtos das ações organizacionais definidas podem ser medidos por meio de indicadores.

Os indicadores podem ser entendidos como uma das maneiras de se medir o desempenho de eventos, situações, atrasos, mudanças e avanços, mensurando eventuais variações de metas específicas. Eles resumem informações relevantes de um fenômeno particular ou um substituto de uma medida do comportamento de um sistema em termos de atributos relevantes, expressivos e perceptíveis. Podem ser dados que permitem quantificar, qualificar ou mensurar algum elemento desejado, facilitando a sua compreensão e melhorando a qualidade de pesquisas ou de resultados. Os indicadores são fundamentais para os controladores e decisores, pois permitem tanto criar cenários sobre um tema quanto aferir ou acompanhar os resultados de decisões.

Os sistemas de indicadores devem contribuir com a medição, com o acompanhamento e com a avaliação das ações organizacionais. Na seleção dos indicadores é importante o entendimento do que se quer medir, das informações que se quer gerar e dos conhecimentos que se quer compartilhar. Os sistemas de indicadores podem se constituir em relevantes sistemas de controles organizacionais. Podem ser manuais ou informatizados. Em ambos os casos, armazenarão dados e disponibilizarão informações para que os controles do planejamento e da organização sejam elaborados. Essas informações devem ser válidas, confiáveis, personalizadas e oportunas.

Um dos sistemas de indicadores é fornecido pelo *Balanced Scorecard* que pode determinar metas para os controles da organização (ver Seções 7.2.5 e 8.3).

7.2.3 Controles por meio de sistemas de informação e sistemas de conhecimentos

Os sistemas de informação e os sistemas de conhecimentos podem se constituir em meios muito efetivos de controles do planejamento e da organização. O conceito e as classificações dos sistemas de informação foram descritos na seção 4.7.1.

Os sistemas de conhecimentos manipulam ou geram conhecimentos organizados para contribuir com os seres humanos, com as organizações e com toda a sociedade. A gestão do conhecimento permite a divulgação das melhores práticas mediante a troca de informações, o compartilhamento dos saberes e a distribuição do conhecimento nas organizações. O conhecimento complementa a informação quando externa percepções humanas (tácitas), cenários de informações ou inferências computacionais. O conhecimento é também entendido como algo pessoal e pertencente aos indivíduos que compõem a organização; portanto, é necessário capturá-lo, mapeá-lo, sistematizá-lo e distribuí-lo para todos na organização.

Nos sistemas de conhecimentos, as bases de conhecimentos constituem-se no local onde são depositados conhecimentos expressos em dados não triviais, textos, imagens, vídeos, sons, raciocínios elaborados etc. Esses sistemas podem ser compostos pelos recursos emergentes da tecnologia da informação ou por simples programas específicos, em que são geradas informações e também disponibilizados os conhecimentos pessoais e organizacionais. As pessoas e suas competências e habilidades fazem com que os sistemas de conhecimentos funcionem por meio do seu aporte de capital intelectual auxiliado pelos recursos da tecnologia da informação das organizações inteligentes (Rezende, 2013).

7.2.4 Controles por meio da tecnologia da informação

A tecnologia da informação e seus recursos computacionais também podem se constituir em meios muito efetivos de controles do planejamento e da organização. O conceito e a descrição dos componentes da tecnologia da informação (ou governo eletrônico para organizações públicas) foram descritos na seção 4.7.2.

Os controles do planejamento e da organização são efetivamente elaborados pelos componentes da tecnologia da informação: *hardwares* e seus dispositivos e periféricos; *softwares* e seus recursos; sistemas de telecomunicações; e gestão de dados e informações. Destaca-se nesse caso, o *software* que pode estabelecer critérios, medidas, indicadores ou padrões para acompanhamento, avaliação e comparação de processos, produtos, desempenhos ou resultados esperados (Rezende; Abreu, 2013).

7.2.5 Controles por meio do *Balanced Scorecard* (BSC)

A filosofia ou conceito *Balanced Scorecard* (BSC) representa um meio efetivo de controle do planejamento e da organização. O BSC constitui-se em um modelo de gestão e de controle organizacional para manter a vantagem competitiva da organização. Ele utiliza quatro perspectivas ou abordagens: (1) clientes; (2) processos internos; (3) financeira; (4) aprendizado e inovação ou crescimento funcional (Kaplan; Norton, 1996). Essas perspectivas podem ser direcionadas, por opção, para o foco estratégico e também para o foco operacional da organização.

Nas organizações públicas, essas perspectivas ou abordagens podem ser adaptadas com outros nomes e com fins correlatos no objeto público: cidadão ou sociedade; processos internos; orçamento ou sustentabilidade financeira; aprendizado e inovação ou crescimento funcional. Determinadas organizações públicas incluem a dimensão da responsabilidade social e sustentabilidade ambiental e a dimensão tecnológica como perspectivas do BSC. Porém, seja na organização pública, seja na organização privada, essas abordagens podem ser ainda complementadas com outras perspectivas, por exemplo, contemplando outros módulos das funções organizacionais.

O BSC pode ser estendido dos níveis estratégicos da organização para os diversos níveis do corpo gestor, inclusive para equipes do nível do corpo técnico e, até mesmo, para níveis individuais. É relevante que a organização também controle o nível de alinhamento dos objetivos individuais com os seus objetivos, desenvolvendo sistemas de indicadores pertinentes.

7.2.6 Controles por outros meios

As ciências da administração, da contabilidade e da engenharia fornecem uma série de outros instrumentos de controles do planejamento e da organização, sejam manuais, sejam informatizados.

Os controles manuais podem ser exemplificados por relatórios, registros convencionais, fichas de controle, papéis de monitoramento, documentos de acompanhamento de atividades.

Os controles informatizados, além dos já descritos, podem ser exemplificados por planilhas eletrônicas e *softwares* específicos para controles do planejamento e da organização. Evidentemente, todos os controles manuais podem ser posteriormente informatizados.

No projeto de planejamento estratégico, os meios de controles do planejamento e da organização devem ser formalizados utilizando-se a seguinte estrutura: meios de controles estratégicos, táticos ou gerenciais operacionais ou técnicos; e o tempo para cada controle.

Em cada meio do controle deve ser formalizado como e quando controlar. Para facilitar, pode-se utilizar um quadro com as respectivas relações:

Quadro 7.2 – Meios de controles organizacionais

Controles	Como controlar	Quando controlar
Estratégicos	Meios de controles estratégicos	Tempo maior
Táticos ou gerenciais	Meios de controles táticos ou gerenciais	Tempo médio
Operacionais	Meios de controles operacionais	Tempo menor

Para complementar essa tabela de meios de controle, também podem ser adicionadas as colunas apresentadas no Quadro 7.1 correspondentes aos níveis de controle (o que controlar e quem são os responsáveis pelos controles).

Nos meios do controle estratégico, gerencial e operacional são descritos como controlar o planejamento e a organização utilizando, entre outros meios: auditorias; sistemas de indicadores; sistemas de informação e sistemas de conhecimentos; tecnologia da informação; *Balanced Scorecard*.

Quanto ao período ou tempo de quando controlar, podem ser utilizados os seguintes critérios: horas, dias, semanas, meses, anos. Embora a literatura indique os períodos de curto, médio e longo prazo para os níveis estratégico, tático ou gerencial e operacional ou técnico, respectivamente, a organização tem de definir o que considera como curto, médio e longo prazo. O período ou tempo para determinar os prazos pode estar relacionado com o tempo formalizado nos objetivos e nas ações das estratégias da organização.

Por opção, também podem ser formalizadas as alternativas ou os planos de recuperação dos objetivos ou indicadores não alcançados ou parcialmente atingidos.

7.3 Periodicidades do projeto de planejamento estratégico

Como o planejamento estratégico para organizações públicas ou privadas é um processo cíclico, ele deve formalizar o seu período de validação ou abrangência e o seu período de revisão. Dessa forma, a organização passa a ter esse projeto como um constante instrumento de gestão e de inteligência organizacional.

7.3.1 Período de validação ou abrangência do projeto de planejamento estratégico

O projeto de planejamento estratégico deve ser elaborado para um período ou tempo coerente com os objetivos e as ações das estratégias da organização.

A visão da organização também pode ser considerada na determinação do período de validação ou abrangência do projeto de planejamento estratégico.

No projeto de planejamento estratégico, o período de validação ou abrangência deve ser formalizado com a definição do período ou tempo e com uma justificativa.

Tanto o período ou tempo quanto sua justificativa estão diretamente relacionados com o período ou tempo formalizados nos objetivos e nas ações das estratégias da organização. Normalmente, esse tempo é descrito em anos.

7.3.2 Período de revisão do projeto de planejamento estratégico

O projeto de planejamento estratégico deve ser revisado em determinado período ou tempo para verificar se seu andamento está ou estará de acordo com o alcance dos objetivos da organização e coerente com as estratégias e as ações das estratégias da organização. Dessa forma, nesse referido período será possível tomar decisões em tempo hábil para evitar problemas ou transtornos para a organização.

O período ou tempo de revisão do planejamento estratégico da organização também está relacionado com o período ou tempo formalizado nos objetivos e nas ações das estratégias da organização, ou seja, eles devem ser proporcionalmente coerentes. A periodicidade das revisões pode ser: bimestral, trimestral, quadrimestral, semestral ou, excepcionalmente, anual (quando o planejamento estratégico da organização for superior a cinco anos).

Evidentemente, mesmo com esse período ou tempo definido para as revisões, qualquer mudança no meio ambiente externo ou qualquer impacto no meio ambiente interno possibilita uma imediata revisão no planejamento estratégico da organização. Essas revisões são chamadas de *ocasionais* ou *situacionais* e ocorrem principalmente quando os resultados ou os cenários forem diferentes do planejado.

Com as revisões, o planejamento estratégico torna-se mais dinâmico e contínuo na organização, facilitando suas versões subsequentes. É importante lembrar que, ao terminar o relatório final do planejamento estratégico da organização, imediatamente se inicia sua segunda versão, na qual constam as "novas" sugestões de todas as subfases do projeto em execução.

No projeto de planejamento estratégico, o período de revisão deve ser formalizado com a definição do período ou tempo e com uma justificativa.

O período ou tempo de revisão e sua justificativa devem ser proporcionalmente coerentes com o período de validação ou abrangência.

7.4 Gestão do projeto de planejamento estratégico

O projeto de planejamento estratégico é composto de atividades complexas, desafiadoras, inovadoras e inteligentes na organização, principalmente porque procura estruturar os diferentes e divergentes anseios envolvidos interna e externamente. Para tanto, um instrumento de gestão de projetos se faz necessário para lidar com os recursos humanos, materiais, financeiros e tecnológicos que são requeridos pelo planejamento estratégico da organização.

Seja quando foi iniciado, seja no desenvolvimento ou, ainda, após a conclusão do planejamento estratégico da organização, a gestão desse projeto é fundamental para seu sucesso e para gerar os resultados profícuos para a organização.

Os modelos de gestão do projeto estão relacionados com os modelos de gestão das organizações. Dessa forma, o projeto de planejamento estratégico pode utilizar como opções os modelos convencionais autoritário, democrático, participativo, situacional (ver Seção 4.5) ou inteligência organizacional (ver Capítulo 2).

Com relação aos métodos, as teorias de gestão de projetos convencionais podem facilitar a gestão do planejamento estratégico da organização. O processo administrativo ou das funções da administração (planejamento, organização, direção e controle – PODC) é uma dessas teorias. Os sistemas da qualidade também podem contribuir, dentre eles as normas da International Organization for Standardization (ISO), o método PDCA (do inglês *plan, do, check, action*) e o 5S (do japonês *Seiri* – organização e descarte; *Seiton* – arrumação; *Seiso* – limpeza; *Seiketsu* – padronização e asseio; e *Shitsuke* – disciplina). As normas ISO estabelecem padrões de elaboração e de qualidade dos serviços ou produtos da organização. O método PDCA se baseia no controle de processos. O 5S é uma prática desenvolvida no Japão e ocidentalizada com o nome *housekeeping*.

O método PERT/CPM (*Program Evaluation Review Technique/Critical Path Method*) também pode ser utilizado para a gestão do projeto de planejamento estratégico da organização e para desenvolvimento de tarefas em série e em paralelo, por meio de redes. Refere-se a um conjunto de técnicas utilizadas para o planejamento e o controle de projetos. A rede de projeto amplia as possibilidades do quadro em barras, ilustrando explicitamente como as atividades dependem umas das outras, representando seus tempos de início e fim.

A gestão de projetos é um fator de êxito ou sucesso para as organizações que elaboram planejamento estratégico, principalmente porque o número de projetos que não chegam ao seu final com êxito ou sucesso é muito alto. Isso ocorre principalmente pela falta de acompanhamento do projeto, falta de comprometimento das pessoas, resistência ao planejamento, deficiência dos requisitos do projeto e muitas vezes incompetência do gestor ou dos envolvidos (ou pelo amadorismo no desenvolvimento de atividades de planejamento).

A elaboração integral do planejamento estratégico da organização deve ser vista como um projeto e como um empreendimento. É dessa forma que o PMI (*Project Management Institute*) enxerga todos os projetos. Essa instituição foi fundada em 1969 para estabelecer padrões de gerenciamento de projetos e divulgar esses padrões no PMBOK (*Project Management Body of Knowledge*). Um projeto é um esforço que tem o objetivo de criar um produto ou um serviço único. O gerenciamento de projetos é a aplicação de conhecimentos, habilidades, perfis, técnicas e instrumentos às atividades do projeto, para atingir ou exceder as necessidades e as expectativas dos envolvidos e os interessados no projeto (PMBOK, 2000).

O PMI classifica os processos em cinco grupos ou fases: iniciação; planejamento; execução; controle; e encerramento (PMBOK, 2000).

O **processo de iniciação ou definição objetiva** reconhecer que um serviço, produto ou fase deve começar e se comprometer para sua execução. No planejamento estratégico da organização, esse grupo de atividades está relacionado com o reconhecimento do local do projeto, com a formalização do conceito, do objetivo, da metodologia, da equipe multidisciplinar, da divulgação, do instrumento de gestão, com a capacitação dos envolvidos e com o comprometimento dos envolvidos no projeto.

O processo de iniciação e o processo de planejamento pode ser chamado de *fase 0* do projeto, pois ainda não é efetivamente executado ou realizado o planejamento estratégico da organização (apesar da existência do plano de trabalho para os envolvidos).

O **processo de planejamento** visa planejar e manter um esquema de trabalho viável para se atingirem os objetivos da organização que determinaram a existência do projeto. No planejamento estratégico da organização, esse grupo de atividades está relacionado com a definição das fases e subfases da metodologia adotada, bem como com o plano de trabalho definido para os envolvidos no projeto, formalizando ações ou atividades, responsáveis, período ou tempo e recursos necessários para realização das ações.

O **processo de execução** foca a coordenação de pessoas e outros recursos para realizar o projeto como um todo. No planejamento estratégico da organização, esse grupo de atividades está relacionado com a execução das atividades dos envolvidos nas fases e subfases constantes no plano de trabalho individual e coletivo para dar conta da elaboração do projeto.

O **processo de controle** pretende assegurar que os objetivos do projeto estão sendo atingidos, por meio da monitoração e da avaliação do seu progresso, tomando ações corretivas quando necessárias. No planejamento estratégico da organização, esse grupo de atividades também está **relacionado com a definição e o controle de andamento dos envolvidos nas** fases e subfases constantes no plano de trabalho individual e coletivo para monitorar e avaliar o projeto. As avaliações e aprovações são coletivamente elaboradas na conclusão das fases (principalmente na fase estratégias organizacionais) e na apresentação do projeto de planejamento estratégico para a equipe multidisciplinar e demais envolvidos e interessados.

O **processo de encerramento ou finalização** direciona a formalização e a aceitação da fase e de todo o projeto e faz seu encerramento de forma organizada. No planejamento estratégico da organização, esse grupo **de atividades está relacionado com o relatório final de encerramento para** apresentação, discussão e aprovação formal das fases e de todo o projeto por todos os envolvidos, incluindo as assinaturas das pessoas do meio ambiente interno e eventualmente do ambiente externo à organização.

Dessa forma, nessa técnica, uma fase não precisa necessariamente iniciar somente com o término da anterior, o que caracteriza o dinamismo do desenvolvimento metodológico do processo cíclico do planejamento estratégico da organização.

A **gestão de projetos** é organizada em áreas de conhecimento, cada uma descrita por meio de processos. Essencialmente, cada área de conhecimento se refere a um aspecto a ser considerado na gestão de projetos. São recomendadas dez áreas de conhecimento: (1) integração; (2) escopo; (3) tempo; (4) custos; (5) qualidade; (6) recursos humanos; (7) comunicações; (8) riscos; (9) aquisições; e (10) partes interessadas do projeto (PMBOK, 2000).

A **gestão da integração** é o subconjunto que contempla os processos requeridos para assegurar que todos os elementos do planejamento estratégico da organização sejam adequadamente coordenados. Também está direcionada para a integração e o alinhamento desse planejamento com os demais planejamentos da organização e, eventualmente, com planejamentos externos. Dessa forma, fica evidenciado o plano global do projeto (desenvolvimento e execução), seus controles ou pontos de aprovação e as eventuais mudanças, incluindo ou excluindo fases para adequar o projeto na organização.

A **gestão do escopo** é o subconjunto que contempla os processos necessários para assegurar que no planejamento estratégico da organização esteja incluído todo o contexto requerido para a elaboração bem-sucedida. Também está direcionada para a abrangência desse projeto no tocante a suas fases e subfases, ou seja, incluindo, eliminando ou adequando-as à metodologia definida e capacitada. Deixa claro onde inicia e termina o projeto. Também pode contemplar o controle dessas mudanças na metodologia.

A **gestão do tempo** é o subconjunto que contempla os processos necessários para assegurar a conclusão do planejamento estratégico da organização no prazo previsto. Também está direcionada para o plano de trabalho em que são distribuídas, de forma coletiva e individual, atividades ou tarefas, responsáveis, prioridade, períodos ou tempo, recursos necessários e *status* ou controle de andamento do projeto. Para alocação de tempo, pode-se trabalhar com horas de trabalho estimadas por dia, semana e mês.

A **gestão de custos** é o subconjunto que contempla os processos requeridos para assegurar que o planejamento estratégico da organização seja concluído de acordo com seu orçamento previsto. Também está direcionada para as análises de viabilidades das fases do projeto, do projeto como um todo e de eventuais outros planejamentos. Essa análise deve contemplar custos, benefícios (mensuráveis e não mensuráveis), riscos e resultado das viabilidades. Os custos devem ser formalizados tanto para elaboração do projeto quanto para a implementação do mesmo. Posteriormente, quando da execução do planejamento, um instrumento de controle, monitoração e avaliação de custos deve ser utilizada.

A **gestão da qualidade** é o subconjunto que contempla os processos requeridos para assegurar que as atividades das subfases e os produtos gerados do planejamento estratégico da organização estão em conformidade com o solicitado pelas pessoas envolvidas do meio ambiente interno e, eventualmente, do meio ambiente externo. Os requisitos de produtividade e efetividade também devem ser considerados. Inicia com a definição da equipe multidisciplinar e a capacitação dos envolvidos. Em seguida, está direcionada para a avaliação ou aprovação da qualidade das fases em elaboração e também nas finalizadas, nas quais são discutidos os indicadores de qualidade e as satisfações dos envolvidos direta e indiretamente. Outras técnicas de qualidade total podem ser utilizadas nas passagens das fases, pensando-se em controles e melhoria contínua do planejamento, incluindo suas versões seguintes.

A **gestão de recursos humanos** é o subconjunto que contempla os processos requeridos para envolver adequadamente as pessoas do planejamento estratégico da organização. Também está direcionada para a definição e o desenvolvimento ou capacitação das equipes multidisciplinares que atuam interdisciplinarmente nas fases da metodologia do projeto. É importante lembrar que uma equipe multidisciplinar principal deve atuar em todo o projeto, e outras equipes específicas podem atuar em determinadas subfases. Eventualmente, quando da capacitação dos componentes dessas equipes, pode ser necessário recrutar novos talentos para compor um grupo de trabalho e para facilitar a gestão do projeto. O perfil das pessoas pode ser avaliado, considerando-se fatores de motivação, envolvimento, conhecimento do negócio ou atividade, entre outros.

A **gestão das comunicações** é o subconjunto que contempla os processos requeridos para assegurar que as informações do planejamento estratégico da organização sejam adequadamente obtidas, comunicadas e disseminadas. Também está direcionada para a divulgação do projeto quando da elaboração da fase inicial. Contempla a articulação formal e informal de pessoas, a distribuição das informações, a divulgação de documentos de desempenho e do andamento do projeto e, ainda, relatórios de encerramento de fases e do projeto todo.

A **gestão de riscos** é o subconjunto que contempla os processos envolvidos com a identificação, a análise e as respostas aos riscos do planejamento estratégico da organização. Também está direcionada para os orçamentos e a análise de custos, benefícios, riscos e viabilidades, na qual são descritos os riscos do projeto. Pode ser complementada com um detalhado planejamento e identificação de riscos, com suas análises qualitativa e quantitativa, com alternativas ou respostas para os referidos riscos e posteriormente com um controle monitorado de riscos do planejamento.

A **gestão de aquisições ou suprimentos e contratos** é o subconjunto que contempla os processos requeridos para adquirir bens e serviços de fora da organização que são provedores do planejamento estratégico da organização. Também está direcionada para o tratamento dispensado aos contratos dos prestadores de serviços para as soluções planejadas que requerem esse tipo de alternativa, principalmente as que envolvem os recursos humanos ou de tecnologias específicas e necessárias. Essa atividade considera o planejamento de suprimentos, o processo de requisição, a seleção de eventuais fornecedores (internos e externos), a gestão, a avaliação e o encerramento de contratos. Podem ser incluídos nessa atividade, os chamados *contratos psicológicos* ou *pactos de interesse e relações internas*, visando motivar as pessoas para atingir o objetivo e os resultados do projeto de planejamento estratégico.

A **gestão das partes interessadas do projeto** é o subconjunto que contempla todas as partes que se envolvem com o planejamento estratégico da organização. Essas partes são costumeiramente chamadas de *stakeholders*. Também está direcionada para na identificação, no planejamento da gestão, na gestão do engajamento das pessoas físicas ou jurídicas e no controle do engajamento das partes interessadas do projeto. Devem ser incluídas pessoas ou empresas que podem afetar ou ser afetadas por decisões, atividades ou resultados do projeto. Também é necessário analisar e documentar informações relevantes sobre seus interesses, envolvimentos, interdependências, influências e impactos no sucesso do planejamento estratégico da organização, incluindo desenvolvimento de estratégias de gestão apropriadas ao envolvimento das partes interessadas, com base nas análises de suas necessidades, interesses e potencial de impacto.

Assim, a gestão e o plano de projeto devem ser constituídos de vários **componentes para definir a forma como deverá ser desenvolvido e acompanhado o planejamento estratégico da organização.**

No projeto de planejamento estratégico, os instrumentos de gestão do projeto de planejamento estratégico devem ser formalizados com a escolha de um ou mais modelos, métodos, instrumentos ou técnicas, e suas respectivas justificativas.

Como exemplos de modelos de gestão de projetos, podem ser citados: autoritário; democrático; participativo; situacional; inteligência organizacional; mistos; ou próprios da organização.

Alguns exemplos de métodos de gestão de projetos são: PODC; ISO; PDCA; 5S; PERT/CPM; PMBOK/PMI; entre outros, sejam mistos, de terceiros ou próprios da organização.

A seguir, citamos exemplos de instrumentos ou técnicas de gestão de projetos: *softwares* específicos; planilhas eletrônicas; relatórios de acompanhamentos; documentos informatizados ou manuais; dentre outros, sejam de terceiros ou próprios da organização.

No mercado, existem diferentes recursos da tecnologia da informação para apoiar a elaboração e a gestão do projeto de planejamento estratégico, sejam *softwares* pagos, sejam livres.

As justificativas estão relacionadas com a livre escolha pela organização, preferencialmente de acordo com o conhecimento, o domínio ou o interesse pelo instrumento ou técnica de gestão do projeto de planejamento estratégico.

Capítulo 8

Planejamento estratégico público ou privado por meio do *Balanced Scorecard* (BSC)

O PROJETO de planejamento estratégico público ou privado também pode ser elaborado por meio da filosofia ou conceito *Balanced Scorecard* (BSC) (Kaplan; Norton, 1997, 2004). O BSC tem sido utilizado em muitas organizações, principalmente as que têm cultura de utilização de indicadores para elaboração e gestão de projetos para alcance de seus resultados focados em vantagem competitiva em relação a seus competidores ou concorrentes.

Por outro lado, as organizações públicas ou privadas também têm como opção elaborar o projeto de planejamento estratégico com base em seus problemas (desafios ou fraquezas) ou, ainda, enfatizando as funções organizacionais. De qualquer maneira, a prática nas organizações permite mesclar essas três possibilidades (problemas, funções organizacionais e BSC) para elaborar um adequado planejamento estratégico público ou privado.

8.1 Conceito de *Balanced Scorecard* (BSC)

A filosofia *Balanced Scorecard* (BSC) também pode se constituir em um meio efetivo para elaboração do projeto de planejamento estratégico público ou privado. Desenvolvido por Robert Kaplan e David Norton nos anos 1990, o BSC é baseado na ideia de que a implementação estratégica requer um sistema de gestão que incorpore mais do que um modelo contábil tradicional e mais do que um modelo com medidas financeiras de curto prazo. Antes do BSC, a análise financeira só apontava para o passado, agora pode ser entendido como um sistema de gestão estratégica usado para alinhar as ações individuais com os objetivos e as estratégias da organização. Ainda como conceito, designa um sistema de gestão estratégia que permite elaborar, divulgar e gerir as estratégias e os objetivos da organização.

Alguns benefícios podem ser destacados no planejamento estratégico com o uso do BSC, por exemplo: alinhamento dos objetivos individuais com os objetivos da organização pública ou privada; responsabilidade por meio da estruturação de projetos; cultura dirigida por desempenho; suporte a criação de valores para os gestores.

Ainda segundo seus criadores, Kaplan e Norton, o BSC é mais que um sistema de indicadores, pois as organizações que se dizem inovadoras, o utilizam como a estrutura organizacional básica de seus processos de gestão. Por exemplo, é possível desenvolver um BSC inicial com objetivos relativamente restritos, tais como: esclarecer, obter consenso e focalizar estratégias, e depois comunicá-las para toda a organização. Assim, o poder do BSC está na transformação de um sistema de medidas em um sistema de gestão estratégica utilizado para:

- esclarecer e obter consenso com relação às estratégias;
- comunicar as estratégias para toda a organização pública ou privada;
- alinhar as metas da organização pública, ou privada e as pessoas às estratégias;
- associar os objetivos estratégicos (ou macro-objetivos) com as metas de longo prazo e orçamento anuais;
- identificar e alinhar as iniciativas estratégicas (ou planos de ações das estratégias para atender os objetivos da organização pública ou privada);

- realizar revisões estratégicas periódicas e sistemáticas;
- obter *feedback* para aprofundar o conhecimento das estratégias e aperfeiçoá-las.

Dessa forma, o BSC pode preencher a lacuna existente em alguns sistemas de gestão de organizações públicas ou privadas, que é a falta de processos sistemáticos para elaborar, gerir e obter *feedback* sobre as suas estratégias.

8.2 Perspectivas ou abordagens do *Balanced Scorecard* (BSC)

Para elaboração do projeto de planejamento estratégico público ou privado, o BSC sugere traduzir a missão, a visão e as estratégias em objetivos, indicadores e metas em quatro perspectivas ou abordagens: (1) financeira; (2) clientes; (3) processos internos; (4) aprendizado e inovação ou crescimento funcional (Kaplan; Norton, 1997, 2004).

Nas organizações públicas, essas perspectivas ou abordagens podem ser adaptadas com outros nomes e com fins correlatos no objeto público: orçamento ou sustentabilidade financeira; cidadão ou sociedade; processos internos; aprendizado e inovação ou crescimento funcional. Determinadas organizações públicas incluem a responsabilidade social, a sustentabilidade ambiental e a dimensão tecnológica como perspectivas do BSC. Porém, seja na organização pública, seja na organização privada, essas abordagens podem ser ainda contempladas com outras perspectivas, por exemplo, outros módulos das funções organizacionais descritas nas seções 1.4 e 4.1 – produção ou serviços ou serviços públicos; comercial ou *marketing* (divulgação ou comunicação pública); materiais ou logística; financeira; recursos humanos; e jurídico-legal.

O BSC tem como premissa o entendimento de que as organizações, diante do ambiente em constante mudança, devem tomar suas decisões baseadas em um universo maior de instrumentos, que possibilitem o equilíbrio entre as forças existentes dentro da organização e devem entender que suas ações apresentam uma relação de causa e efeito. Uma decisão na função organizacional divulgação ou comunicação pública (ou comercial ou *marketing*) com os cidadãos ou clientes terá reflexo imediato na função organizacional financeira, e como consequência nos processos internos.

A **perspectiva financeira** corresponde aos aspectos que dizem respeito aos impactos das decisões estratégicas nos indicadores e metas estabelecidos na função organizacional financeira. Os principais indicadores dizem respeito ao crescimento e à composição da arrecadação ou receita da organização, à relação entre custos e melhoria de produtividade e à sua gestão de riscos. Nesse caso, também é importante a avaliação do crescimento da receita em função de seus serviços ou cidadãos, produtos ou clientes, mercados conquistados e vendas efetuadas. Os indicadores que tratam dos aspectos relacionados aos custos e à melhoria de produtividade financeira devem buscar sair do lugar comum em termos de controle financeiro, bem como de gestão dos riscos.

A **perspectiva dos clientes** para as organizações privadas corresponde aos aspectos que dizem respeito à função organizacional comercial, bem como à participação da organização no mercado, com indicadores relacionados à satisfação de clientes, à intensidade que cada unidade de negócios da organização apresenta no que se refere à captação e à retenção de clientes ou até mesmo de consumidores ou *prospects*. Outro fator importante são os indicadores que controlam e analisam a lucratividade da organização.

A **perspectiva cidadão ou sociedade**, para as organizações públicas, corresponde aos aspectos que dizem respeito à função organizacional divulgação ou comunicação pública, bem como aos indicadores relacionados à satisfação dos cidadãos ou da sociedade e à intensidade que cada unidade de serviços públicos apresenta no que se refere às relações com os referidos cidadãos.

A **perspectiva dos processos internos** corresponde à avaliação do grau de inovação nos seus processos e o nível de qualidade das suas atividades ou operações. A organização deve desenvolver indicadores que avaliem o percentual de produção dos serviços ou produtos, o tempo de desenvolvimento e a capacidade da organização em inovar seus processos de controles e de gestão. Esses indicadores ainda devem avaliar o grau de qualidade, produtividade e efetividade na elaboração de seus serviços ou produtos, de projetos, de entrega aos cidadãos ou clientes, os serviços pós-atendimento ou pós-vendas e os valores agregados. Essa perspectiva está relacionada com todas as funções organizacionais.

A **perspectiva de aprendizado e inovação ou crescimento funcional** corresponde à capacidade da organização de manter seus talentos humanos num alto grau de motivação, satisfação, qualidade, produtividade e efetividade. Procura também medir o nível de criatividade dos seus servidores ou funcionários em busca de racionalização de processos, de agregação de valor aos serviços ou produtos e o nível de alinhamento destes com relação aos objetivos e à visão da organização. Essa perspectiva está mais relacionada com as funções organizacionais de recursos humanos (destacando recrutamento, seleção, admissão, demissão, cargos, salários e treinamento) e de produção e serviços (destacando o módulo de pesquisa, desenvolvimento e engenharia do serviço ou produtos ou projetos).

8.3 Indicadores e *Balanced Scorecard* (BSC)

Nem todas as organizações públicas ou privadas têm cultura de elaborar, utilizar e gerir indicadores. Essa iniciativa deve ser amplamente discutida e coletivamente aceita. Essencialmente, os indicadores são elementos formalizados por meio de números ou letras que, com valor agregado, representam informações para facilitar decisões ou para contribuir nas resoluções de problemas.

Os indicadores são medidas de desempenho de ações e os resultados de um conjunto de pessoas, contemplando o valor e o custo, com a seguinte prioridade: essencial, importante e desejável (Bornholdt, 1997). O indicador também pode ser entendido como uma medida que resume informações relevantes de um fenômeno particular ou um substituto de uma medida do comportamento do sistema no que se refere a atributos expressivos e perceptíveis (Mcqueen; Noak, 1988).

Num nível mais concreto, os indicadores devem ser entendidos como variáveis. Uma variável é uma representação operacional de um atributo (qualidade, característica, propriedade) de um sistema. A variável não é o próprio atributo ou atributo real, mas uma representação, imagem ou abstração deste. Identificar o quanto essa variável se aproxima do atributo próprio ou reflete o atributo ou a realidade, e qual o seu significado ou sua significância e relevância para a tomada de decisão é consequência da habilidade do investigador e das limitações e propósitos da investigação. Dessa forma, qualquer variável e, consequentemente, qualquer indicador, descritivo ou normativo, tem uma significância própria. A mais importante característica de indicador, quando comparado com outros tipos ou formas de informação, é a sua relevância para a política e para o processo de tomada de decisão. Para ser representativo, nesse sentido, o indicador tem de ser considerado importante tanto pelos tomadores de decisão quanto pelo público (Gallopin, 1996).

O objetivo principal dos indicadores é agregar e quantificar informações de uma maneira tal que sua significância fique mais aparente. Os indicadores simplificam as informações sobre fenômenos complexos tentando melhorar, com isso, o processo de comunicação (Bellen, 2005). Os indicadores podem representar informações qualitativas e quantitativas, que, por meio de seu registro e acompanhamento, mostram o desempenho ou comportamento de atividades, funções, requisitos ou até mesmo da organização em sua totalidade. Dentro de sua abrangência estratégica, tática e operacional, podem também ser classificados em: imprescindíveis, quando são indispensáveis à sobrevivência e à perenidade da organização; necessários, quando são demandados para o desenvolvimento e o crescimento da organização; e desejáveis, quando auxiliam a organização em sua competitividade (Bornholdt, 1997).

Os indicadores nas organizações públicas ou privadas também podem ser sinônimos de informações operacionais, gerenciais e estratégicas utilizadas para facilitar as decisões. Dessa forma, os indicadores e as informações, para serem úteis para as decisões, devem: apresentar conteúdo único; ter mais de duas palavras; não conter generalizações; não ser abstratas; não ser compostas de verbos; são diferentes de documentos, programas, arquivos ou correlatos.

O indicador ou a informação apresenta conteúdo único, ou seja, a cada momento a informação tem um conteúdo, expresso por meio de números, letras ou ambos. Por exemplo: o nome do cidadão só contém um nome; o número do CPF só pode ter um número; o valor do preço do produto só tem um valor por produto; a data do pagamento só pode ser de um dia. Quando a informação contém mais de um conteúdo, os mesmos devem ser explicitados. Por exemplo: estado civil (solteiro, casado, divorciado); cor do produto (verde, azul, vermelho); gênero do filme (ação, policial, romântico); forma de pagamento (à vista, a prazo); tipo de pagamento (dinheiro, cartão, cheque). Em cada momento da informação, o conteúdo será único.

O indicador ou a informação exige mais de duas palavras para deixar claro a que se refere, do que se trata, de qual objeto, a quem se destina etc. Do contrário, não seria correto. Por exemplo: saldo (saldo de quê?); data (data da?); nome (nome de quem?); veículo (nome, tipo ou cor do veículo?); cidadão (nome, número do CPF, peso?).

O indicador ou a informação não pode ser generalizado, ou seja, cada informação é expressa no seu detalhe, é específica, exclusiva, determinada. Não pode ser múltipla, estendida, abrangente ou confusa. Erros comuns podem ser exemplificados: *endereço*; *cadastro*; *perfil*; *balanço*; *características*. Cada uma dessas palavras concentra muitas informações.

O indicador ou a informação não pode ser abstrato, de compreensão difícil, obscura, vaga, irreal ou imaginária. Deve ser real, verdadeira, concreta. Confusões comuns podem ser exemplificadas: *qualidade*; *virtude*; *espécie*; *frequência*; *belo*; *grande*; *inferior*. Cada uma dessas palavras possibilita múltiplas interpretações.

O indicador ou a informação não pode ser formalizado por meio de um verbo no seu início, principalmente no modo infinitivo, por exemplo: *calcular, controlar*; *pagar*; *cobrar*. Da mesma forma está errado: *cálculo*; *controle*; *pagamento*; *cobrança*. Essas palavras não são informações, mas podem ser decisões, ações ou processos.

O indicador ou a informação não é um documento, programa, arquivo ou correlato. Tais palavras referem-se aos locais onde os dados ou informações podem ser armazenados, ou seja, eles podem conter dados e informações. Por exemplo: um extrato bancário contém dados (números ou letras) e pode conter informações, tal como um livro, um balanço contábil, um laudo médico, uma planilha eletrônica, um *software* qualquer, uma pasta de arquivo, entre outros repositórios de dados.

Os indicadores ou a informações também podem ser separados por conjuntos, coisas, assuntos, objetos, grupos, módulos ou sistemas de informações. Por exemplo, quando uma organização vende algo, as informações necessárias podem ser separadas por: clientes (nome; CPF; telefone celular etc.); produto (nome; preço; cor etc.); venda (quantidade; valor total etc.); estoque (quantidade disponível; preço de aquisição etc.); contas a receber (data do recebimento; valor total a receber etc.); e contabilidade (natureza do lançamento; valor do lançamento etc.) e outras separações.

Posteriormente, esses indicadores ou essas informações ainda podem ser separados por diversos tipos, tais como: operacional; gerencial; estratégica; trivial; personalizada; oportuna.

Para elaboração do projeto de planejamento estratégico público ou privado, o BSC sugere algumas medidas genéricas para seus indicadores (Kaplan; Norton, 1997).

Na **perspectiva financeira**, os objetivos normalmente estão relacionados com a lucratividade como medida, destacando como exemplo de indicadores: valor da receita bruta; percentual da receita operacional; valor do capital investido; percentual do retorno sobre o capital investido; valor econômico bruto; percentual do valor econômico agregado; valor do fluxo de caixa bruto; percentual do fluxo de caixa líquido; valor da sustentabilidade bruta; percentual da sustentabilidade líquida; valor do orçamento público (para organizações públicas).

Na **perspectiva cliente,** os objetivos normalmente estão relacionados com o mercado como medida. Alguns exemplos de indicadores são: percentual de satisfação dos clientes; percentual de satisfação dos consumidores; quantidade da retenção dos clientes; número de novos clientes; valor da lucratividade dos clientes; percentual da participação de mercado; quantidade de consumidores; percentual de *prospects* ou potenciais, cidadão e sociedade (para organizações públicas).

Na **perspectiva processos internos**, os objetivos normalmente estão relacionados com os processos críticos da organização para alcançar a excelência ou êxito como medida. Eis alguns exemplos de indicadores: percentual de qualidade dos processos; quantidade de produtos; tempo de resposta; valor dos custos; número de lançamento de novos produtos; quantidade de inovações de produtos; percentual de inovação dos processos e produtos; percentual da cadeia de logística; percentual da qualidade de fornecedores.

Na **perspectiva aprendizado e crescimento,** os objetivos normalmente estão relacionados com a infraestrutura de melhoria contínua como medida. Destacam-se como exemplos de indicadores: percentual da retenção de pessoas adequadas; número de funcionários; percentual da satisfação dos funcionários; quantidade dos sistemas de informação; número de processos e procedimentos das funções organizacionais públicas ou privadas.

8.4 Projeto de planejamento estratégico com *Balanced Scorecard* (BSC)

O projeto de planejamento estratégico público ou privado mediante o BSC sofre pequenos ajustes diante das outras formas convencionais ou modernas. O destaque está na elaboração e gestão do mapa estratégico da organização pública ou privada que descreve as suas estratégias por meio de objetivos relacionados entre si e distribuídos nas quatro perspectivas, abordagens ou dimensões do BSC (Kaplan; Norton, 1997, 2004).

A primeira fase a ser elaborada é a **fase 0 (zero)** – organização, divulgação e capacitação do projeto de planejamento estratégico (ver Seção 3.4). O conceito, o objetivo e a metodologia adotados merecem atenção especial, já as demais subfases podem permanecer iguais ou semelhantes.

A segunda fase a ser elaborada é a de **análises organizacionais** do projeto de planejamento estratégico (ver Capítulo 4). Merecem atenção especial três análises: (1) análise dos fatores críticos de sucesso da organização; (2) análise dos ambientes da organização; e (3) análise setorial da organização.

A **análise dos fatores críticos de sucesso** preconiza a formalização e atenção especial dos elementos essenciais da atividade pública ou negócio privado, sem os quais a organização não tem ou terá resultado positivo ou adequado. São as capacidades e os recursos absolutamente necessários para a organização atuar e se constituem em pontos fortes da organização. Podem definir atividades de desempenho para a organização alcançar seus objetivos, completar sua missão, concluir sua visão e formalizar suas políticas. Essa análise sugere objetivos e estratégias de manutenção e de ampliação (ver Seção 4.3).

Na **análise dos ambientes da organização** ou **mapeamento ambiental da organização**, a análise do seu meio ambiente interno ou externo pode ser elaborada por meio da técnica das forças e fraquezas, ameaças e oportunidades. A referida técnica é chamada na língua inglesa de *SWOT* (*strengths, weaknesses, opportunities, threats*) e na língua espanhola de *FDOA* (*fortalezas, debilidades, oportunidades, amenazas*). As oportunidades e as ameaças ou riscos são componentes do meio ambiente externo. As forças ou pontos fortes e as fraquezas ou pontos fracos são componentes do meio ambiente interno. As franquezas também são entendidas como problemas ou desafios da organização e remetem a objetivos e estratégias de melhoria, já as forças sugerem objetivos e estratégias de manutenção ou de ampliação (ver Seção 4.2).

A **análise setorial da organização** ou **análise de Porter** deve ser elaborada para cada produto ou serviço da organização, destacando as abordagens: clientes; fornecedores; concorrentes existentes; novos concorrentes ou novos entrantes; serviços ou produtos substitutos. Essa análise sugere objetivos e estratégias de manutenção e de ampliação, principalmente para os produtos substitutos que muitas vezes são ignorados pelas organizações, causando transtornos e até prejuízos irrecuperáveis (ver Seção 4.4).

A terceira fase a ser elaborada é a das **diretrizes organizacionais** do projeto de planejamento estratégico (ver Capítulo 5). Merecem atenção especial duas subfases: (1) atividade pública ou negócio privado; e (2) macro-objetivos organizacionais ou objetivos estratégicos. Por opção, para adicionar no mapa estratégico, podem ser formalizadas as subfases: missão da organização; visão da organização; e valores da organização.

A **atividade pública** (direcionada para as organizações públicas) ou o **negócio privado** (direcionado para as organizações privadas) é decomposta em outros componentes: atividade pública ou negócio privado convencional; atividade pública ou negócio privado ampliado; serviços ou produtos; cidadãos ou mercado-alvo; e local de atuação (ver Seção 5.1). É fundamental a formalização dos serviços ou produtos da organização para vincular com os seus propostos objetivos e estratégias.

Nessa fase, os **macro-objetivos organizacionais** ou **objetivos estratégicos** são priorizados em detrimento dos objetivos da organização ou objetivos funcionais, pois a sua qualificação e a sua quantificação (o quê, quanto e quando) serão formalizadas na fase seguinte, quando da elaboração do mapa estratégico por meio de seus respectivos indicadores, metas e projetos estratégicos. Assim, os macro-objetivos organizacionais ou objetivos estratégicos da organização que também podem ser entendidos como cenários estratégicos não são qualificados e quantificados (ver Seção 5.6.1).

Essencialmente, os macro-objetivos organizacionais ou objetivos estratégicos estão relacionados com o que deve ser alcançado e o que é crítico para o sucesso ou êxito da organização pública ou privada. Frequentemente, estão direcionados para ampliar, aumentar, elevar, difundir, crescer, estabelecer, atrair, elaborar, inovar (e outros verbos de conotação positiva relacionados com as forças e as oportunidades) ou racionalizar, reduzir, diminuir, minimizar, declinar (e outros verbos de sentido negativo relacionados com as fraquezas ou problemas e as ameaças ou riscos).

A quarta fase a ser elaborada é a das **estratégias organizacionais** do projeto de planejamento estratégico (ver Capítulo 6). Merecem atenção especial duas subfases: (1) estratégias da organização; e (2) planos de ações das estratégias da organização.

As **estratégias** são os meios, formas, atividades ou caminhos mais relevantes, questionadores e intelectuais para alcançar os macro-objetivos-organizacionais ou objetivos estratégicos da organização (ver Seção 6.2).

Com diferentes formas de elaboração, as ações são as atividades para atender ou detalhar as estratégias da organização e devem ser formalizadas por meio de **planos de ações**. Os planos de ações também podem ser chamados de *execução do planejamento estratégico*. Já foi chamado de *cronograma de atividades*. Alguns administradores chamam os planos de ações de *planos de trabalho* e até mesmo de *projetos estratégicos* (ver Seção 6.3).

A quinta fase a ser elaborada é a dos **controles organizacionais e gestão do planejamento** do projeto de planejamento estratégico (ver Capítulo 7). Por opção, devem ser formalizadas as subfases: níveis de controles do planejamento e da organização; meios de controles; periodicidades (tempo de abrangência e de revisão) e gestão do projeto de planejamento estratégico. Evidentemente, todas essas subfases podem utilizar o conceito do BSC e, eventualmente, *softwares* pertinentes.

8.5 Mapa estratégico e execução do projeto de planejamento estratégico com *Balanced Scorecard* (BSC)

O mapa estratégico é um documento que formaliza e permite a visualização das estratégias da organização pública ou privada. Essencialmente, descreve as estratégias escolhidas e distribuídas nas quatro perspectivas, abordagens ou dimensões do BSC (Kaplan; Norton, 1997, 2004). Também pode ser entendido como um painel de indicadores financeiros e não financeiros (painel de bordo ou *dashboard*) que tem a finalidade de auxiliar os processos decisórios dos gestores da organização mediante a identificação de seus fatores-chave de sucesso, principalmente os que podem ser medidos por variáveis quantitativas. Devem ter medidas, ou seja, indicadores e metas coerentes e que se reforcem mutuamente. A metáfora não seria apenas de um painel de instrumentos, mas sim de um simulador de voo com um complexo conjunto de relações de causa e efeito entre as variáveis críticas. O mapa estratégico pode incluir também indicadores de fatos, tendências e ciclos de *feedback* que descrevem a trajetória da estratégia, com associações tanto de causa e efeito quanto de combinações de medidas de resultado e vetores de desempenho.

Por princípio de simplificação, no mapa estratégico, os macro-objetivos organizacionais ou objetivos estratégicos ou estratégias ou desafios podem ser resumidos em *macro-objetivos*.

O desenho pode iniciar, por opção, com a descrição da visão. A missão e os valores da organização são opcionais. No entanto, o mapa estratégico deve conter os macro-objetivos para cada uma das perspectivas, abordagens ou dimensões (financeira ou orçamento ou sustentabilidade financeira; clientes ou cidadão ou sociedade; processos internos; aprendizado e inovação ou crescimento funcional ou recursos humanos).

O desenho do mapa estratégico pode conter essencialmente os itens que constam no Quadro 8.1, a seguir.

Quadro 8.1 – Itens do mapa estratégico

Visão:		[Missão:] [Valores:]		
Perspectiva a	Macro-objetivo 1	Macro-objetivo 2		
Perspectiva n	Macro-objetivo 3	Macro-objetivo 4	Macro-objetivo 5	

Além do desenho do mapa estratégico, pode-se formalizar gráficos ou tabelas adicionais para execução e gestão do projeto de planejamento estratégico público ou privado, considerando prioritariamente as estratégias para cada macro-objetivo.

Os gráficos ou tabelas podem conter essencialmente o que consta no Quadro 8.2:

Quadro 8.2 – Itens adicionais para o mapa estratégico

Perspectiva:				
Macro-objetivo	[Estratégias]	Indicadores	Metas	Planos de ações [projetos estratégicos]

Pode-se adicionar ou adaptar outras perspectivas no mapa estratégico, por exemplo: responsabilidade social; sustentabilidade ambiental; tecnologias; nomes específicos de clientes ou produtos. Podem ser consideradas também as seis funções organizacionais: (1) produção ou serviços (ou serviços públicos); (2) comercial ou *marketing* (divulgação ou comunicação pública); (3) materiais ou logística; (4) financeira; (5) recursos humanos; e (6) jurídico-legal (ver Seção 1.4 e 4.1).

Nesse caso, os macro-objetivos organizacionais ou objetivos estratégicos não são qualificados e quantificados. Os indicadores serão qualificados e as metas quantificadas.

Quanto aos indicadores, além do conceito e das características descritas na Seção 8.3, Kaplan e Norton (2004) sugerem que cada indicador formaliza como será medido e acompanhado o sucesso do alcance dos macro-objetivos e das estratégias, destacando os requisitos: ser claro, transmitir informação clara e confiável sobre o evento a analisar; ser fácil de obter, mediante o acesso intuitivo a uma aplicação informática; ser coerente com os fins estabelecidos, com a visão e missão da organização, medindo e controlando os resultados alcançados; ser adequado e oportuno, estando disponível para a tomada de decisão; e ter um responsável designado capaz de atuar sobre os indicadores.

Já a meta, expressa o nível de desempenho ou a taxa de melhoria necessária, destacando a sua unidade de medida corretamente identificada com números absolutos, percentuais ou taxas de crescimento, pesos, dias, horas ou outros valores numéricos.

Os planos de ações das estratégias, que também podem se chamar *projetos estratégicos*, definem ações ou atividades, responsáveis, períodos e recursos necessários para sua realização. Também podem ser ampliados com a metodologia 5W1H (do inglês *who, when, what, where, why, how*, ou "quem, quando, o quê, onde, por quê, como"), que pode facilitar a formalização dos planos de ações ou planos de trabalho (ver Seção 6.3).

Capítulo 9

Implantação e execução ou gestão do planejamento estratégico público ou privado

O MAIOR desafio após a elaboração do projeto de planejamento estratégico é a sua implantação e sua execução ou gestão, pois será o momento de sua viabilização, realização e efetivação por todos na organização pública ou privada.

A primeira elaboração do planejamento estratégico pode ser entendida como um projeto dinâmico, sistêmico, coletivo, participativo para determinação dos problemas ou desafios, objetivos, estratégias e ações da organização pública ou privada. A execução ou efetivação do planejamento estratégico, após sua implantação ou disponibilização, pode ser entendida como um processo organizacional continuo de gestão ou como a segunda versão desse projeto.

Os esforços estão direcionados para mudar de intenções para realizações, de desejos para concretizações, por meio de ações efetivas. Como em qualquer organização coexistem interesses diferentes, esses esforços requererem comumente negociações de interesses distintos e de visões pessoais divergentes. Cada grupo de interesses e influências pode querer priorizar os objetivos e as estratégias gerando os projetos a serem implantados e executados por distintas pessoas na organização. O importante é articular e equalizar os interesses em prol do êxito ou sucesso do planejamento estratégico da organização pública ou privada, evitando competições inoportunas e desgastes desnecessários.

Quando o planejamento estratégico não é implantado e executado, provavelmente foi um projeto inadequado, inútil, enganoso, como se fosse um "pacto de mediocridade" na organização pública ou privada. Esse pacto está relacionado com reuniões anuais em locais de lazer, formalizações excessivamente burocratizadas, encadernações para prateleiras nos escritórios dos gestores e com outras atividades de incompetência de gestão, de improvisações, de desperdícios de recursos e de contrainteligência organizacional.

Por outro lado, é importante lembrar que nem sempre os resultados desejados são alcançados imediatamente ou em curto prazo. Determinados objetivos podem demorar certo tempo para sua realização por meio de estratégias e ações efetivas. Muitas vezes, é necessário também realizar significativas reestruturações organizacionais ou capacitações em recursos humanos e buscar novos recursos para a organização pública ou privada, sejam financeiros, tecnológicos ou outros.

Os fatores críticos de sucesso para a implantação e execução ou gestão do planejamento estratégico podem ser resumidos em: alinhamento entre objetivos, estratégias, ações e decisões organizacionais; vontade, liderança, envolvimento e aprovação da alta administração da organização; capacitação, participação e motivação de todas as pessoas da organização; clima organizacional adequado e ambiente favorável para mudanças; investimento financeiro, tecnológico e cultural; informações sistematizadas, conhecimentos personalizados e recursos adequados da tecnologia da informação; gestão do projeto competente para elaboração, implantação e execução ou gestão do planejamento estratégico; conceitos, preceitos e métodos aplicados de inteligência organizacional.

É necessário criar cultura de execução ou gestão do planejamento estratégico na organização, como se fosse uma atividade convencional relacionada com a gestão dos seus serviços ou produtos e preferencialmente com contribuições significativas na inteligência da organização pública ou privada. A execução ou gestão do planejamento estratégico passa a ser uma estratégia da organização pública ou privada.

Para o êxito ou sucesso do planejamento estratégico, não se deve permitir que passe muito tempo entre a finalização do projeto e o início de sua execução ou gestão. Para tanto, alguns passos, subfases ou atividades podem ser sugeridos.

9.1 Implantação do planejamento estratégico

A implantação do planejamento estratégico da organização pública ou privada está relacionada com as atividades de disponibilização desse projeto após sua elaboração.

9.1.1 Aprovação e disponibilização do relatório ou documento final

A aprovação e a disponibilização do planejamento estratégico deve ser formalmente elaborada, tendo como produto principal o relatório final do projeto, seja um documento em papel, seja eletrônico, em *software* ou internet.

Após a conclusão da primeira versão do projeto de planejamento estratégico e a viabilização assegurada dos planos de ações das estratégias organizacionais, a aprovação formal deve ser elaborada. A aprovação formaliza e valida as decisões da equipe multidisciplinar que então se constitui em um comitê gestor para execução ou gestão do planejamento estratégico.

O relatório ou documento final faz parte da documentação do planejamento estratégico elaborado, que formaliza e registra o histórico documental do projeto (ver Seção 3.3.2). Reiterando, esse relatório ou documento deve conter todos os detalhes das fases, subfases e dos produtos elaborados ao longo do projeto. Pode também conter eventuais anexos, apêndices e pareceres.

Por opção, um dicionário de termos também pode ser um apêndice desse relatório.

Um evento ou uma reunião especial para a aprovação do planejamento estratégico deve ser realizado com a participação de todas as pessoas da organização pública ou privada e de eventuais conselhos, fornecedores, clientes, parceiros e demais interessados. Nessa formalização, subentende-se que estão assegurados todos os recursos para a realização dos respectivos planos de ações das estratégias e objetivos da organização pública ou privada.

A sensibilização e a motivação para a execução ou gestão do planejamento estratégico também fazem parte desse evento de aprovação e disponibilização do relatório ou documento final para todas as pessoas da organização privada ou pública. A ampla divulgação do planejamento estratégico também pode ser considerada parte da aprovação, sensibilização e motivação para sua execução ou gestão.

9.1.2 Divulgação do planejamento estratégico

A divulgação do planejamento estratégico exige formalização de atividades pertinentes para que seja ampla e efetiva em toda a organização privada ou pública. Contempla a transparência e o compartilhamento das informações, das decisões e das ações organizacionais.

O planejamento estratégico não pode ser um documento restrito aos gestores da organização, deve ser um documento de acesso a todos. Assim, todas as pessoas da organização podem ajudar no êxito ou sucesso do planejamento estratégico. Evidentemente, por opção da organização, determinadas informações podem ser restritas.

Inúmeras são as formas de ampla divulgação do planejamento estratégico, por exemplo: recursos da tecnologia da informação e da internet; reuniões; visitas; quadros de avisos; murais; editoriais; mala direta; jornais internos; envelopes de pagamento; encartes; pôsteres ou *banners*; *bottons*; megafones; conversas informais; e outras técnicas e instrumentos formais ou informais do *marketing* institucional, do *marketing* positivo e do *endomarketing*.

Reiterando, a ênfase da divulgação está na angariação de simpatizantes pela implantação e execução ou gestão o projeto, na motivação das pessoas e no efetivo envolvimento e comprometimento de todos na organização (ver Seção 3.4.7).

A divulgação também se caracteriza como um instrumento de multiplicação do conceito e da relevância de planejamento estratégico, pois a falta de cultura e o desconhecimento de planejamento, aliado à falta de participação, envolvimento, comprometimento e motivação, podem ser causas de insucesso desse projeto.

9.1.3 Formalização do comitê gestor

A formalização do comitê gestor do planejamento estratégico exige revisão e análise da equipe multidisciplinar que elaborou o projeto de planejamento estratégico público ou privado. Essa análise pressupõe a avaliação dos componentes por meio de indicadores profissionais e pessoais.

É fundamental que pessoas do comitê gestor na organização pública ou privada assumam papéis para a execução ou gestão do planejamento estratégico. Reiterando, os principais papéis são: patrocinador (ou patrocinadores) do planejamento estratégico; gestor do planejamento estratégico; equipe das funções organizacionais públicas ou privadas; e equipe de tecnologia da informação. O papel do gestor pode ser dividido entre dois gestores – estratégico e operacional – ou entre gestor e cogestor do planejamento estratégico. Os eventuais consultores ou assessores internos ou externos se constituem em opções, tal como os *stakeholders* ou atores sociais externos (ver Seção 3.4.6).

O patrocinador tem um papel altamente relevante na execução ou gestão do planejamento estratégico. É o líder dos processos de elaboração, de implantação e de execução ou gestão e principalmente da sua continuidade. A atuação inadequada desse papel pode acarretar no fracasso da implantação, execução ou gestão e geração de novas versões do planejamento estratégico público ou privado.

O gestor do planejamento estratégico tem se constituído num dos maiores desafios da execução ou gestão do planejamento estratégico, pois requer efetiva competência na gestão das fases e das múltiplas abordagens de projetos, tais como pessoas, tempo, custos, qualidade, comunicações, riscos etc. (ver Seções 1.9 e 7.4). Do gestor do planejamento estratégico também é exigido o domínio de modelos, métodos e instrumentos ou técnicas de gestão de projetos (ver Seção 3.4.9).

Ao menos o gestor do planejamento estratégico deve ter tempo integral para dedicação e gestão das atividades de execução ou gestão, monitoramento e controles do planejamento estratégico. Excepcionalmente, caso não seja possível esse tempo integral, é requerido, no mínimo, meio período do dia para dedicação à gestão das atividades do comitê gestor do planejamento estratégico público ou privado. Nesse caso, deve-se formalizar esse tempo no seu plano de trabalho organizacional.

A equipe das funções organizacionais públicas ou privadas e a equipe de tecnologia da informação são os executores das ações e demais atividades do planejamento estratégico da organização. Também têm o papel de agentes de mudança e de multiplicação dos conceitos, dos preceitos e da cultura de planejamento estratégico na organização pública ou privada. Devem estar capacitados e efetivamente envolvidos e motivados com a sua execução ou gestão.

Todas as unidades da organização (departamentos ou setores) devem estar representadas na equipe das funções organizacionais públicas ou privadas, principalmente as unidades responsáveis pelos serviços ou produtos da organização, pois são essas unidades que podem agregar mais valores aos objetivos e às estratégias da organização pública ou privada.

A organização não necessariamente precisa ter uma unidade departamental de planejamento estratégico (por exemplo, setor, divisão, ou departamento dentro de um organograma organizacional). Contudo, o comitê gestor deve existir formalmente com uma estrutura matricial e com espaço físico para reuniões estratégicas. Eventualmente, a organização pode querer formalizar também um núcleo estratégico com respectivas instalações físicas.

Quando a alta administração e o corpo gestor da organização pública ou privada assumem, vivenciam e mantêm o planejamento estratégico com todas as pessoas que a compõem, a probabilidade de êxito ou sucesso aumenta significativamente. Para tanto, também é necessária a elaboração de políticas organizacionais favoráveis, sejam informais, sejam formais, com respectivas normas e padrões técnicos operacionais requeridos.

A documentação, bem como a atualização do planejamento estratégico, é de responsabilidade do comitê gestor. Deve ser elaborada por meio dos recursos tecnológicos em que serão armazenados os novos dados oriundos ou não de novas variáveis internas ou externas, incluindo o registro histórico do andamento do processo. Também deve disponibilizar informações dos resultados auferidos para a organização pública ou privada. *Softwares* de planilha eletrônica e de gestão eletrônica de documentos também podem ser utilizados.

O comitê gestor do planejamento estratégico deve ser constituído de modo participativo, de preferência consensualmente, e formalizado por meio de documentos internos e eventuais documentos legais. Por opção, também pode ser relatado o perfil das pessoas do comitê gestor com indicadores individuais, tais como envolvimento, motivação e conhecimento de planejamento estratégico.

Autonomia matricial direcionada para a realização dos planos de ações da execução ou gestão do planejamento estratégico público ou privado é uma prerrogativa do comitê gestor.

9.1.4 Integração com demais planos e projetos da organização

A integração do planejamento estratégico público ou privado com os demais planos e projetos da organização é relevante para que a sua implantação e execução ou gestão sejam bem-sucedidas, pois frequentemente são necessárias determinadas relações entre esses planejamentos.

O comitê gestor deve identificar todos os planos e projetos em elaboração ou em execução ou gestão na organização pública ou privada que têm relações diretas ou indiretas com o planejamento estratégico a ser implantado e executado.

O orçamento da organização deve receber atenção especial, pois nele serão incluídos os investimentos requeridos em recursos humanos e materiais para a execução ou gestão do planejamento estratégico. Tais investimentos precisam ser formalizados adequadamente para serem analisados, aprovados e acompanhados pelo comitê gestor e pelos demais gestores financeiros da organização. Para tanto, a viabilidade das estratégias oriundas dos objetivos organizacionais deve ser revisada e atualizada se for o caso (ver Seção 6.4). As organizações públicas quando dependentes do Plano Plurianual (PPA), devem observar as relações entre os planos de ações e projetos do planejamento estratégico com os orçamentos-programas do PPA, considerando a Lei de Diretrizes Orçamentárias (LDO) e a Lei Orçamentária Anual (LOA).

Outra integração relevante está relacionada com os projetos de sistemas de informação e de tecnologia da informação da organização. Por duas razões principais esses temas merecem atenção especial: (1) muitas estratégias da organização dependem desses recursos ou esses recursos se constituem em estratégias da organização; (2) mesmo que a organização não queira utilizar esses recursos, seus competidores ou concorrentes os utilizam ou utilizarão, e isso pode desencadear fracasso organizacional (ver Seção 4.7).

Eventuais planos isolados de recursos humanos, de operações da organização ou planos secundários também devem ser contextualizados nessa integração. Duplicidades de planos de ações devem ser evitadas. Eventualmente, para atender os preceitos de inteligência organizacional, podem ser considerados os projetos individuais dos componentes da alta administração e do corpo gestor da organização.

A inteligência organizacional como um modelo de gestão organizacional igualmente requer avaliar a integração do planejamento estratégico público ou privado quando da sua implantação e execução ou gestão (ver Capítulo 2).

9.1.5 Início da segunda versão do projeto

A segunda versão do projeto de planejamento estratégico, que contempla a sua execução ou gestão ou efetivação, requer que o projeto passe a ser um processo organizacional continuo. Essa segunda e as demais versões compreendem a revisão de todas as fases do projeto de planejamento estratégico público ou privado anteriormente elaborado.

O conceito de versões de projeto é análogo ao de edições de livros, ou seja, dada versão é atualizada com base na anterior. Essa atualização pode compreender inclusões, alterações, adequações, complementações e até retiradas de partes do projeto.

Depois de um período estabelecido de validação ou abrangência e de revisão (ver Seção 7.3), o planejamento estratégico precisa ser atualizado periodicamente. Dessa forma são geradas suas respectivas versões que acompanharão as eventuais mudanças e crescimentos da organização pública ou privada. Essas mudanças podem ser oriundas das mutações do meio ambiente interno, mas também das mutações do meio ambiente externo, que geralmente não é controlado pela organização. Assim, o planejamento estratégico da organização passa a ser um processo organizacional contínuo e em construção e reconstrução permanente.

É de responsabilidade do comitê gestor a gestão das versões do planejamento estratégico público ou privado, com ou sem a utilização de conceitos e práticas de escritório de projetos e processos (ver Seção 9.2.6).

9.2 Execução ou gestão do planejamento estratégico

A execução ou gestão do planejamento estratégico da organização pública ou privada está relacionada com as atividades de efetivação desse projeto como um processo organizacional continuo e, principalmente, inteligente (ver Capítulo 2).

9.2.1 Efetivação e alinhamento do processo estratégico

A efetivação e o alinhamento do planejamento estratégico público ou privado pressupõem que esse planejamento deixou de ser um projeto e passou a ser um processo organizacional contínuo, como uma agenda formal, coletiva e participativa da organização.

O inquestionável desafio de elaborar o planejamento estratégico deve, posteriormente, se caracterizar como um processo dinâmico, sistêmico, coletivo, participativo para determinação contínua dos problemas ou desafios, objetivos, estratégias e ações da organização pública ou privada. Dessa forma, gera também contínuas versões do planejamento estratégico público ou privado.

A cultura da execução ou gestão do planejamento estratégico permite que a organização crie, altere e ajuste os objetivos e as estratégias para o seu êxito ou sucesso. Dessa forma as estratégias tornam-se mais consistentes e permitem escolher e detalhar ações mais efetivas.

O alinhamento do processo estratégico integra os objetivos, estratégias e ações da organização e contempla as dimensões estratégica, tática ou **gerencial e operacional**. Requer um alinhamento vertical entre os objetivos, as estratégias e a ações da organização e um alinhamento horizontal entre as funções organizacionais públicas ou privadas que contempla todas as áreas funcionais ou unidades departamentais da organização pública (secretarias, diretorias, departamentos etc.) ou da organização privada (divisões, departamentos, setores etc.).

Tornar o planejamento estratégico público ou privado um processo organizacional contínuo exige dedicação da organização na utilização de modelos, métodos, instrumentos e procedimentos pertinentes, de modo que esse planejamento possa proporcionar decisões profícuas, facilitar a competitividade e contribuir para a inteligência da organização (ver Capítulo 2).

As organizações inteligentes procuram alinhar o processo estratégico da organização com os objetivos, estratégias e ações das pessoas da organização. Para tanto, a organização deve possibilitar clima organizacional e recursos estruturais para conciliação e alinhamento desses interesses, tanto nos processos operacionais quanto nos estratégicos.

O processo do planejamento estratégico público ou privado e seus respectivos pormenores devem ser formalizados, disciplinados, realísticos e factíveis sob a gestão do comitê gestor, evidentemente com a atuação efetiva e de liderança do patrocinador.

É provável que a efetivação e o alinhamento do planejamento estratégico exijam mudança cultural e estrutural na organização pública ou privada.

9.2.2 Capacitação constante dos envolvidos

A capacitação constante dos envolvidos no planejamento estratégico público ou privado, principalmente do comitê gestor e das pessoas que executarão as ações planejadas e implantadas, é requisito essencial para o êxito ou sucesso desse planejamento.

A aquisição de competências para todas as pessoas envolvidas no planejamento estratégico deve ser fornecida antes que se executem as ações implantadas por esse processo. Por exceção, determinadas capacitações podem ser realizadas ao longo da execução ou gestão do planejamento estratégico, conforme as necessidades. É relevante que todas as pessoas se sintam seguras na execução ou gestão das ações provenientes do planejamento estratégico (ver Seção 3.4.8).

O consenso nas atividades e o trabalho coletivo compromissado são facilitados quando seus elaboradores estão capacitados.

Por opção, a organização pode ter um sistema de recompensas pelos resultados auferidos na execução ou gestão do planejamento estratégico público ou privado. Tais recompensas não são só financeiras, podem ser com outras capacitações, redução de tempo de trabalho dedicado à organização, alternativas de crescimento pessoal ou profissional e outras contrapartidas.

9.2.3 Revisão dos indicadores e resultados

A revisão dos indicadores e dos resultados do planejamento estratégico também deve ser um processo constante na organização pública ou privada.

As organizações públicas ou privadas devem determinar seus indicadores às quais a execução ou gestão do planejamento estratégico deve atender (ver Seções 7.2.2 e 7.2.5). Essencialmente, os indicadores são elementos formalizados por meio de números com valor agregado que representam informações para facilitar decisões ou para contribuir nas resoluções de problemas organizacionais. Definem medidas de desempenho das ações e dos resultados das pessoas da organização. Devem ser entendidos como variáveis desejáveis que agregam e quantificam dados e informações com significância aparente e útil, sejam qualitativos, sejam quantitativos. Em projetos de sistemas de informações os indicadores nas organizações podem ser sinônimos de informações operacionais, gerenciais e estratégicas (ver Seção 4.7).

Os indicadores alcançados devem ser comparados com os indicadores estabelecidos, sejam nos objetivos, sejam nos planos de ações das estratégias organizacionais. Algumas organizações já formalizam seus indicadores nos seus objetivos (ver Seção 5.6.2), outras preferem formalizá-los apenas nos planos de ações (ver Seção 6.3).

As comparações devem ser formalizadas, analisadas e geridas. Por opção, podem-se utilizar painéis de controles em documentos ou quadros ou, ainda, *softwares* específicos de indicadores com possibilidades de ajustes ou de correções de desvios e de demonstrações em diferentes tecnologias, gráficos e cores.

Os resultados do planejamento estratégico também podem ser comparados com outros documentos, planejamentos, balanços, orçamentos, pesquisas e relatórios gerenciais utilizados pela organização. Além desses, as tendências do meio ambiente externo e seus respectivos cenários podem ser instrumentos de comparação e revisão de indicadores e resultados.

Justificativas para não alcance dos resultados projetados frequentemente são inadequadas e requerem análise coletiva. As análises das eventuais justificativas devem ser documentadas e geridas com senso crítico pelo comitê gestor do planejamento estratégico público ou privado.

9.2.4 Gestão dos planos de ações

A gestão dos planos de ações das estratégias da organização pública ou privada se constitui numa das principais atribuições do comitê gestor do planejamento estratégico.

Quando da elaboração do projeto de planejamento estratégico público ou privado, os planos de ações contêm: ações ou atividades ou tarefas a serem elaboradas; responsáveis pelas ações; período ou tempo para realização das ações; e recursos necessários para realização das ações (ver Seção 6.3). Na execução ou gestão do planejamento estratégico, ainda pode constar mais uma coluna: indicadores e resultados a serem auferidos.

A formalização dos planos de ações das estratégias permite a integração entre os objetivos e as estratégias com as ações. Permite também eventuais ajustes, bem como desvios ou correções. Igualmente, os recursos necessários para elaboração das ações devem estar assegurados no orçamento da organização.

Cada plano de ações pode ser equivalente a um projeto organizacional, caso já não seja a referida estratégia origem de um projeto organizacional. Deve ter uma equipe multidisciplinar e principalmente um gestor do plano de ações. Cada gestor do plano de ações deve fazer parte do comitê gestor do planejamento estratégico, como membro ou como cogestor.

Nas organizações inteligentes, o gestor do plano de ações pertence ao corpo técnico, e não ao corpo gestor ou à alta administração (ver Capítulo 2).

As eventuais ações em andamento na organização devem ser inseridas ou ajustadas nos planos de ações das estratégias da organização para sua realização em conjunto.

As ações em seus planos não devem ser abrangentes, mas desmembradas em distintas atividades. Quando as ações são agrupadas por diversas atividades, é muito grande a sensação de não realização das ações. Quanto mais detalhadas forem as ações, maior será a sensação de realização e de satisfação dos envolvidos e responsáveis.

Os planos de ações podem ser fixados nas paredes ou nas salas de reuniões da organização pública ou privada para efeito visual ou disponibilizados nos seus computadores e internet para acesso cotidiano.

Algumas ações ou atividades dos planos de ações podem ser permanentes, mas a maioria tem prazo determinado.

A seleção e a prioridade da execução ou gestão das ações relevantes, bem como a determinação de seus responsáveis, devem ser discutidas e aprovadas pelo comitê gestor. Podem existir ações iguais em diferentes planos de ações, mas estas podem alterar o tempo total de sua elaboração, sejam ações sequenciais, sejam concomitantes. As ações relevantes são as exequíveis e trazem mais resultados efetivos para a organização. São ações exequíveis as que a alta administração, o comitê gestor e as demais pessoas envolvidas podem realizar dentro das eventuais limitações da organização; para tanto, é relevante formalizar quais os resultados esperados ou produtos de cada plano de ações.

Ao observar que eventualmente um objetivo não será alcançado ou uma ação não será elaborada, deve-se imediatamente formalizar ações corretivas para evitar ou minimizar erros e demais desgastes futuros. Também é de responsabilidade do comitê gestor a formulação de novos planos de ações, tanto para ajustes como para a nova versão do planejamento estratégico.

Os planos de contingência, como recursos preparados para antecipar problemas, podem se constituir em alternativas para minimizar riscos e enfrentar eventuais dificuldades, reveses, infortúnios e insucessos na execução ou gestão do planejamento estratégico público ou privado.

9.2.5 Agenda formal do comitê gestor

A agenda do comitê gestor deve ser formalizada pela alta administração e pelo corpo gestor da organização pública ou privada, constituindo-se em uma obrigação para os envolvidos na execução ou gestão do planejamento estratégico.

O comitê gestor do planejamento estratégico público ou privado deve realizar reuniões de acompanhamento dos planos de ações das estratégias e eventuais ajustes. Como sugestão, o comitê gestor pode se reunir, por exemplo, no primeiro ou no terceiro dia de semana do mês (e não em determinado dia numérico ordinal) como uma reunião colegiada. Porém estas devem ocorrer, a qualquer momento, sempre que houver uma necessidade específica ou mudanças significativas nas variáveis internas ou externas que influenciam os objetivos ou as estratégias da organização.

Nas organizações inteligentes, a agenda formal tem horário de início e, principalmente, de fim. Aconselha-se que nunca ultrapassem 50 minutos. Esses horários nunca são inteiros, mas com "minutos quebrados", por exemplo: início às 7h56min e término às 8h24min. Tais dias e horários exercitam a pontualidade e quebram os neurônios convencionais coletivos (ver Capítulo 2). Indubitavelmente, pauta e ata são inquestionáveis nessa agenda.

A agenda formal compartilha os dados, as informações e os conhecimentos proporcionados pelo planejamento estratégico. Também compartilha o andamento e as eventuais mudanças dos planos de ações das estratégias e dos objetivos da organização. Esse acompanhamento sistemático motiva e envolve as pessoas considerando-se os resultados auferidos e compartilhados entre todos.

A formalização das reuniões mensais fortalece a disciplina, a determinação, o foco e a obstinação das pessoas envolvidas no êxito ou sucesso do planejamento estratégico público ou privado. Esse momento formal, porém dinâmico, coletivo e participativo, permite avaliar os resultados das ações documentadas nos planos de ações das estratégias da organização, bem como suas respectivas alternativas ou ações corretivas. A falta de uma agenda formal tem sido causa de fracasso da execução ou gestão desse planejamento.

9.2.6 **Escritório de projetos e processos ou sala de reuniões estratégicas**

O escritório de projetos e processos é uma inteligente alternativa para a gestão integrada do projeto e do processo do planejamento estratégico público ou privado, tanto para sua elaboração, quanto para sua implantação e execução ou gestão. Quem deve coordenar esse escritório é o comitê gestor.

Na recomendação do *Project Management Institute* (PMI), **uma unidade departamental pode ser um escritório de projetos ou** *project management office* (PMO) que centraliza e gere todos os projetos da organização sob seu domínio. O PMO também pode ser chamado de *escritório de gerenciamento de programas*, *escritório de gerenciamento de projetos* ou *escritório de programas*. Faz a gestão de projetos, programas ou sua combinação e se concentra no planejamento, na priorização e na execução coordenados de projetos e subprojetos vinculados aos objetivos da organização. Podem operar de modo contínuo, desde o fornecimento de funções de apoio a gestão de projetos na forma de treinamento, *software*, políticas padronizadas e procedimentos, até a gestão direta e a responsabilidade pela realização dos objetivos do projeto. Pode também receber uma autoridade delegada para atuar como parte interessada integral e um importante tomador de decisões durante o estágio de iniciação de cada projeto, pode ter autoridade para fazer recomendações ou pode encerrar projetos para manter a **consistência dos objetivos organizacionais. Além disso, o PMO pode estar**, se necessário, envolvido na seleção, na gestão e na realocação das pessoas compartilhadas do projeto e, quando possível, das pessoas dedicadas exclusivamente ao projeto (PMBOK, 2000).

Na maioria das organizações os processos não são geridos pelo escritório de projetos, pois tais processos já deixaram de ser projetos propriamente ditos. Nesse caso, o escritório de processos está mais direcionado para as atividades do comitê gestor que será responsável pelos processos de execução ou gestão do planejamento estratégico público ou privado.

A gestão dos projetos e dos processos da organização pode levar em conta as diferentes e múltiplas fases e áreas ou abordagens (ver Seções 1.9, 3.3.2 e 7.4). Também devem identificar, elaborar e disseminar metodologias, melhores práticas, normas e padrões técnico-operacionais de gestão de projetos, políticas e procedimentos, modelos e outras documentações compartilhadas do projeto, banco de aconselhamentos para gestores de projetos, monitoramento de prazos, controle de custos, indicadores de qualidade, produtividade, efetividade e inteligência de projetos etc.

Os projetos e processos organizacionais podem contemplar um objetivo da organização, uma estratégia da organização ou, ainda, um ou mais planos de ações que formalizam um tempo determinado para sua execução ou gestão. Podem também contemplar processos sem um tempo determinado para sua execução ou gestão, ou seja, processos permanentes.

Os sistemas de informação e os recursos da tecnologia da informação devem ser instrumentos de suporte e apoio tecnológico para realizações das ações e para a execução ou a gestão de todo o planejamento estratégico público ou privado.

Destacam-se os projetos e processos de execução ou gestão do planejamento estratégico público ou privado: gestão do plano de trabalho da equipe do projeto; gestão de fornecedores; gestão de subprojetos ou subprocessos específicos. Todos esses projetos e demais processos organizacionais exigem a elaboração da fase 0 (zero) de projetos (ver Seção 3.4).

Nem todas as organizações podem ter um escritório de projetos e processos, mas todas podem ter uma sala de reuniões estratégicas.

As organizações inteligentes disponibilizam fisicamente um espaço para sala de reuniões estratégicas onde serão elaboradas reuniões estratégicas com tempo reduzido, por exemplo, de 9, 19, 29, 39 ou 49 minutos. Na sala de reuniões estratégicas, são disponibilizadas folhas de papel, canetas e pranchetas para fixar a pauta de reunião e fazer a respectiva ata das decisões (a prancheta pode ser substituída por um computador ou *tablet* sem necessidade de conexão à internet). Um relógio digital com cronômetro ajuda a controlar o tempo da reunião estratégica. Não são disponibilizadas na sala de reuniões estratégicas: mesas, cadeiras, telefones, cafés e outros itens supérfluos tomadores de tempo e de desvio de foco. Assim, as reuniões estratégicas são realizadas com as pessoas em pé, focadas na pauta e ata, com otimização de tempo e de resultados.

A pauta da reunião está direcionada para discussões, soluções, alternativas e decisões pertinentes às quatro partes fundamentais do projeto de planejamento estratégico: (1) problemas; (2) objetivos; (3) estratégias; e (4) planos de ações em andamento e focados nos serviços e produtos da organização (atividade pública ou *core business*)

Além dos papéis dos componentes do comitê gestor (ver Seção 3.4.6), outros papéis específicos para uma reunião estratégica são: gestor; redator (escreve as decisões da pauta); conteudista (resgata documentos e direciona os conteúdos da pauta); e temporizador (controla tempos com base nos conteúdos da pauta).

A existência e a efetividade de um escritório de projetos e processos ou sala de reuniões estratégicas para a execução ou gestão do planejamento estratégico público ou privado é a melhor estratégia para o êxito ou sucesso desse planejamento.

9.2.7 Contribuições para inteligência organizacional

Os resultados da execução ou gestão do planejamento estratégico devem efetivamente contribuir para a inteligência da organização pública ou privada. Essa contribuição tem de levar em conta os conceitos e preceitos de inteligência adotados pela organização.

A inteligência organizacional é um modelo de gestão diferenciado da organização (ver Capítulo 2). Esse modelo organizacional também pode ser chamado de *organizational business intelligence* (OBI), que contempla a integração de estratégias, planejamentos, projetos, processos organizacionais e respectivos recursos humanos adequados, os quais propiciam a elaboração de modelos de informações. Os modelos de informações formalizam dados para uma base única, e por meio de um *software* de *business intelligence* (BI), sugerem decisões inteligentes para os gestores da organização. Parte-se do princípio de que o OBI também é um modelo de gestão para as organizações, onde o *software* BI é um instrumento de apoio à gestão inteligente das organizações publicas ou privadas.

Para executar a inteligência organizacional como um modelo de gestão, é preciso integrar planejamentos: planejamento estratégico da organização; planejamento de informações; planejamento de sistemas de informação; planejamento da tecnologia da informação; e planejamento de conhecimentos. Além dos processos organizacionais e do perfil de recursos humanos, os seguintes projetos também devem ser integrados: inovação; criatividade; qualidade; competitividade; produtividade; perenidade; efetividade (eficiência, eficácia e economicidade); rentabilidade ou sustentabilidade financeira; e modernidade. Todos esses componentes são permeados pela gestão de projetos e atualizam dinamicamente o modelo de informações organizacionais e respectiva base de dados unificada das funções organizacionais públicas ou privadas.

O modelo de informações organizacionais descreve todas as informações necessárias para gestão da organização pública ou privada. Nesse documento ou *software*, são relatadas as informações estratégicas (macrorrelacionadas com o meio ambiente interno ou externo), as informações gerenciais ou táticas (agrupadas ou sintetizadas) e as informações operacionais (no detalhe ou analítica). Pode conter informações integradas dos tipos: convencional (trivial); personalizada; e oportuna. Informações personalizadas e oportunas, também chamadas de *informações executivas* ou *inteligentes*, favorecem o mapeamento dos conhecimentos organizacionais e a inteligência da organização pública ou privada, facilitando suas respectivas decisões.

Um planejamento estratégico público ou privado elaborado, implantado e executado sem a vinculação com os conceitos e os preceitos da inteligência organizacional pode ser considerado um projeto trivial, inadequado, inócuo e desnecessário.

Referências

ALBRECHT, K. Um modelo de inteligência organizacional. **HSM Management**, n. 44, maio/jun. 2004.

ANDREWS, K. R. **The Concept of Corporate Strategy**. Homewood: Richard D. Irwin, 1980.

ANSOFF, H. I. **The New Corporate Strategy**. New York: John Wiley & Sons, 1988.

BARZELAY, M. **The New Public Management**: Improving Research and Policy Dialogue. California: University of California Press, 2001.

BELLEN, H. M. **Indicadores de sustentabilidade**: uma análise comparativa. Rio de Janeiro: Ed. da FGV, 2005.

BORNHOLDT, W. **Orquestrando empresas vencedoras**. Rio de Janeiro: Campus, 1997.

CERTO, S.; PETER, P. **Administração estratégica**: planejamento e implantação da estratégia. São Paulo: Makron Books, 1993.

CHIAVENATO, I. **Administração**: teoria, processo e prática. 3. ed. São Paulo: Makron Books, 2000.

COLLINS, D. J.; MONTGOMERY, C. A. Competing on Resources. **Harvard Business Review**, p. 118-128, July/Aug. 1995.

COSTA, E. A. **Gestão estratégica**. São Paulo: Saraiva, 2007.

DENHARDT, R. B.; DENHARDT, J. V. The New Public Service: Serving rather than Steering. **Public Administration Review**, Washington, v. 60, n. 6, p. 549-559, Nov./Dec. 2000.

DIXIT, A. K.; NALEBUFF, B. J. **Pensando estrategicamente**: a vantagem competitiva nos negócios, na política e no dia-a-dia. São Paulo: Atlas, 1994.

DORNELAS, J. C. A. **Empreendedorismo**: transformando ideias em negócios. Rio de Janeiro: Campus, 2001.

DRUCKER, P. **Inovação e espírito empreendedor**: prática e princípios. São Paulo: Pioneira, 1987.

____. **Introdução à administração**. São Paulo: Pioneira, 1984.

FERREIRA, A. B. H. **Dicionário Aurélio eletrônico**: século XXI. versão 3.0. Rio de Janeiro: Nova Fronteira, 1999.

GALLOPIN, G. C. Environmental and Sustainability Indicators and the Concept of Situational Indicators: a System Approach. **Environmental Modelling & Assessment**, New York, v. 1, n. 3, p.101-117, Sept. 1996.

GARDNER, H. A Multiplicity of Intelligences. **Scientific American Presents: Exploring Intelligence**, v. 9, n. 4, p. 19-23, 1998.

HALAL, W. E. Organizational Intelligence: what is it, and how can Managers use it? **Strategy & Business**, n. 9, 1997.

HITT, M. A.; IRELAND, R. D.; HOSKISSON, R. E. **Administração estratégica**. São Paulo: Thomson, 2002.

JESTON, J.; NELIS, J. **Business Process Management**: Practical Guidelines to Successful Implementations. Burlington: Elsevier, 2006.

JONES, L. R.; THOMPSON, F. Um modelo para a nova gerência pública. **Revista do Serviço Público**, v. 51, n. 1, p. 41-79, 2000.

KAPLAN, R. S.; NORTON, D. P. **A estratégia em ação**: Balanced Scorecard. 5. ed. Rio de Janeiro: Campus, 1997.

____. **Mapas estratégicos**. Rio de Janeiro: Elsevier, 2004.

____. Using the Balanced Scorecard as a Strategic Management System. **Harvard Business Review**, v. 76, 1996.

KOTLER, P. **Administração de marketing**: análise, planejamento, implementação e controle. 5. ed. São Paulo: Atlas, 1998.

LEMOS, E. **O que é inteligência empresarial**. Disponível em: <http://www.elisalemos.com.br/editorial/oque_intelig.html>. Acesso em: 24 jul. 2002.

LUECKE, R. **Strategy**: Create and Implement the Best Strategy for your Business. Boston: Harvard Business School, 2005.

MAÑAS, A. V. **Gestão de tecnologia e informação**. São Paulo: Érica, 1993.

MANKIW, N. G. **Introdução à economia**. 2. ed. Rio de Janeiro: Campus, 2001.

MARINI, C. **Gestão pública**: o debate contemporâneo. Salvador: Fundação Luis Eduardo Magalhães, 2003.

MATIAS-PEREIRA, J. **Governança no setor público**. São Paulo: Atlas, 2010.

MATSUDA, T. **Organizational Intelligence**: its Significance as a Process and a Product. INTERNATIONAL CONFERENCE ON ECONOMICS MANAGEMENT AND INFORMATION TECHNOLOGY, 1992, Tokyo.

MCQUEEN, D.; NOAK, H. Health Promotion Indicators: Current Status, Issues and Problems. **Health Promotion International**, v. 3, n. 1, p. 117-125, 1988.

MEIRELLES, H. L. **Direito administrativo brasileiro**. 32 ed. São Paulo: Malheiros, 2006.

MENDES, J. **Manual do empreendedor**: como construir um empreendimento de sucesso. São Paulo: Atlas, 2009.

MINTZBERG, H. Crafting Strategy. **Harvard Business Review**, p. 66-75, July/Aug. 1987.

MINTZBERG, H.; AHLSTRAND, B.; LAMPEL, J. **Safári de estratégia**: um roteiro pela selva do planejamento estratégico. Porto Alegre: Bookman, 2000.

MINTZBERG, H.; QUINN, J. B. **O processo da estratégia**. 3. ed. Porto Alegre: Bookman, 2001.

MOURA, I. J. **Planejamento estratégico simples e criativo**: em ambiente de administração estratégica e qualidade total. Curitiba: CRIE!!! ideias & estratégias, 1998. Notas de aula.

OLIVEIRA, D. P. R. **Planejamento estratégico**: conceito, metodologia e práticas. 14. ed. São Paulo: Atlas, 1999.

OSBORNE, D.; GAEBLER, T. **Reinventing Government**: how the Entrepreneurial Spirit is Transforming the Public Sector. Reading: Addison-Wesley, 1992.

PMBOK 2000: a Guide to the Project Management Body of Knowledge. PMI Standard. CD-ROM.

PORTER, M. E. **Competitive Strategy**. New York: The Free Press, 1990.

PRAHALAD, C. K.; HAMEL, G. **Competindo pelo futuro**: estratégias inovadoras para obter o controle do seu setor e criar os mercados de amanhã. Rio de Janeiro: Campus, 1995.

QUINN, J. B. Strategies for Change. In: QUINN, J. B.; MINTZBERG, H.; JAMES, R. M. **The Strategy Process**: Concepts, Contexts and Cases. 2. ed. Englewood: Prentice-Hall, 1988. p. 4-12.

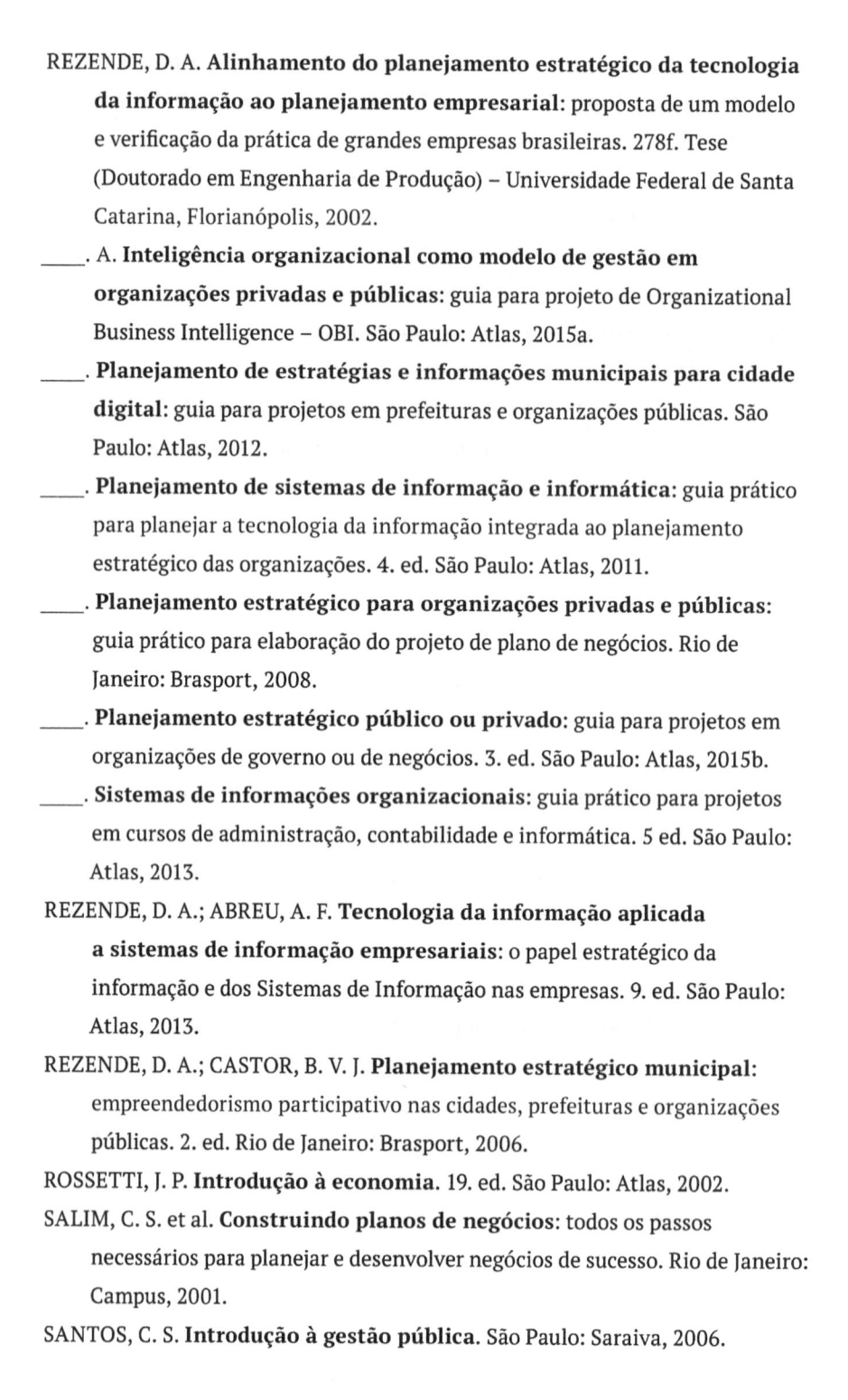

REZENDE, D. A. **Alinhamento do planejamento estratégico da tecnologia da informação ao planejamento empresarial**: proposta de um modelo e verificação da prática de grandes empresas brasileiras. 278f. Tese (Doutorado em Engenharia de Produção) – Universidade Federal de Santa Catarina, Florianópolis, 2002.

____. A. **Inteligência organizacional como modelo de gestão em organizações privadas e públicas**: guia para projeto de Organizational Business Intelligence – OBI. São Paulo: Atlas, 2015a.

____. **Planejamento de estratégias e informações municipais para cidade digital**: guia para projetos em prefeituras e organizações públicas. São Paulo: Atlas, 2012.

____. **Planejamento de sistemas de informação e informática**: guia prático para planejar a tecnologia da informação integrada ao planejamento estratégico das organizações. 4. ed. São Paulo: Atlas, 2011.

____. **Planejamento estratégico para organizações privadas e públicas**: guia prático para elaboração do projeto de plano de negócios. Rio de Janeiro: Brasport, 2008.

____. **Planejamento estratégico público ou privado**: guia para projetos em organizações de governo ou de negócios. 3. ed. São Paulo: Atlas, 2015b.

____. **Sistemas de informações organizacionais**: guia prático para projetos em cursos de administração, contabilidade e informática. 5 ed. São Paulo: Atlas, 2013.

REZENDE, D. A.; ABREU, A. F. **Tecnologia da informação aplicada a sistemas de informação empresariais**: o papel estratégico da informação e dos Sistemas de Informação nas empresas. 9. ed. São Paulo: Atlas, 2013.

REZENDE, D. A.; CASTOR, B. V. J. **Planejamento estratégico municipal**: empreendedorismo participativo nas cidades, prefeituras e organizações públicas. 2. ed. Rio de Janeiro: Brasport, 2006.

ROSSETTI, J. P. **Introdução à economia**. 19. ed. São Paulo: Atlas, 2002.

SALIM, C. S. et al. **Construindo planos de negócios**: todos os passos necessários para planejar e desenvolver negócios de sucesso. Rio de Janeiro: Campus, 2001.

SANTOS, C. S. **Introdução à gestão pública**. São Paulo: Saraiva, 2006.

SAPIRO, A. Inteligência empresarial: a revolução informacional da ação competitiva. **Revista de Administração de Empresas**, São Paulo, v. 33, n. 3, p. 106-124, maio/jun.1993.

TORNATZKY, L. G.; FLEISCHER. M. **The Processes of Technological Innovation**. New York: Lexington Books, 1990.

VALERIANO, D. L. **Gerência em projetos**: pesquisa, desenvolvimento e engenharia. São Paulo: Makron Books, 1998.

VASCONCELLOS, M. A. S. **Economia**: micro e macro. 3. ed. São Paulo: Atlas, 2003.

VASCONCELOS FILHO, P.; PAGNONCELLI, D. **Construindo estratégias para vencer**: um método prático, objetivo e testado para o sucesso da sua empresa. Rio de Janeiro: Campus, 2001.

VIGODA, E. From Responsiveness to Collaboration: Governance, Citizens, and the Next Generation of Public Administration. **Public Administration Review**, Washington, v. 62, p. 527-541, Sept./Oct. 2002.

WILENSKY, H. **Organizational Intelligence**: Knowledge and Policy in Government and Industry. New York: Basic Books, 1967.

WRIGHT, P.; KROLL, M. J.; PARNELL, J. **Administração estratégica**: conceitos. São Paulo: Atlas, 2000.

Sobre o autor

Denis Alcides Rezende atua com administração, estratégia, informação e gestão da tecnologia da informação desde 1980 e, desde 2002, com projetos de inteligência de organizações privadas e públicas.

Foi analista sênior e gerente em indústrias, comércio, banco e organizações de serviços. Foi consultor da BDO International.

Dedica-se a atividades didáticas desde 1986 e, atualmente, leciona na Pontifícia Universidade Católica do Paraná (PUCPR) no doutorado e mestrado em gestão urbana e na graduação. Também leciona em MBA de outras instituições brasileiras.

É pesquisador bolsista produtividade CNPq em Cidade Digital Estratégica desde 2013. É graduado em Processamento de Dados e em Administração e especialista em Magistério Superior. É mestre em Informática (1999) pela Universidade Federal do Paraná (UFPR) e doutor em Alinhamento da Tecnologia da Informação ao Planejamento Empresarial (2002) pela Universidade Federal de Santa Catarina (UFSC).

É pós-doutor em Administração (2006) pela Faculdade de Economia, Administração e Contabilidade da Universidade de São Paulo (FEA USP) e em Cidade Digital Estratégica (2014) pela DePaul University – School of Public Service, Chicago, Estados Unidos.

De 2013 a 2016, foi Visiting Professor (Strategic Digital City) – Chaddick Institute for Metropolitan Development – School of Public Service, na DePaul University. Entre 2015 e 2016, foi Project Coaching, Professor and Thesis Evaluator na Steinbeis University – School of International Business and Entrepreneurship, Alemanha.

É autor de 15 livros e coautor de outros 9 livros sobre inteligência organizacional, planejamento estratégico, sistemas de informação, tecnologia da informação e cidade digital estratégica (com mais de 70 mil exemplares vendidos). Tem publicados mais de 250 artigos científicos nacionais e internacionais.

É consultor de projetos de inteligência organizacional, de planejamento estratégico de organizações privadas e públicas, de planos municipais, de projetos de sistemas de informação, de cidade digital estratégica e de **gestão da tecnologia da informação desde 1995 pela 9D Consultoria em** Informação, Estratégia e Inteligência Organizacional.

www.denisalcidesrezende.com.br
dar@denisalcidesrezende.com.br
denis.rezende@pucpr.br

Os papéis utilizados neste livro, certificados por instituições ambientais competentes, são recicláveis, provenientes de fontes renováveis e, portanto, um meio responsável e natural de informação e conhecimento.

Impressão: Reproset
Setembro/2020